마케팅 전략의 원리

원지성 저

PRINCIPLES
OF
MARKETING
STRATEGY

학지사비즈

머리말

마케팅은 마치 『햄릿(Hamlet)』의 한 구절처럼 '죽느냐 사느냐'의 문제이다. 마케팅 전략을 어떻게 수립하느냐에 따라 브랜드가 시장에서 살아남을 수도 있고, 사라질 수도 있기 때문이다. 경쟁자들보다 더 값싸고 좋은 제품을 제공하면 되는 것이지 그것 말고 또 무슨 마케팅 전략이 따로 있느냐고 생각할 수도 있다. 그것도 틀린 말은 아니지만 그것만으로는 부족함이 있다. 그 부족함을 채워 주는 내용이 오히려 마케팅 전략의 핵심이라고 할 수 있는데, 이것을 '차별화' 혹은 '포지셔닝'이라고 부를 수 있다. 경쟁자보다 더 좋은 상품을 제공하는 것만큼 중요한 것이 경쟁자와는 무언가 다른 상품을 제공하는 것이다. 더 좋은 상품을 제공하기 위한 노력은 "어떻게 '고객가치' 혹은 '브랜드 선호도'를 높일 것인가"라는 주제로, 차별화에 대해서는 "어떻게 경쟁자와의 유사성을 낮출 것인가"라는 주제로 논의될 것이다.

치열한 경쟁에서 생존하려면 차별화를 통해 자사 브랜드가 고객의 마음속에서 적절한 자신만의 위치(position)를 점유하도록 해야 한다. 이것을 '포지셔닝(positioning)'이라고 부른다. 포지셔닝은 곧 '차별화(differentiation)'이며, 자사 브랜드가 경쟁자들과 무엇이 어떻게 다른가(different)를 소비자의 마음속에 각인시키는 것이다. '포지셔닝이란 무엇인가'라는 질문에 대한 답은 다음과 같이 매우 다양하게 제시될 수 있다.

- 포지셔닝은 표적고객의 마음속에 자사 브랜드의 위치를 잡아 주는 것이다.
- 포지셔닝은 자사 브랜드를 경쟁자들과 차별화하는 것이다.

- 포지셔닝은 자사 브랜드의 정체성(identity)을 확립하는 것이다.
- 포지셔닝은 자사 브랜드를 고객의 기억 속에 각인시키는 것이다.
- 포지셔닝은 자사 브랜드를 특정 속성과 연결시키는 것이다.
- 포지셔닝은 자사 브랜드를 특정 범주와 연결시키는 것이다.
- 포지셔닝은 경쟁자들보다 먼저 고객의 마음속에 들어가는 것이다.
- 포지셔닝은 자사 브랜드를 바라보는 소비자의 관점을 프레이밍(framing)하는 것이다.

포지셔닝이 성공적으로 이루어지면 자사 브랜드를 경쟁세력으로부터 보호해 줄 수 있는 심리적인 해자(moat)가 브랜드 주변에 형성된다. 글로벌 자동차 시장에서 볼보(Volvo)라는 브랜드의 포지셔닝을 예로 들어 보자. 볼보는 오랜 기간의 마케팅 노력으로 소비자의 마음속에서 '가장 안전한 자동차'라고 포지셔닝하는 데 성공하였다. 이를 통해 '벤츠(Benz)와 볼보 중 어느 것이 더 좋은가?'라는 질문을 큰 의미가 없게 만들어 버렸다. 이처럼 성공적인 포지셔닝을 통해 '선호도 점수로 한 줄 세우기' 경쟁에서 벗어날 수 있다.

포지셔닝의 개념을 창시한 잭 트라우트(Jack Trout)와 앨 리즈(Al Ries)는 특정 제품 범주에서 가장 먼저 소비자의 머릿속에 들어가는 브랜드가 되는 것이 최고의 포지셔닝 전략이라고 하였다. 스마트폰 시장의 아이폰(iPhone)이나 전기차 시장의 테슬라(Tesla)처럼 하라는 것이다. 새로운 범주를 창조함으로써 그 범주와 동일시되는 브랜드, 그 범주의 대표 브랜드가 되면 후발진입 브랜드와의 경쟁에서 훨씬 유리한 입지를 차지하게 된다. 이것을 선도자 우위(first-mover advantage)라고 한다. 후발진입자 혹은 추종자 브랜드의 입장에서는 이미 시장에서 자신만의 확고한 입지를 구축한 선도자와의 불리한 싸움을 하기보다는 선도자가 차지하지 못한 새로운 시장을 개척하는 것이 낫다. 트라우트와 리즈는 자사의 경쟁적 위상에 따라, 즉 선도자인가 추종자인가 등에 따라 마케팅 전략이 달라져야 함을 강조하였는데, 특히 추종자의 입장에서는 선도자 혹은 강력한 경쟁자와의 직접적인 경쟁은 가능하면 피해야 함을 주장하였다. 만약 마케팅이 '누가 더 싸고 좋은가'의 경쟁이라면 경쟁적 위상에 따라 전략이 달라질 이유는 없다. 그러나 마케팅 전쟁은 경제학의 효용극대화 이론에서 가정하듯 단일차원에서 벌어지는 경쟁이 아니다. 모두 같은 방향으로 뛰는 100m 달리기 경주가 아닌 것이다. 다양한 취향을 가진 소비자 집단이 존재하기 때문에 마케팅 전쟁은 다양한 속성에 기초한 다차원적인 경쟁이며, 모든 브랜드가 동일한 방식으로 경쟁할 수 없고, 그렇게 할 필요도 없다. 시장 전체에서 강력한 지배력을 가진 브랜드가 아닐지라도 규모는 작지만 독자적인 자신만의 영역을 구축해서 생존할 수 있다.

　이 책은 마케팅 전략에 대해서 필자가 저술한 리뷰(review) 성격의 논문들로 구성되어 있다. 다양한 관점에서 제시된 마케팅 전략에 대한 논의를 통해서 '효과적인 브랜드 포지셔닝의 원리는 무엇인가?' '브랜드의 경쟁적 위상에 따라 마케팅 전략은 어떻게 달라져야 하는가?' '고객을 어떻게 세분화하는 것이 전략적으로 중요한가?' '가격탄력성을 낮추는 것이 왜 중요한가?' '언제 표적시장 마케팅이 대량마케팅보다 더 효과적인가?' '브랜드의 생존 가능성을 높이기 위해서는 어떻게 표적시장을 선정해야 하고, 어떻게 포지셔닝해야 하는가?' 등 다양한 질문에 대한 답을 제시하고자 한다.

　각 장의 내용을 소개하면 다음과 같다. 제1장 '행동경제학에 기초한 포지셔닝 개념의 분석'에서는 트라우트와 리즈가 처음 제안했던 포지셔닝의 개념을 프로스펙트 이론 등 행동경제학 분야의 이론으로 재해석한다. 포지셔닝은 상품 자체가 아니라 상품에 대한 소비자의 인식을 변화시키는 것이라는 트라우트와 리즈의 관점을 이해하려면 상품의 가치가 심리적·맥락적 요인 때문에 왜곡되어 인식될 수 있음을 이해해야 한다. 이러한 관점에서 프로스펙트 이론 등은 포지셔닝 전략을 이해하는 유용하게 활용될 수 있다. 이 장에서는 마케팅 커뮤니케이션을 통해 브랜드에 대한 인식을 변화시키는 것은 다음의 심리적 변수들에 영향을 주는 것으로 정리하였다. 첫째는 경쟁대안들 간의 지각된 유사성 및 제품 범주 내 전형성이고, 둘째는 대안평가의 준거점이며, 셋째는 평가의 기준이 되는 속성의 중요도이다. 이러한 논의에 기초해서 브랜드의 경쟁적 위상에 따라, 즉 선도자인지 추종자인지에 따라서 전략적 선택지가 어떻게 달라지는지 그래프를 통해 시각적으로 정리하였다.

제2장은 '프로스펙트 이론과 속성별 제거모형을 중심으로 한 행동경제학의 이해'로서, 제1장에 대한 보충설명에 해당하는 내용이다. 이 장에서는 전통적 경제학의 효용극대화 이론에서 출발해서 이를 위배하는 현상들의 발견과 이러한 현상들을 설명하는 행동경제학 이론들이 등장하기까지의 과정을 세밀하게 고찰해 본다. 제1장에서 포지셔닝과 연관되어 중요하게 다루었던 행동경제학 이론들에 대해서, 특히 프로스펙트 이론과 다양한 맥락효과에 대해서 좀 더 깊이 있게 다루었다. 전통적인 경제학의 '효용극대화' 이론은 합리적인 소비자를 가정하는 규범적(normative) 이론이며, 행동경제학은 이러한 전통적 이론의 한계점을 극복하기 위해서 등장한 현실적인, 기술적(descriptive) 이론이다. 이 책은 소비자를 이해하는 데 이 두 가지 접근이 모두 유용하다는 관점에 기초해서 구성되었다. 제1장에서 기술적 이론의 관점에서 포지셔닝에 대해 논의하였다면, 이어지는 제3장에서는 소비자의 다양성을 포용하도록 확장된 효용이론에 기초하여 포지셔닝에 대해 논의한다.

제3장은 '다속성 선호도 모형에 기초한 브랜드 포지셔닝의 이해'이다. 이 장에서는 STP(Segmentation-Targeting-Positioning)로 요약되는 전략의 원리를 설명하는 가장 기본적인 접근을 소개한다. 마케팅 전략의 원리를 설명하는 데 간단한 수식과 그래프는 매우 유용하게 활용될 수 있다. 다속성 선호도 모형, x-y축으로 이루어진 그래프, 그리고 동일선호도 직선 등의 개념을 활용해 소비자 취향의 다양성과 효과적인 포지셔닝의 관련성을 설명한다. 앞서 소개한 볼보 사례처럼 브랜드를 특정 속성이나 편익과 연결하는 것은 효과적인 포지셔닝이 될 수 있다. 그러나 포지셔닝 전략의 핵심은 특정 고객집단에게 가장 선호되는 브랜드가 되는 것임을 설명한다.

제4장은 '가격탄력성과 생산비용에 기초한 대량마케팅과 표적시장 마케팅의 비교 분석'이다. 마케팅은 크게 대량마케팅과 표적시장 마케팅으로 구분할 수 있는데, 일반적으로 마케팅이라고 하면 표적시장 마케팅을 지칭한다. 표적

시장 마케팅은 STP(시장세분화–표적시장 선정–포지셔닝)의 과정을 거치는데 차별화를 통해 특정 고객집단의 욕구를 더 정교하게 만족시킴으로써 만족도와 충성도를 높여 장기적으로 안정된 수익을 창출하는 것을 추구한다. 높은 고객만족도와 고객충성도는 곧 상품에 대한 낮은 가격탄력성을 의미한다. 이 장에서는 가격탄력성이 낮아질수록 달성 가능한 최고 이윤이 증가함을 보임으로써 표적시장 마케팅의 효과성을 보인다. 그러나 고정비용이 높고, 고객 이질성(다양성) 정도가 낮은 경우에는 전체 시장을 대상으로 표준화된 상품을 대량으로 저가에 공급하는 '대량마케팅'이 효과적일 수도 있다. 차별화, 높은 고객만족도와 고객충성도, 낮은 가격탄력성, 장기적 이윤추구, 낮은 대체성, 시장 독점력, 범주 대표성, 높은 품질과 낮은 품질 불확실성, 높은 브랜드 가치 등은 모두 하나로 연결된 개념들로서 마케팅 전략이 무엇을 추구해야 하는지를 설명해 준다.

제5장은 '지배확률과 생존확률이 브랜드의 시장점유율에 미치는 영향'이다. 이전 장들에서는 자사 브랜드의 선호도를 높이거나 혹은 경쟁 브랜드들과의 유사성을 낮추는 등의 방법으로 선택확률(시장점유율)을 높일 수 있음에 대해서 논의하였다면, 제5장에서는 어떤 세분시장에 진입하는가에 자사의 시장점유율을 결정할 수 있음에 대해 논의한다. 규모가 클수록 더 매력적인 세분시장이 되기 때문에 더 많은 경쟁자가 진입하고, 그로 인해 생존은 더 어려워진다. 그러나 만약 그 세분시장에서의 치열한 경쟁에서 살아남는다면 전체 시장에서 차지하는 시장점유율이 커지게 된다는 논리를 담고 있다. 기업이 전체 시장에서 지배적인 브랜드가 되고 싶다면 규모가 큰 세분시장에 진입하는 소위 '고위험–고수익' 전략을 채택해야 하며, 반대로 높은 시장점유율보다는 생존 자체에 초점을 두는 기업이라면 규모가 작은 세분시장에 진입하는 '저위험–저수익' 전략을 채택해야 한다. 기존의 선택확률의 개념만으로 시장의 경쟁상황을 설명하는 데 한계가 있기에 생존확률과 지배확률이라는 새로운 개념을 제안하였다. 제5장에는 수식적인 내용이 많긴 하지만 시사점과 결론 부분에 마케팅 전략에 관한 중요한 내용이 담겨 있어서 책에 포함시켰다.

마지막으로, 제6장은 '기업의 마케팅 역량 분석에 기초한 주식투자법'이다. 좋은 마케팅 전략이 어떤 성과로 이어지는가에 대한 논의로 마케팅 전략에 대한 논의를 마무리하고자 한다. 성공적인 마케팅은 브랜드 자산가치를 높이고, 고객충성도를 높이는 등의 경로를 통해 궁극적으로 기업가치를 상승시킨다. 이 장은 주식투자와 마케팅 이론을 연결시킨 내용으로서, 특히 마케팅 역량이 뛰어난 기업에 투자해야 장기적으로 높은 투자수익률을 달성할 수 있음을 강조한 필립 피셔(Philip Fisher)와 켄 피셔(Ken Fisher)의 주장을 마케팅 및 재무 분야의 다양한 이론을 통해 재해석한다. 제6장에서는 마케팅 역량이 뛰어난 기업을 선별하는 방법들에 대해서 소개할 뿐 아니라 다양한 주식투자법을 요약·정리한 내용을 포함하고 있기 때문에 주식투자에 관심 있는 독자분들에게 도움이 될 것이다. 또한 현금흐름 할인법에 기초한 단순화된 투자수익률 계산 공식을 제시하며 왜 가격탄력성이 낮은 상품을 제공하는 기업에 투자해야 하는가 등의 주제와 관련된 수리적 분석도 포함되어 있다.

본문의 논의들을 요약해서 몇 가지 핵심적인 마케팅 전략의 원칙으로 정리해 보면 다음과 같다.

(1) 선호도의 원칙: 브랜드에 대한 선호도가 높아질수록 브랜드가 구매될 확률은 높아진다. 브랜드에 대한 선호도는 가격, 품질 등 브랜드를 구성하는 속성들에 대한 평가가 종합되어 형성된다. 동일한 브랜드에 대한 선호도가 소비자마다 달라지는 이유는 구매 시 중요하게 고려하는 속성이 다르기 때문이다. 마케팅은 기본적으로 브랜드 선호도를 높이는 활동이며, 표적고객이 어떤 속성을 중요하게 고려하는지를 파악하는 것은 마케팅 전략 수립의 첫 단계이다. 표적고객이 중요하게 고려하는 속성과 자사 브랜드가 강점을 갖는 속성을 일치시키는 것이 중요하다.

(2) 유사성의 원칙: 일반적으로 경쟁 브랜드들과의 유사성이 낮아질수록 자사 브랜드의 선택확률(시장점유율)이 증가한다. 마케팅은 유사한 경쟁자가 많을수록 불리해지는 게임이다. 두 브랜드가 공유하는 속성이 많을

수록 유사성은 높아지고, 개별 브랜드만의 독특한 속성이 많을수록 유사성은 낮아진다.

(3) 선호도/유사성 상호작용의 원칙: 두 개의 브랜드가 경쟁하는 상황에서 둘 간의 유사성이 높아질수록 선호도가 선택에 미치는 영향력은 더 강해진다. 즉, 유사성이 높아질수록 둘 중 선호도가 높은 브랜드의 시장점유율이 더 높아지고, 선호도가 낮은 대안의 점유율은 더 낮아진다. 둘 간의 유사성이 낮아질 때는 둘 간의 시장점유율 차이가 감소한다.

(4) 지배의 원칙: 모든 속성에서 경쟁자보다 뛰어난 상품을 제공하면, 즉 경쟁자를 지배하면 시장점유율은 100%가 된다. 경쟁자를 지배할 수 있다면 그것이 최고의 마케팅 전략이며, 가장 피해야 하는 상황은 경쟁자에 의해 지배되는 것이다. 나만의 독특한 속성이 없고 경쟁자만 독특한 속성을 가지는 경우에도 경쟁자에 의해 지배된 것이다. 두 브랜드의 유사성이 극대화되면 둘 간의 관계는 지배관계로 변하므로 네 번째 원칙은 세 번째 원칙의 일부로 볼 수도 있다.

(5) 전형성의 원칙: 제품 범주 내에서 대표성(전형성)이 높을수록 브랜드 선호도가 높아지고, 시장점유율도 높아진다. 전형성은 범주 내 다른 모든 브랜드와의 평균적 유사성으로 볼 수 있다. 선호도가 높은 브랜드의 경우 경쟁자들과 공유하는 속성을 강조하는 것이 점유율에 유리하게 작용할 수 있다.

(6) 불확실성의 원칙: 어떤 브랜드의 품질이나 성능에 대한 지각된 불확실성이 낮을수록 그 브랜드에 대한 선호도(가치)는 높아진다. 많은 소비자가 경험해 보고 친숙하게 느끼는 브랜드는 그렇지 않은 브랜드보다 경쟁에서 유리하다.

(7) 선호도/불확실성 상호작용의 원칙: 두 개의 브랜드가 경쟁할 때 품질이나 성능에 대한 불확실성이 낮아질수록 둘 중 선호도(기댓값)가 조금이라도 더 높은 대안의 점유율은 증가하고, 선호도가 낮은 대안의 점유율은 감소한다. 정보가 충분히 제공되는 상황일수록 불확실성 감소에 의해 가

장 좋은 브랜드에 점유율이 집중된다.

(8) 가격탄력성의 원칙: 상품에 대한 가격탄력성이 낮아질수록(가격을 인상해도 수요가 크게 줄지 않는 상황을 의미) 달성 가능한 이윤은 항상 증가한다. 가격탄력성이 낮아질수록 영업이익률도 높아지고, 장기적 관점에서 기업가치도 높아진다. 높은 고객만족도와 고객충성도, 그리고 높은 브랜드 자산은 낮은 가격탄력성과 관련되어 있기 때문에 소비자가 고려하는 속성들 중 가격에는 특별히 관심을 기울일 필요가 있다.

가장 첫 번째로 제시된 원칙은 선호도의 효과에 대한 원칙이다. 선호도란 특정 브랜드에 대해 소비자가 갖는 긍정적 감정의 정도, 혹은 좋아하는 정도를 나타내는데, 이 책에서는 이런 의미를 포함하여 브랜드 고유의 가치, 상품이 고객에게 주는 이익 등을 통칭하는 의미로 사용되었다. 마케팅에서도 미시경제학에서 쓰이는 '효용'이라는 용어를 간혹 사용하기는 하지만 일반적으로는 '고객가치' '선호도' '태도' 등의 용어를 더 많이 사용한다. 경제학에서는 효용이 객관적이고 절대적으로 정해져 있다고 보는 반면 마케팅에서는 가치가 주관적이고 상대적이기에, 동일한 대상에 대한 평가도 소비자에 따라 달라진다고 가정한다. 경제학에서는 다루어지지 않았으나 소비자 선택이론에 도입된 중요한 심리학적 변수로서 대안들 간의 유사성이 있다.

두 번째 원칙은 이에 대한 내용이다. 경쟁이 치열해지고 소비자 취향의 다양성이 부각될수록 경쟁제품들과의 유사성을 낮추는 것이 시장점유율을 높이는 데 중요하게 작용한다. 선택이론에서는 이를 '유사성 효과'라고 하고, 마케팅에서 차별화를 강조하는 이론적 근거로 활용된다. 사소해 보이는 부가서비스나 이미지 변화만으로도 경쟁상품들과의 유사성을 낮추고 시장성과를 개선할 수 있다. 위의 원칙들에 소개된 개념들 중 유사성과 전형성, 그리고 지배의 개념은 서로 매우 밀접하게 연결되어 있으므로 하나로 묶일 수 있다. 그래서 소비자 의사결정을 설명하는 데 가장 중요한 세 가지 변수를 꼽으라면 선호도, 유사성, 그리고 불확실성이라고 할 수 있다. 불확실성은 브랜드에 대해 소비자가 갖는 선호도가 얼마나 확실한가를 의미한다.

저자가 특히 중요하게 생각하는 것은 세 번째 원칙이다. 이 원칙은 선호도와 유사성의 상호작용 효과가 존재함을 의미하는데, '경쟁자보다 선호도가 낮을 때는 유사성을 낮추고, 선호도가 높을 때는 유사성을 높여야 한다'는 시사점을 갖는다. 이는 '강력한 경쟁자와의 직접적인 경쟁은 피해야 한다'는 의미를 담고 있기도 하다. 같은 제품 범주 안에서도 유사성이 더 높은 브랜드들끼리는 더 직접적인 경쟁을 하게 된다. 이 원칙은 필자가 마케팅을 처음 공부할 때 접한 한 광고 사례와 관련이 깊다. 그것은 7Up의 '언콜라(Uncola)' 광고 캠페인으로서, '나는 콜라가 아니다'라는 광고를 통해 매출이 크게 상승했다는 고전적인 사례이다. 처음 이 사례를 읽고는 말장난에 불과해 보이는 광고를 왜 교재에 실었는지 이해가 되지 않았다. 그러나 한편으로는 교재에 실릴 정도의 현상이라면 분명히 관련된 심리학적인 원리가 있을 것이라는 생각도 들었다. 이 현상은 경제학의 효용이론으로는 설명할 수 없다고 느꼈기에 뭔가 새로운 변수가 도입되어야 한다는 생각이 들었다. 그래서 떠올린 변수가 대안들 간 '유사성'이었다. 언콜라 광고는 강력한 경쟁자와의 지각된 유사성을 낮춰서 직접적인 경쟁을 피하기 위한 전략이 아닐까 하는 나름의 '가설'을 갖게 되었다. 그러한 생각을 지지해 주는 확실한 근거를 찾지 못하다가 아모스 트버스키(Amos Tversky)가 1972년에 제시했던 수리적 모형으로부터 이 원칙을 유도할 수 있었다(Won, 2007).

트버스키는 카네만과 함께 프로스펙트 이론의 창시자로도 잘 알려진 인물로서, 심리학의 주요 개념이었던 '지각된 유사성'을 소비자 선택이론에 도입한 인물이기도 하다. 세 번째 원칙에 의하면 두 브랜드만 경쟁하는 상황을 가정할 때, 둘 간의 유사성이 높아질수록 시장점유율을 양극화된다. 즉, 유사성이 커질수록 둘 중 선호도가 높은 대안의 시장점유율이 증가하여 100%에 가까워지고, 선호도가 낮은 대안의 점유율은 감소하여 0%에 가까워진다. 선호도가 낮은 대안은 강력한 경쟁자와의 지각된 유사성이 높아질수록 생존이 어려워지므로 유사성을 최대한 낮춰야만 조금이라도 높은 점유율을 유지할 수 있다.

필자는 이후 수많은 실증적 연구가 이와 유사한 현상을 발견하였음을 알게 되었고, 또한 수많은 마케팅 성공 사례의 이면에 이 원리가 작용하고 있음도 알게 되었다. 재미있게도 손자병법에서도 이러한 원리가 담겨 있었다. 잘 알려진 '지피지기 백전불태(知彼知己　百戰不殆)'라는 구절이 내포하는 의미 중 한 가지도 전쟁에 임하기 전에 적과 나의 병력, 기세 등을 객관적이고 치밀하게 비교 평가해서 내가 열세라고 판단되면 싸움을 피하고, 내가 우위에 있을 때만 싸워야 한다는 것이다. '먼저 이겨 놓고 싸워라(先勝後戰)'는 구절의 의미도 이길 수 없는 싸움은 피하고, 이길 수 있는 싸움만 하라는 의미로서, 세 번째 원칙의 의미와 다르지 않다.

　마케팅 전쟁은 치열하지만 보이지도, 들리지도 않는 전쟁이다. 소비자의 마음속에서 벌어지기 때문이다. 소비자의 구매행동을 통해서 승부의 결과만 드러날 뿐이다. 무언가를 구매하고자 하는 소비자의 마음속에서 두 브랜드가 비교되고 있다면 그 순간이 곧 치열한 전쟁의 순간이다. 강력한 경쟁자와는 직접적으로 비교되지 않도록 유사성을 낮추고 범주를 구분시켜야 한다. 차별화의 본질은 시장에서 확고히 자리 잡은 경쟁자와 멀어지려는 노력으로 볼 수 있다. 선도자 브랜드에 이미 익숙해져 있는 소비자의 마음을 바꾸는 것이 쉽지 않기에 아예 새로운 시장을 개척하는 것이 차별화이다. 성공적인 포지셔닝은 강력한 경쟁자들을 피해 새로운 영역을 탐색해 가는 과정에서 발견되는 경우가 많다. 자신만의 틈새시장을 개척하는 것이 쉽지는 않은 일이다. 그러나 시장은 취향의 다양성이 부각되는 시대적인 흐름에 의해 더 많은, 다양한 틈새시장이 생겨날 수 있는 환경으로 변화되고 있다. 경쟁자와의 유사성을 낮추면 일반적으로 시장점유율이 높아진다는 두 번째 원칙과 달리 세 번째 원칙에서는 상대적 선호도에 따라 유사성의 영향력은 달라질 수 있음을 강조한다. 추종자 브랜드와 달리 선도자 브랜드의 경우에는 경쟁자와 유사성이 높아지면 오히려 유리하게 작용할 수도 있음을 말하고 있다. 7Up과 달리 선도자인 코카콜라는 오히려 모든 경쟁자를 끌어안는 방식으로 '범주 포지셔닝'을 할 수 있는 것이다.

그렇다면 추종자는 선도자와의 경쟁을 무조건 피해야만 하는 것인가? 반드시 그런 것은 아니다. 사실 추종자 브랜드가 선택할 수 있는 최고의 전략은 선도자보다 더 싸고 좋은 제품을 제공하는 것, 선도자보다 더 선호되는 상품을 제공하는 것이다. 그렇게 하는 것이 쉽지는 않지만 불가능한 것은 아니다. 필자가 생각하는 트라우트와 리즈의 포지셔닝 이론의 한계점은 '선도자 우위'를 지나치게 강조했다는 점이다. 그들은 추종자가 선도자의 약점을 공격하여 왕좌에서 끌어내리는 경우도 있지만, 대부분의 경우에 추종자는 선도자와의 경쟁에서 승산이 없다고 보았다. 그러나 신기술의 급격한 발전 등에 의해 시장은 과거 어느 때보다도 역동적으로 바뀌었고, 이제는 한 번 선도자가 되면 영원히 선도자로 남을 것이라는 보장이 없다. 삼성전자, 구글, 아마존과 같은 기업들도 처음에는 반도체, 검색엔진, 소매점 분야에서 후발진입자였다. 그들은 선도자와의 경쟁에서 도망치지 않고, 파괴적 혁신으로 기존의 선도자를 뛰어넘는 탁월한 고객가치를 제공해서 새로운 마켓리더가 되었다. 경쟁자가 예상치 못한 혁신으로 선호도 측면에서 선도자 브랜드를 앞서 버리는 '정면승부' 전략은 추종자의 첫 번째 전략이 되어야 한다. 유사성을 낮추는 전략은 피해를 최소화하는 전략이자 생존하기 위한 전략일 뿐, 이러한 전략으로 시장의 지배자가 될 수는 없기 때문이다.*

소비자의 손실회피 성향, 습관적 구매행태, 브랜드 자산, 규모의 경제, 네트워크 효과 등을 고려할 때 확고하게 구축된 선도자의 입지는 추종자가 조금 더 좋은 상품을 출시했다고 해서 흔들리지 않는다. 그러나 일정 수준의 임계치를 넘어서는 확실한 우위를 가진 혁신적인 상품은 선도자 우위를 뛰어넘을 수 있

---

* '선도자'라는 용어는 시장에 가장 먼저 진입한 브랜드를 나타내는 'first mover'를 번역한 단어로도 사용되고, 현재 시장점유율이나 매출이 가장 높은 브랜드인 'market leader'를 번역한 단어로 사용되기도 한다. 이 책에서는 주로 후자의 의미로 사용되었다. 전자는 선발진입자, 후자는 시장선도자 등으로 번역되기도 하는데, 최근에는 퍼스트무버, 마켓리더 등의 용어가 그대로 사용되기도 한다. 실제로 한 브랜드가 이 두 가지 경우에 모두 해당되는 경우가 매우 많기 때문에 두 가지 의미를 함께 갖는 용어로 '선도자'를 사용해도 무방한 경우가 많다. 그렇지 않은 경우라면, 여기에서는 맥락에 따라 어떤 의미를 갖는지가 명확하도록 사용하였다.

게 해 준다. 과감한 혁신으로 정면승부하여 주류시장을 빼앗아 올 것인가 아니면 차별화하여 새로운 시장을 개척할 것인가는 매우 중요하고, 어려운 전략적 의사결정이다. 이것은 곧 '싸울 것인가 도망칠 것인가(fight or flight)'의 의사결정이다. 무모한 정면승부보다는 선도자와 차별화하여 경쟁을 피하는 것이 추종자에게는 생존에 유리한 경우가 많다. 트라우트의 또 다른 저서의 제목처럼 "차별화하지 못하면 죽는다(differentiate or die)." 그러나 고객에게 더 높은 가치를 제공하려는 지속적인 노력은 추종자이건 선도자이건 추구해야 하는 가장 기본적인 전략이다. 고객가치를 높이기 위해 끊임없이 앞으로 나아가는 과정에서 경쟁이라는 장애물을 만나게 되면 피해서 옆으로 돌아갈 수도 있지만 결국은 고객을 향해 앞으로 나아가야 한다. 차별화는 그때그때 변화하는 경쟁상황에 맞춰서 시장의 빈 곳을 찾아 움직여 가는 과정이다. 경쟁자를 신경 쓰지 않고 고객을 향해 앞만 보고 달려갈 수 있는 것은 오직 선도자 브랜드뿐이다. 필립 코틀러(Philip Kotler)는 적자생존(適者生存)의 원리로 시장경쟁을 설명한다. 진화론에서와 마찬가지로 시장환경에 가장 적합한, 혹은 가장 잘 적응한 브랜드가 생존한다는 것이다. 현재의 시장환경에서 적자생존의 의미는 다음과 같이 새롭게 해석될 수 있다. 이제는 차별화된 브랜드, 특별한 브랜드만이 살아남는 별자생존(別者生存)의 시대이자, 끊임없이 혁신하는 자만이 생존하고 시장을 지배하는 혁자생존(革者生存)의 시대라고.

마케팅 전쟁에서 승리하려면 싸움터의 형세를 파악할 수 있어야 한다. 자사의 목표 고객이 누구인지뿐 아니라, 주요 경쟁자가 누구인지 알아야 하며, 주요 경쟁자와 비교해서 내가 우위에 있는지 아니면 열위에 있는지를 판단해야 한다. 강력한 경쟁자와의 경쟁에 임해서는 정면승부를 할 것인지, 측면으로 공격할 것인지, 아니면 싸움을 피할 것인지 등을 결정해야 한다. 내가 시장선도자의 입장이라면 어떤 추종자가 어떻게 공격을 하고 있는지를 파악해야 하며, 그 공격이 무시해도 되는 수준인지 아니면 반드시 방어해야 하는 수준인지, 추종자가 도망간다면 좇아가야 하는지 말아야 하는지, 잠재적 진입자는 없는지 등을 세심하게 판단해야 한다. 이들 주제에 대해서는 트라우트와 리즈가 저술한『포지셔닝』『마케팅 전쟁』『마케팅 불변의 법칙』그리고 필립 코틀러의『Marketing Management』등의 책에도 자세히 논의되어 있으니 이 책과 함께 읽어 보기를 추천드린다. 겉으로는 아무리 복잡해 보이는 현상일지라도 사실은 몇 가지 단순한 원리에 의해 움직이는 경우가 많다. 마케팅 전략의 원리에 대해 고민해 온 필자의 여정을 이 책을 통해 공유하고자 하며, 이를 통해 혼란스러운 시장을 단순화해 이해하는 데 조금이나마 도움이 되기를 희망한다.

2024. 2.

원지성

차례

제1부 브랜드 포지셔닝의 이해

제1장

행동경제학에 기초한 포지셔닝 개념의 분석　23

8 차례

프로스펙트 이론과 속성별 제거모형을 중심으로 한 행동경제학의 이해 71

oc:
1. 서론 ····· 73
2. Bernoulli와 Simon의 효용함수 ····· 75
3. 위험추구 행동과 프로스펙트 이론 ····· 82
4. 프레이밍과 프로스펙트 이론의 응용 ····· 91
5. 맥락효과와 속성별 제거모형 ····· 96
6. 결론: 맥락효과와 행동적 의사결정이론 ··· 108

제3장

다속성 선호도 모형에 기초한 브랜드 포지셔닝의 이해 113

1. 서론 ··· 115
2. 다속성 선호도 모형과 동일선호도 직선 ··· 118
3. 다속성 선호도 모형에 기초한 시장세분화의 이해 ··· 125
4. 포지셔닝의 원리 ··· 131
5. 시사점 및 결론 ··· 140

제2부 마케팅 전략과 기업 성과

제4장

가격탄력성과 생산비용에 기초한 대량마케팅과 표적시장 마케팅의 비교 분석 147

1. 서론 ··· 149
2. 가격탄력성과 기업 이윤 ··· 156

제5장

지배확률과 생존확률이 브랜드의 시장점유율에 미치는 영향　183

제6장

기업의 마케팅 역량 분석에 기초한 주식투자법　211

제 1 부
브랜드 포지셔닝의 이해

제 1 장

행동경제학에 기초한
포지셔닝 개념의 분석

1 서론

마케팅은 소비자의 마음을 차지하기 위한 전쟁이다. 이러한 전쟁은 '포지셔닝(positioning)'이라고 불리는 과정을 통해 이루어진다. 변화하는 소비자의 욕구, 신기술과 대체재의 등장, 치열해져 가는 경쟁, 허물어지는 제품 범주 간 경계 등 다양한 요인에 의해서 예측 불가능하게 변하는 환경 속에서 기업들은 자사 브랜드를 차별화하고, 효과적으로 포지셔닝하는 데 큰 어려움을 겪고 있다. 이러한 상황일수록 효과적인 마케팅 전략 수립을 위해서 '포지셔닝이란 무엇인가?'라는 근본적인 질문을 던지고 이에 대한 답을 찾아야 할 것이다. 포지셔닝은 '표적고객의 마음속에 경쟁자와 대비하여 독특하고 의미 있는 위치를 차지할 수 있도록 제품/서비스 및 이미지를 디자인하는 작업'으로 정의된다(Kotler & Keller, 2011). 많은 연구가 포지셔닝 전략을 다양한 관점에서 분석하였다(Carpenter & Nakamoto, 1989, 1990; Hauser, 1988; Hauser & Shugan, 1983; Lane, 1980; Shocker & Srinivasan, 1979). 기존 연구들에 기초해 보면 제품을 효과적으로 포지셔닝한다는 것은 경제학적 의미의 '효용'을 높이는 것 이상의 의미를 담고 있음을 알 수 있다. 이 연구에서는 포지셔닝의 개념을 처음 제시한 Trout와 Ries의 저술들에 기초하여 그들이 주장한 포지셔닝의 본래 의미를 고찰해 보고(Trout, 1969; Ries & Trout, 1982; Ries & Trout, 2006; Trout & Ries, 1972), 이를 행동적 의사결정이론(behavioral decision theory), 혹은 행동경제학(behavioral economics)의 관점에서 해석해 보고자 한다.

포지셔닝을 문자 그대로 해석하면 '(어떤 대상을 적절한 위치에) 자리 잡게 한다.'는 의미를 갖는다. 포지셔닝 개념은 광고 컨설턴트였던 Trout에 의해서 1969년에 처음 제안되었다(Trout, 1969). 이후 Trout이 그의 동료 컨설턴트인 Ries와 함께 Advertising Age에 게재한 「포지셔닝 개념을 통하여 시장의 혼란을 극복하다(Positioning Cuts Through Chaos in Marketplace)」라는 제목의 글을 통해서 더욱 널리 알려지게 된다(Trout & Ries, 1972). 그들은 1982년에 『포지셔닝: 당신의 마음을 차지하기 위한 전투(Positioning: The Battle for Your Mind)』라는 제목의 책을 출간하였고, 이 책은 이후 수십 년간 마케팅 분야를 대표하는 베스트셀러로 자리 잡았다(Ries & Trout, 1982). 그들은 일련의 저술들을 통하여 마케팅에서는 실재(reality)보다는 인식(perception)이 더 중요하고, '고객'도 중요하지만 '경쟁자'도 매우 중요하게 고려되어야 한다고 주장하였다. 즉, 마케팅은 더 좋은 제품을 제공하기 위한 경쟁이 아니라 소비자의 인식 속에 자사 제품이 차별적인 위치를 차지하도록 하기 위한 전쟁이며, 고객을 만족시키는 것이 아니라 경쟁사를 이기는 것이라는 주장하였다(Ries & Trout, 2006).

포지셔닝 개념이 등장한 시점은 사회/문화적 및 경제적으로 극적인 변화가 일어나던 시기였다. 1950년대 이후 미국을 중심으로 대중매체(특히 TV 등 방송매체)가 폭발적으로 확산되었는데, 이러한 변화는 20세기 초부터 지속된 경기침체를 극복하는 과정에서 확산된 소비지향주의, 그리고 제2차 세계대전 이후 급격히 향상된 공업생산성과 맞물려 엄청난 규모의 '정보의 홍수'를 만들어 냈다. Trout와 Ries는 인류가 역사상 처음 접하게 된 '정보의 홍수' 속에서 어떻게 자사 브랜드가 소비자의 마음속으로 파고들어갈 수 있을 것인가에 대한 해답을 제시하고자 하였다. 그들은 창의적인 광고 크리에이티브 작성도 중요하지만, 이를 뛰어넘어 광고에 대한 전략적인 접근이 필요함을 주장하였다. Trout와 Ries가 주장한 포지셔닝의 개념은 그 당시 이미 마케팅의 핵심 개념으로 자리 잡은 시장세분화 그리고 표적시장 선정의 개념(Smith, 1955)과 결합되어 시장세분화－표적시장 선정－포지셔닝(segmentation-targeting-positioning: STP)으로 요약되는 마케팅 전략수립 프레임워크가 완성되었다.

Trout와 Ries가 제시한 포지셔닝 이론이 기존의 마케팅 이론체계로 받아들여지는 과정에서 약간의 개념적 변화가 일어났음을 관찰할 수 있다. 학계에서는 제품 차별화의 개념을 포지셔닝과 결합하면서, 제품의 유형적 변화까지 포함하는 폭넓은 개념으로 포지셔닝을 정의하였다(Kotler & Keller, 2011). 그러나 Trout와 Ries가 처음 제시한 포지셔닝은 제품의 유형적인 차별화는 배제된, 순수한 소비자 '인식의 변화'에만 국한된 개념이었다. 이러한 관점은 그들이 저술에 명확히 드러나 있다.

> 포지셔닝은 제품에서 출발한다. 유형의 제품일 수도 있고, 무형의 서비스나 기업, 조직 혹은 사람이 될 수도 있다. 그러나 포지셔닝은 제품을 변화시키는 것이 아니다. 포지셔닝은 잠재고객의 마음속에서 무언가를 변화시키는 것이다. 다시 말하면, 잠재고객의 마음속에 제품의 위치를 잡아 주는 것이다(Ries & Trout, 1982).

이러한 관점이 기존의 마케팅 이론체계로 그대로 수용되지 못한 이유 중 하나는 실제적인 속성이나 혜택의 변화가 없는 차별화, 혹은 수요 조작(demand modification)에 대한 학계의 부정적인 시각(Dickson & Ginter, 1987; Samuelson, 1976; Smith, 1956) 때문이다. 또한 제품의 유형적 변화가 배제된 차별화 및 포지셔닝은 시장세분화나 제품차별화, 혹은 고객만족 등의 개념과 체계적으로 연결되기 어렵기 때문이다.

전통적인 경제학적 관점에서 본다면, 다양한 제품 포지셔닝 방법들도 제품의 효용을 높이고, 이를 통해 제품이 선택될 확률을 높이고자 하는 노력이라고 이해될 수 있다. 효용극대화 원칙을 다속성 태도(선호도)모형(multi-attribute attitude model) (Fishbein & Ajen, 1975; Lancaster, 1966)에 적용하여 보면 포지셔닝 작업은 결국 대안의 지각된 속성수준을 변화시켜 제품의 전반적인 선호도를 높이는 활동이라고 할 수 있다(이에 대해서는 3장에서 자세히 논의한다.). 그렇다면 실제 제품 속성의 변화 없이 커뮤니케이션만을 통해 매출 등 시장성과를 개선할 수 있을까 하는 질문에 대한 해답으로(단순히 소비자의 광고노출량을 증가시키는 것은 제외하고) 다음의 두 가지 고전적인 사례를 살펴보자(Ries & Trout, 1982).

7Up의 언콜라(Uncola) 광고 캠페인 7Up은 당시 청량음료(soft drink)시장에서 선도사 브랜드였던 코카콜라(Coca-Cola)와의 직접적인 경쟁에서 승리할 가능성이 낮음을 깨닫고, 코카콜라와 같은 제품 범주에 속하지 않는다는 점을 강조한 언콜라(Uncola) 광고 캠페인을 실행하였다. 콜라와의 직접적 비교를 하지 않도록 유도하며, 콜라가 아닌 청량음료 시장에서는 7Up이 최고임을 강조하였다. Uncola 광고 캠페인 이후 매출은 10%가량 증가하였다.

Avis 렌터카의 No.2 광고 캠페인 미국 내에서 Avis 렌터카는 점유율 1위인 Hertz를 뒤따르는 업계 2위 브랜드임을 당당하게 주장하면서, 2위 업체가 가지는 장점을 강조하는 광고를 실행하였다. '1위 브랜드를 추격하기 위해 더 열심히 일한다.' '손님 수가 적으니 매장에서 오래 기다리지 않아도 된다' 등의 독특한 광고 메시지를 통해서 13년간 연속 적자를 기록하던 Avis는 이 광고 이후에 지속적으로 흑자를 기록하게 된다.

이러한 Trout와 Ries의 주장은 행동경제학적 관점에서 재해석될 필요가 있다. 행동경제학자들은 인간의 선택행동은 기존 경제학에서 주장하는 합리적 의사결정 원칙만으로 설명될 수 없는, 비합리적이고, 즉흥적이며, 맥락의존적인(contextual) 특성을 가짐을 보이고, 이러한 비합리성 속에 내재된 체계적인 법칙을 발견해 내기 위해 노력해 왔다(이진용, 1994; Ariely, 2008; Einhorn & Hogarth, 1978). 행동경제학은 경제학과 심리학의 결합으로 탄생된 학문영역이다. 경제학의 영역에 속하는 주제를 다루지만 접근방법은 심리학에 가깝다. 기존 경제학의 규범적(normative) 원칙들을 위배하는 현상들이 발견되면서 이러한 이론과 현실 사이의 불일치를 해결하기 위해 심리학적이며 기술적(descriptive) 접근이 경제학에 도입된 것이다. 국내에도 최근 다양한 행동경제학 관련 서적들이 출판되면서 행동경제학에 대한 대중적 관심이 높아졌다(곽

준식, 2012; 안서원, 2006; Ariely, 2008; Kahneman, 2011; Thaler & Sunstein, 2008).

전통적인 경제학의 원칙에 따르면 똑같은 수준의 효용을 가진 대안은 선택 맥락에 상관없이 똑같은 소비자 반응을 일으켜야 한다(불변성 원칙)(Tversky & Kahneman, 1986). 그러나 포지셔닝 이론에 따르면 평가되는 대상뿐 아니라 함께 평가되는 경쟁 대안들과 같은 맥락적 요인, 혹은 커뮤니케이션 방식 등이 대안의 인식과 평가에 영향을 줄 수 있다. 마찬가지로 행동경제학 이론들은 똑같은 대상이라도 어떤 방식으로 표현되느냐, 혹은 어떤 맥락에서 제시되느냐에 따라서 지각된 가치가 달라질 수 있음을 주장한다(Slovic, 1995). 이처럼 행동경제학은 포지셔닝에서 중요시하는 맥락적인 혹은 구성적인(constructive) 선호형성 현상을 설명하는 데 필요한 이론들을 포함하고 있다(Bettman, Luce, & Payne, 1998).

이 연구에서는 Trout와 Ries가 제시한 포지셔닝 개념을 체계적으로 설명하기 위해서 준거의존(reference dependence)과 손실회피(loss aversion) 효과(Kahneman & Tversky, 1979; Tversky & Kahneman, 1991), 대안들 간의 유사성 혹은 범주 내 전형성(prototypicality)(Chernev, 2001; Kahn, Moore, & Glazer, 1987; Tversky, 1972, 1977; Tversky & Sattath, 1979) 등 주로 행동경제학 연구들에서 다루어 왔던 변수와 이론들을 활용하고자 한다. 행동경제학 연구들에 따르면, 평가 대안이 소속된 범주나 비교 기준점의 변화, 혹은 경쟁 대안들과의 유사성의 변화 등의 요인이 그 대안의 평가에 영향을 준다(Hsee & Leclerc, 1998; Nedungadi, 1990; Simonson, 1989; Tversky, 1972). 프레이밍 효과(framing effect)와 같이 본질적으로는 같은 문제라도 표현되는 방식에 따라서 선택이 달라지는 현상(Tversky & Kahneman, 1986)이나 비교대상이 변함에 따라 평가가 달라지는 현상(Hsee & Leclerc, 1998), 그리고 선택집합이 변화됨에 따라 선택이 영향을 받게 되는 맥락효과(context effect)(Huber, Payne, & Puto, 1982; Rooderkerk, van Heerde, & Bijolt, 2011; Tversky & Simonson, 1993) 등과 관련된 이론들을 통해서 기존의 경제학적인 접근으로 설명하기 힘든 포지셔닝 전략의 효과성을 설명할 수 있다.

행동경제학 분야의 방대한 이론들을 모두 언급하고, 이들을 포지셔닝 개념

과 연결시키는 것은 불가능할 것이다. 이 연구에서는 행동경제학, 혹은 행동
적 의사결정이론 분야에서 중요하게 연구되어 왔으며, 마케팅적 시사점이 가
장 많다고 판단되어지는 세 가지 주제를 선정하였다(원지성 2013(2장 내용)).
첫째는 프로스펙트 이론(prospect theory)(Kahneman & Tversky, 1979)이다. 프
로스펙트 이론은 행동적 의사결정론 분야를 대표하는 이론으로서, 소유효과
(endowment effect)(Thaler, 1999), 심적 계정관리(mental accounting)(Kahneman,
Knetch & Thaler, 1991; Thaler, 1985, 1999), 현상유지편향(status quo bias)(Samuelson
& Zeckhauser, 1988), 이유기반선택(reason-based choice)(Simonson, 1989) 등
이 분야의 대부분의 연구주제들과 직접적 혹은 간접적으로 연결되어 있다. 둘
째는 Tversky 등의 학자들이 제시한 유사성 및 전형성 효과와 관련된 연구들
이다(Rosch & Mervis, 1975; Tversky, 1977, 1972). 대안들 간의 지각된 유사성
은 심리학 분야에서 가장 중요하게 다루어지는 개념 중 하나일 뿐 아니라
(Novick, 1988; Osherson et al., 1990), 맥락효과와 관련된 가장 중요한 변수로
서, 효용만으로 설명할 수 없는 선택현상을 설명하는 데 유용하다. 셋째는 다
속성 태도(선호도) 모형에서 속성 중요도가 상황에 따라 변할 수 있다는 내용
과 관련된 연구들이다(Nowlis & Simonson, 1997; Tversky, Sattath, & Slovic,
1988). 이어지는 장에서는 포지셔닝에 대해서 좀 더 학술적인 정의를 제시하
고, 행동적 의사결정이론의 관점에서 어떻게 포지셔닝 개념을 접근할 것인지
에 대한 프레임워크를 제시한다.

2 경쟁자 중심적 시각과 행동경제학

마케팅에서 통용되는 개념으로서의 포지셔닝은 Trout(1969)가 『Industrial
Marketing』에 기고한 글에서 처음으로 등장한다. 그는 소위 '포지셔닝 게임'

에서는 자사 브랜드의 위상만큼 중요한 것이 경쟁 대안의 위상임을 같이 강조하였다.

　　포지셔닝이라는 게임에서는 경쟁자의 이미지가 자사의 이미지만큼 중요하다. 때로는 경쟁자 이미지가 자사 이미지보다도 더 중요하다(Trout, 1969).

　　포지셔닝이란 시장에서 경쟁자와 차별화된 자신만의 독특한 위치를 차지하는 것이며, 자사 브랜드가 경쟁 우위 혹은 비교 우위를 가질 수 있는 시장을 찾아내어 선점하는 것이다. 소비자들은 '우리 제품은 어떤 특징을 가졌다.'라는 식의 광고보다는 '우리 제품은 어떤 측면에서 최고이다' '우리 제품은 범주를 대표하는 브랜드이다' 혹은 '우리 제품은 업계 1위 경쟁사와 비교해서 어떤 부분에서 더 우월하다'는 형태의 메시지에 더 민감하게 반응한다. 직접적 혹은 간접적으로 경쟁자와의 비교가 없는 광고는 경쟁 브랜드와의 비교우위에 대한 불확실성을 없애 주지 못하기 때문에 구매에 대한 확신을 주기 어렵다. 이는 곧 그 대안이 소비자 마음속에서 적절하게 '포지셔닝'되지 못했음을 의미한다.

　　포지셔닝의 개념이 등장하기 이전에도 경쟁 제품과 비교한 선호, 혹은 경쟁사와 대비한 차별적 우위의 개념은 중요하게 언급되어 왔다(Kotler & Levy, 1969; Lavidge & Steiner, 1961). Shaw(1912)는 「유통과 관련된 몇 가지 문제점들(Some Problems in Market Distribution)」이라는 논문에서 경쟁 제품과는 다른 자사 제품만의 차별점을 찾아내는 것의 중요성을 강조하였다. Reeves (1960)는 독특한 판매제안(unique selling proposition: USP) 전략을 제안하며 경쟁자가 갖지 못한 자사 브랜드만의 독특한 점을 강조해야 한다고 주장하였다. 1960년대 오길비(Ogilvy) 등은 광고를 통한 이미지 차별화 전략을 제안하였다. Trout와 Ries는 이전의 주장들에서 한걸음 더 나아가서 효과적인 포지셔닝을 위해서는 소비자가 자사 브랜드뿐 아니라 경쟁 브랜드들이 소비자들에게 어떻게 인식되고 있는지, 자사 브랜드가 어떤 제품 범주에 속하는 것으로 인식되고 있는지, 그리고 범주 내 경쟁자들과 비교해서 자사 브랜드가 어떤 차별점을 가지는지 등을 중요하게 고려해야 한다고 강조하였다.

포지셔닝 이론에 따르면, 기업이 추구해야 할 포지셔닝 전략은 시장 내에서 그 기업의 경쟁적 위상에 의해 결정된다. 기업은 경쟁적 위상에 따라 크게 세 가지 포지셔닝 전략을 활용할 수 있다. 첫 번째 전략은 현재 점유율 1위를 차지하고 있는 시장선도자만이 사용할 수 있는 전략으로서, 제품 범주를 대표하는 브랜드로 자리매김하는 전략이다. 같은 범주 내에서도 가장 먼저 머릿속에 떠오르는 브랜드는 평균적으로 2위 브랜드의 2배에 달하는 점유율을 차지한다(Trout & Ries, 1972). 가능하면 위험을 회피하고, 실패확률이 낮은 안전한 대안을 선택하고자 하는 소비자의 성향은 선도자 브랜드에 유리하게 작용한다. 두 번째 전략은 추종자 브랜드에 적합한 전략으로서, 시장선도자가 차지하지 못한 새로운 세분시장을 차지하는 전략이다. 선도자와 추종자 간의 직접적인 비교는 선도자에게 더 유리하게 작용하는 경우가 많다(Carpenter & Nakamoto, 1989; Hsee & Leclerc, 1998). 강력한 선도자 브랜드가 자리 잡고 있는 범주에서 후발진입자가 정면승부로 승리하는 것은 매우 어렵기 때문에 차별화를 통해 새로운 시장을 개척해야 한다. 세 번째 전략 역시 추종자가 활용할 수 있는 전략으로서, 강력한 선도자 브랜드를 재포지셔닝(repositioning)하는 것이다. 기존 선도자의 약점을 부각시키거나, 새로운 평가속성을 도입하는 등의 방식으로 선도자의 위상을 무너뜨리는 전략이다. 이 전략은 시장의 선도자를 이기기 위해서 정면공격이 아닌 측면공격을 하는 것으로 비유되기도 한다. 진통제 시장에서 후발진입자였던 타이레놀(Tylenol)은 선도자 브랜드인 아스피린(Aspirin)이 위장장애를 발생시킬 수 있다는 문제를 집요하게 공격하여 결국 아스피린의 자리를 탈환하고 시장의 선도자로 올라섰다. 로얄 덜튼(Royal Doulton)은 당시 영국산 브랜드라는 이미지를 가진 선도자 레녹스(Lenox)가 실제로는 영국산 도자기가 아님을 밝힘으로써 새로운 선도자로 올라섰다. 비슷한 예로, 미국 내 보드카 시장에서 스톨리치나야(Stolocinaya)는 사모바르(Samovar), 스미노프(Smirnoff) 등의 경쟁 브랜드들이 이름만 러시아식일 뿐 실제로는 미국산이라는 것을 강조하여 자사 브랜드가 '진짜 러시아산 보드카'라고 포지셔닝하였다. Trout와 Ries가 강조한 마케팅 전략은 다음과 같이 단순하게 요약될 수 있다.

　　시장에 먼저 진입해서 선도자가 되라. 그것이 어렵다면 새로운 시장을 개척하거나, 선도자의 약점을 파고들어 선도자의 자리를 탈환하라.

　　Trout와 Ries가 제시한 3가지 포지셔닝 전략을 차후 논의하게 될 행동경제학 이론들에서 도출될 수 있는 시사점과 함께 정리하면 〈표 1-1〉과 같다.

〈표 1-1〉 경쟁적 위상에 따른 포지셔닝(Trout & Ries, 1972)

포지셔닝 전략	내용
선도자 포지셔닝	• 제품 범주를 대표하는 브랜드로 인지시키라. • 경쟁자들과 공유하는 속성을 강조하라. • 경쟁자를 지배하라(가능하다면 모든 속성에서 경쟁사보다 뛰어나도록 하라). • 소비자들이 가장 중요시하는 속성에서 우위를 차지하라.
추종자 포지셔닝	• 선도자 브랜드와의 차이점을 강조하라. • 강력한 선도자 브랜드와 다른 하위범주에 속함을 강조하라. • 대안 평가의 기준을 바꾸라.
경쟁자 재포지셔닝	• 선도자 브랜드의 약점을 파고들라. • 선도자와 비교하여 자사가 우월한 속성의 중요성을 강조하라. • 자사가 우월한 새로운 속성을 평가의 기준으로 도입하라.

　　Aaker와 Shansby(1982)는 Ries와 Trout가 제시한 일반적인 구분보다 좀 더 세분화된 7가지 포지셔닝 전략을 제안하였다. ① 속성(attribute) 포지셔닝, ② 편익(benefit) 포지셔닝, ③ 사용상황 포지셔닝, ④ 사용자 포지셔닝, ⑤ 경쟁자 포지셔닝, ⑥ 제품 범주 포지셔닝, ⑦ 품질/가격 포지셔닝이 그것이다. 위의 7가지 구분 중 경쟁자 포지셔닝과 범주 포지셔닝은 Trout와 Ries가 주장했던 포지셔닝의 의미를 가장 잘 담고 있다. 그러나 경쟁자나 범주에 대한 직

접적인 언급 없이 특정한 속성(편익, 사용상황 등 포함)에서 최고임을 강조하는 것 역시 효과적인 포지셔닝 방법이 될 수 있다. 이 연구에서는 범주 및 경쟁자 포지셔닝뿐 아니라 속성 포지셔닝에 대해서도 소비자의 속성 중요도가 상황에 따라 변화될 수 있다는 행동경제학적 관점에서 논의하고자 한다.

자사의 시장 내 경쟁적 위상에 따라 추구해야 할 전략이 다르다는 점은 Trout와 Ries의 포지셔닝 이론의 가장 핵심적인 부분이다. 앞에서 논의한 바와 같이 범주 대표성을 강조하거나(선도자 포지셔닝), 새로운 하위 범주를 창조하는 것(추종자 포지셔닝), 혹은 강력한 경쟁자의 약점을 공격해서 선도자의 자리에서 추락시키는 것(선도자 재포지셔닝) 등 경쟁적 위상에 따른 차별적인 포지셔닝 전략은 전통적 효용극대화 이론으로 설명할 수 없다. 효용극대화 이론에 따르면 효용만이 선택에 영향을 주는 유일한 요인이므로 선도자와 추종자의 전략이 달라야할 이유가 없고, 모든 기업은 효용을 높인다는 한 가지 목표만을 위해 노력하면 된다. 이 연구에서는 대안들 간의 상대적인 선호도(효용)와 유사성의 상호작용이라는 관점에서 이들 포지셔닝 전략이 해석될 수 있음을 보이고자 한다.

전통적인 경제학 이론의 관점을 간단히 정리해 보자. 전통적인 경제학의 효용극대화 원칙은 다음의 가정에 기초한다(Becker, Degroot, & Marschak, 1963; von Neumann & Morgenstern, 1947). ① 모든 선택 가능한 대안들에게 고유의 효용값이 할당될 수 있다. ② 제품의 효용은 상황에 따라 변하지 않으며, 항상 정확하게 소비자들에게 인식된다. 경우에 따라서 효용을 확률변수로 가정하기는 하지만(Marschak, 1960) 여전히 평균값은 변하지 않는다. ③ 효용에 기초하여 모든 대안들의 순위를 정할 수 있으며, 소비자는 가장 높은 효용을 가진 대안을 선택한다. 경제학적인 선택이론을 대표하는 기대효용극대화(expected utility maximization) 이론의 근간을 이루는 원칙으로는 생략가능성(cancellation), 이행성(transitivity), 지배(dominance), 불변성(invariance) 원칙 등이 있다(Arrow, 1982; Tversky & Kahneman, 1986; von Neumann & Morgenstern, 1947). 이 외에도 비관련 대안으로부터의 독립성(independence from irrelevant alternative:

IIA) 원칙이나 정규성(regularity), 단순측정성(simple scalability) 원리 역시 중요한 규범적 원칙으로 여겨진다(Arrow, 1951; Krantz, 1967; Luce, 1959; Rieskamp, Busemeyer, & Mellers, 2006). 소비자의 구매행동을 설명하는 데 있어서 마케팅에서는 '효용'이라는 용어보다 선호도, 태도, 혹은 고객가치라는 용어가 더널리 사용된다(Hoopes, Madsen, & Walker, 2003; Kotler & Keller, 2011). 그러나 더 높은 고객가치가 더 높은 선택확률 혹은 시장성과로 이어진다는 마케팅이론의 기본 가정은(Bell, Keeney, & Little, 1975; Kotler, 1972) 경제학의 효용극대화 원칙과 본질적으로 동일하다고 볼 수 있다.

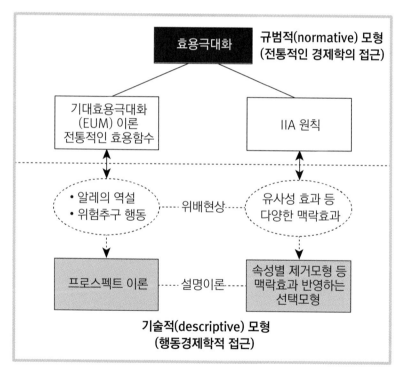

[그림 1-1] 대표적인 규범적 원칙과 위배현상, 그리고 관련된 행동경제학 이론의 발달

이 연구에서는 소비자뿐 아니라 경쟁자도 중요하게 고려해야 한다는 포지셔닝 이론의 핵심적 내용을 크게 두 가지 이론의 관점에서 논의하고자 한다. 첫째는 프로스펙트 이론이고, 둘째는 속성별 제거모형(Elimination-by-Aspects Model)을 비롯한 유사성 효과 관련 이론이다(Won, 2013). 이 두 가지 접근은 기대효용극대화 이론과 IIA 원칙을 위배하는 현상들을 설명하기 위해 제시된 이론들이다([그림 1-1]).

경쟁자라는 용어는 기업 입장에서 쓰이는 용어일 뿐이고, 소비자 입장에서 특정 제품의 경쟁자는 [그림 1-2]와 같이 비교 평가의 기준, 혹은 대체재로 인식된다. 자사의 브랜드가 어떤 경쟁자와 비교되는가의 중요성은 프로스펙트 이론에 함축된 준거의존과 손실회피 효과로 설명가능하다. 경쟁사들과의 유사성 (혹은 대체성) 역시 자사 대안의 평가와 선택에 많은 영향을 미친다(Day, Shocker, & Srivastava, 1979; Tversky & Sattath, 1979). 새로운 대안의 진입은 유사한 대안의 점유율을 더 많이 빼앗아가게 되는데 이것을 유사성 효과(similarity effect)라고 한다(Tverskky, 1972). 본 연구에서는 유사성 효과를 설명하는 중요한 이론인 속성별 제거(Elimination-by-Aspect)모형 및 그 외 유사성 관련 이론들에 기초하여 포지셔닝에 대해 논의할 것이다(Payne, 1982; Tversky, 1972). 유사성 효과와 같이 IIA 원칙을 위배하는 현상들을 설명하기 위해서 다양한 모형이 제시되어 왔다(Orhun, 2009; Rooderkerk, van Heerde, & Bijolt, 2011; Tversky & Simonson, 1993). 이 연구에서 Tversky(1972)가 제시한 속성별 제거

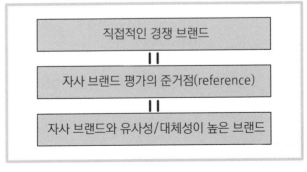

[그림 1-2] 경쟁자 중심적 시각

모형에 기초하여 논의를 진행하는 이유는 모형 구조가 Tversky(1977)가 제안한 유사성 모형을 함축하기 때문에 유사성 관련 마케팅 시사점을 도출하는 데 매우 유용하기 때문이다.

대안들 간의 유사성 또한 상황에 따라 달라질 수 있다는 점은 프로스펙트 이론에서 준거점이 바뀔 수 있다는 점(Tversky, 1977)과 비슷한 시사점을 제시한다. 유사성과 관련된 개념으로서 특정 대안이 범주 안에서 어느 정도 대표성, 혹은 전형성을 가지는지 역시 평가에 영향을 준다(Barsalou, 1983; Nedungadi, 1990; Rosch & Mervis, 1975). 타 대안들과 얼마나 속성을 공유하는가는 유사성뿐 아니라 전형성에 영향을 준다. 이와 함께 경쟁 대안과의 지배(dominance) 관계 역시 선택에 영향을 주는 변수로 중요하게 고려된다(Huber, Payne, & Puto, 1982; Montgomery, 1989). 이후 논의되겠지만 유사성과 전형성 및 지배의 개념은 서로 연관되어 있다. 어떤 브랜드가 자사 브랜드의 직접적인 경쟁자인가에 대한 인식은 맥락적인 요인들에 의해서 영향을 받는다. 경쟁 대안들과의 유사성을 변화시켜서 브랜드를 시장에서 포지셔닝하는 데 활용하기도 한다. 특히 기업들은 자사 제품과 타사 제품들 간의 유사성을 낮추려는 노력을 통해서 긍정적인 시장성과를 달성할 수 있는 경우가 많다. Porter(1980) 역시 경쟁 브랜드들과의 대체성을 낮춰서 가격교차 탄력성을 낮추는 것이 차별화의 핵심이라고 주장하였다.

포지셔닝에 대한 체계적이고 접근을 위해서는 포지셔닝 활동이 어떤 심리적 변수를 조작하는 것인지, 또한 어떤 커뮤니케이션 성과를 달성하고자 하는지 정의가 필요하다. 마케터는 다양한 방법으로 소비자의 지각된 가치를 극대화해서 궁극적으로 선택확률, 혹은 반응확률을 극대화하고자 노력한다 (Kotler, 1972). 효과의 계층(hierarchy of effect) 모형에 기초하여 보면(Lavidge & Steiner, 1966), 효과적인 포지셔닝이란 소비자의 지각과정, 주의 이해, 선호, 확신, 기억, 행동 등 선택의 모든 과정에 직접적 혹은 간접적으로 영향을 미쳐야 한다. 이러한 관점에서 정리해 보면 포지셔닝 전략 수립의 개념은 결국 소비자의 정보처리과정에 도움을 주어(하영원, 2000), 인지, 이해, 기억을 더욱

용이하게 하고, 더 높은 태도(선호도)를 형성하게 하여 대안의 선택가능성을 극대화하는 커뮤니케이션 작업이라고 볼 수 있다. 포지셔닝 활동의 궁극적인 목표의 측정도 매출이나 수익과 같은 절대적인 지표보다는 경쟁사와 비교한 상대적인 우위를 나타내어 줄 수 있는 척도, 예를 들어 시장점유율이나 선택확률 등이 적합할 것이다. 정량적으로 측정하기 힘든 포지셔닝의 효과도 존재할 것이지만, 본 연구에서는 제품이 주어졌다고 가정하였을 때 시장성과(점유율)을 극대화시키는, 혹은 생존가능성을 높이는 커뮤니케이션 방법에 초점을 맞추고자 한다. 이 연구에서는 포지셔닝을 [그림 1-3]과 같이 개념화하고자 한다.

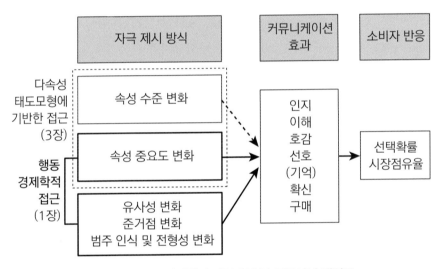

[그림 1-3] 행동경제학의 관점에서 본 포지셔닝 개념도

[그림 1-3]에서 점선 화살표로 나타낸 부분은 행동경제학 분야에서 직접적으로 다루어지지 않은 영역을 의미한다. 정리해 보면, 행동경제학적인 관점에서 볼 때 효과적인 포지셔닝 전략을 통해 변화시키고자 하는 것은 크게 두 가지로서, 그것은 대안들 간 유사성과 속성 중요도이다. 전자의 주제는 다시 프로스펙트 이론과 유사성 관련 이론으로 나뉘어 논의될 것이다. 마지막으로 다속성 태도모형에 기초하여 속성 중요도의 변화와 포지셔닝에 대해서 논의할 것이다.

3 유사성/전형성 효과와 포지셔닝

1) 유사성 효과와 맥락효과 그리고 속성별 제거(EBA)모형

효과적인 포지셔닝 전략 수립을 위해서는 대안들 간의 유사성이 선택에 미치는 영향을 이해하는 것이 중요하다(Mogilner, Rudnick, & Iyengar, 2008; Sujan & Bettman, 1989). 유사성 관련 연구들은 전통적인 효용의 개념만으로 소비자의 선택행동을 설명할 수 없다는 행동경제학의 관점을 공유한다. 또한 유사성 및 전형성 지각에 있어서 선택맥락이나 커뮤니케이션 방식이 영향을 미치는데(Barsalou, 1985; Tversky, 1977) 이는 행동경제학에서 강조하는 맥락적, 혹은 구성적인 선호형성 이론과 같은 시사점을 제시한다. 포지셔닝과 관련하여 유사성 관련 연구들이 제시하는 가장 중요한 시사점은 경쟁 브랜드가 가지지 못한 독특한 특성을 강조하여 지각된 유사성을 낮춰야 한다는 것이다. 앞서 소개된 7Up의 언콜라 광고캠페인 역시 강력한 경쟁자인 코카콜라와의 유사성을 낮추려는 노력이었다.

대안들 간 유사성은 다차원 속성지도상에서 대안들을 나타내는 점들 사이의 거리(Euclidean distance)로 계산되거나, 대안들의 (확률적) 효용의 상관계수로 표현되기도 하며, 때로는 대안들 간의 공유 속성(common features)과 비공유 속성(distinctive features)의 함수로 표현되기도 한다(McFadden, 1978; Tversky, 1977; Tversky & Hutchinson, 1986). 이 연구에서는 이 중 마지막 접근에 기초하여 논의를 진행할 것인데, 특히 Tversky가 제안한 유사성 모형과 속성별 제거모형(Elimination-by-Aspects Model)의 시사점에 대해서 논의하고자 한다(Batley & Daly, 2006; Tversky, 1972, 1977; Tversky & Sattath, 1979). 행동경제학 분야를 대표하는 학자 중 한 명인 Tversky는 유사성을 효용에 버금가는 중요한 변수로 선택연구에 도입시켰다. 유사성에 대한 대칭적인(symmetric) 평가를 가정했을 때(A와 B의 유사성과 B와 A의 유사성은 같음), 두 대안 a와 b의 지각된 유사성 $S(a,b)$는 다음과 같이 정의될 수 있다(표현상의 편의를 위해 원래 수식을 약간 변형함)(Tversky, 1977).[*]

$$S(a,b) = K_0 + K_1 N(A \cap B) - K_2 [N(A-B) + N(B-A)] \qquad \textbf{(1-1)}$$

A와 B는 대안 a와 b에 각각 속하는 속성들의 집합이다. K_0는 상수항이고, K_1, K_2는 비음수(nonnegative)의 계수이다. 수식(1-1)에 따르면 두 대안이 서로 공유하는 속성이 많아질수록, 혹은 자신만의 독특한 속성이 적어질수록, 두 대안 간 유사성은 커진다([그림 1-4] 참조). Tversky는 어떤 속성이 중요하게 인식되느냐에 따라서 유사성 평가도 달라질 수 있음을 주장하였다. 참고로, [그림 1-4]에서 두 원의 크기는 두 대안(a, b)의 선호도를 반영한다.

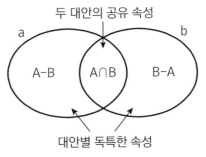

[그림 1-4] 두 대안(a, b)의 속성 구성

유사성이 소비자의 선택에 미치는 영향에 대한 연구는 맥락효과(context effect)(Busemeyer, Barken, Mehta, & Chaturvedi, 2007; Orhun, 2009; Rooderkerk, van Heerde, & Bijolt, 2011)라는 주제하에 많이 이루어졌다. 맥락효과란 선택 과업에 있어서 상황적 요인, 특히 선택집합의 구성이 선택에 영향을 주는 현상을 지칭한다(Tversky & Simonson, 1993). 특히 '비관련 대안으로부터의 독립

---

[*] Tversky가 제안한 유사성 모형의 기본 구조는 자카드 지수(Jaccard index) ($S(a,b) = \frac{|A \cap B|}{|A \cup B|}$) 와 동일하다.

(independence from irrelevant alternatives: IIA)' 원칙(Luce 1959)을 위배하는 현상을 지칭한다. IIA 원칙에 따르면, 특정한 두 대안들 간의 점유율의 비율은 선택집합의 구성과 무관하게 일정해야 한다. 예를 들어, 원래 두 개의 대안(A, B)만 존재하는 시장에 새로운 대안 C가 진입하였다고 가정하자. X={A, B}, Y={A, B, C}. $P_X(A)$는 선택집합 X에서 대안 A를 선택할 확률이라면 IIA 원칙은 다음과 같이 표현될 수 있다.

$$\frac{P_Y(B)}{P_Y(A)} = \frac{P_X(B)}{P_X(A)} \tag{1-2}$$

이 원칙은 대안의 선택에 영향을 미치는 것은 오직 대안들의 효용이고, 효용이 증가하면 선택확률은 그에 비례하여 단순증가한다는 점에서(simple scalability) 경제학의 효용극대화와 일맥상통하다. IIA는 새롭게 진입한 대안이 기존 대안들로부터 똑같은 비율로 점유율을 빼앗아 감을 의미한다 (proportionality rule). 그러나 신제품이 시장이 진입하면 기존의 대안들 중 자신과 유사한 대안으로부터 더 많은 비율로 점유율을 빼앗아 가게 되는데 이것을 '유사성 효과'라고 한다(Debreu, 1960; Tversky, 1972).

Restle(1961)은 대안들 간 유사성이 선택에 어떤 영향을 주는가를 보여 주는 수리적 모형을 처음으로 제시하였다. 그리고 Restle의 모형을 일반화하여 Tversky(1972)가 속성별 제거(EBA) 모형을 제시하였다. Tversky의 속성별 제거모형을 간단히 설명하면 다음과 같다. Z가 제한된 대안들의 집합이라고 할 때, 선택집합 Z에 속하는 대안 A를 선택할 확률 $P_Z(A)$는 다음과 같이 정의된다.

$$P_Z(A) = \frac{\sum\limits_{\alpha \in A' - Z^0} u(\alpha) P_{Z_\alpha}(A)}{\sum\limits_{\beta \in Z - Z^0} u(\beta)} \tag{1-3}$$

위의 식에서 쓰인 기호들은 다음의 의미를 갖는다. 선택집합 $Z=\{1, \cdots, J\}$ 에 속하는 특정한 대안 i는 속성들로 구성된 집합인 $i'=\{\alpha, \beta, \cdots\}$과 연관되어 있다. 만약 α가 i'의 원소라면, i대안이 속성 α를 가지고 있다고 말할 수 있다. Z'는 선택집합 Z에 속한 대안들 중 적어도 한 개 이상의 대안이 가진 속성들의 집합, Z^0는 모든 대안들이 공유하는 속성들의 집합을 의미하며, Z_α은 Z에 속한 대안들 중에서 α를 포함하는 대안들의 집합을 나타낸다. $u(\alpha)$는 속성 α의 효용(비음수)을 의미한다. 유사성 효과와 Tversky의 속성별 제거 (EBA) 모형에 대해서는 2장에서 좀 더 자세히 논의한다.

선택집합 내 모든 대안이 서로 간의 유사성에서 차이가 없다면 선택확률은 Luce(1959)의 선택모형으로 설명될 것이고, 이 경우 전반적인 매력도(효용)가 가장 높은 대안의 시장점유율도 가장 높다. 만약 Luce의 모형만으로 선택확률을 설명할 수 있다면 모든 마케팅 활동은 곧 효용 혹은 브랜드 선호도를 높이는 것이라고 요약할 수 있을 것이다. 그러나 시장 내 모든 경쟁 대안들 간의 유사성이 서로 다르기 때문에 점유율은 효용만으로 예측할 수 없다(Tversky, 1972). 유사성 개념은 그 자체보다는 효용과의 상호작용이라는 관점에서 중요하게 다루어져야 한다. Tversky의 속성별 제거모형에서 유도되는 포지셔닝 및 차별화 관련 시사점을 정리하면 다음과 같다.

첫째, 모든 대안들이 공유하는 속성은 평가에서 제외된다. 그러므로 경쟁자가 가지고 있지 않은 독특한 속성을 많이 가지고 있을 경우(긍정적인 속성인 경우) 높은 선호도가 형성되며, 선택확률도 높아진다. 유사한 브랜드와의 직접적인 경쟁에서는 독특한 특성의 측면에서 우위를 차지해야 한다. 또한 가능하다면 경쟁사만이 가지고 있는 독특한 속성은 없도록 해야 한다. 참고로, 공유 속성이 대안들의 평가에서 무시된다는 원칙 역시 위배될 수 있음을 이후 Chernev (1997, 2001) 등의 학자들이 제시하게 된다.

둘째, 경쟁 대안들과 유사성을 낮추는 것이 중요하고, 이를 위해서 자신만의 독특한 점을 창조해 내거나 강조하여야 한다. 신제품이 시장에 진입하면 자신과 더 유사한 대안으로부터 비율적으로 더 많은 점유율을 빼앗아 간다.

두 대안의 유사성이 증가할수록 두 대안의 점유율의 합은 줄어든다(다른 제3의 대안들이 존재하는 경우). 만약 시장에 A와 똑같은 대안 B가 진입한다면, 두 대안의 점유율의 합은 이전의 A의 점유율과 같아진다. 소비자들이 기존에 가지고 있던 제품과 유사한 제품을 추가적으로 구입할 때 증가되는 한계효용은 비유사 제품의 구매와 비교할 때보다 낮게 되는 원리(한계효용체감의 원리)는 유사성 효과와 관련 있다(McAlister & Pessemier, 1982).

셋째, 대안들의 효용이 일정하게 고정되어 있을 때, 경쟁 대안들 간 유사성이 증가할수록 효용이 높은 대안과 낮은 대안의 점유율의 차이는 더 커진다(Won, 2007). 경쟁사와의 직접적인 비교에서 상대적인 매력도가 열위에 있는 브랜드는 경쟁자와 유사성을 낮춤으로써 점유율을 조금이나마 높일 수 있다. 이것은 Trout와 Ries가 강조한 세 가지 포지셔닝 전략 중 두 번째 전략, 즉 추종자 브랜드가 왜 선도자와의 직접적인 경쟁을 피하고 새로운 시장으로 차별화해야 하는가를 설명해 준다. 7Up의 포지셔닝은 유사한 우월한 경쟁자로부터 거리를 둠으로써 더 많은 점유율을 차지할 수 있지만 똑같은 전략이 코카콜라에게도 효과적일 수는 없다. Trout와 Ries는 선도자와 추종자를 구분하여 경쟁적 위상에 따라 각기 다른 마케팅 전략을 구사해야 함을 역설하였는데, 왜 이런 구분이 필요한지는 속성별 제거모형이 함축하는 효용과 유사성의 상호작용으로 설명가능하다. 명확한 경쟁우위를 가진 강력한 경쟁자와의 경쟁은 피하는 것이 최선이다. 경쟁 브랜드와 차별화되었다고 인식되거나 아니면 전혀 다른 새로운 범주로 인식되는 것이 필요하다(Sujan & Bettman, 1989). 이러한 전략을 벤다이어그램과 2차원 속성지도상에 표현하면 [그림 1-5]와 같다. 2차원 평면에서 점선은 선호도가 동일한 대안들의 집합을 나타낸다(3장 참조).

유사성과 관련된 중요한 개념 중 한 가지는 지배이다. 대안 A가 B보다 어느한 가지 속성에서 더 우월하고, 나머지 속성들에 대해서는 적어도 열등하지만 않다면 A는 B를 지배했다고 말한다(Tversky & Kahneman, 1986). 가장 쉽게 설명될 수 있는 지배관계의 예는 어떤 대안이 모든 속성에서 경쟁 대안보다 우월한 경우이다. 자신보다 전반적인 매력도가 높은 경쟁 대안과 유사성이 최대

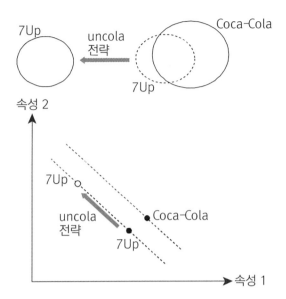

[그림 1-5] 벤다이어그램과 2차원 평면상에 표시한 7Up의 언콜라(uncola) 포지셔닝

한 높아지게 되면 경쟁 대안에 의해 지배되는 것으로 인지된다. 경쟁 대안에 의해 지배된 대안은 선택될 확률이 0이다. 경쟁 대안과 비교해서 독특한 속성이 전혀 없거나, 경쟁 대안과 비교해서 우월한 속성이 하나도 없는 대안은 지배된 대안으로 인식되기 때문에 선택되지 못한다. 유사성이 높아질수록 약간이라도 선호도가 높은 대안이 선택되고 다른 하나는 전혀 선택되지 않는 점유율의 양극화(polarization)가 발생된다(Won, 2007). 그러므로 앞서 설명했듯이 경쟁사보다 열등한 대안은 경쟁자와의 유사성을 낮춰야 하고, 특히 지배되지 않도록 하는 것이 중요하다. 강력한 경쟁자와의 경쟁에서 살아남기 위해서는 조금이라도 자신만의 독특한 특성을 가져서 지배되지 않도록 해야 한다. 반대로 가장 좋은 전략은 경쟁 대안을 지배하는 것이다.

선도자 브랜드의 경우는 경쟁자와의 유사성을 높이고, 더 나아가 경쟁자를 지배하는 전략을 추구해야 한다. Trout와 Ries(1972)는 시장선도자가 추종자의 공격을 방어하는 방법을 크게 두 가지로 제안하였다. 한 가지는 후발진입자의 공격을 무시하는 것이고, 또 다른 한 가지는 완벽하게 차단하는 것이다.

첫 번째 방법은 소비자가 후발진입자의 상대적 우위를 중요하게 여기지 않도록 유도하는 전략이다. 두 번째 전략은 후발진입자가 더 뛰어난 속성을 가지고 시장에 진입하면 그것을 모방해서라도 후발진입자의 경쟁우위를 무력화시키는 방법이다. Tversky(1977)의 유사성 모형으로 설명하자면 경쟁 대안이 독특한 속성을 전혀 갖지 못하도록 하는 전략이기도 한다. 선도자 브랜드가 후발진입 브랜드에 비해서 열등한 속성이 있더라도 그 차이가 소비자들에게 인식되지 않는 수준으로 낮추기만 하면 여전히 시장 지배력을 유지할 수 있다(Tversky, 1969). 소비자들은 처리해야 할 속성 정보가 많은 경우에는 사전찾기식(lexicographic) 휴리스틱을 활용한다. 만약 소비자가 고려하는 속성이 한 가지로 줄어든다면 그 속성에서 우월한 대안은 경쟁 대안들을 지배하는 대안으로 인식된다. 가장 중요한 속성에서 우위를 가진 브랜드가 시장 선도브랜드인 경우가 많기 때문에 이러한 의사결정 방식은 선도자 브랜드에 더 유리한 상황을 만든다. 선발진입자는 규모의 경제를 달성해서 비용우위를 차지하기 쉽고, 많은 수익을 얻을 수 있기 때문에 경쟁자의 공격에 대응하기 쉽다(Krugman, 1979; Tellis & Golder, 2001).

　참고로, 유사하지만 자사 브랜드에 의해서 지배된 경쟁 브랜드의 진입은 오히려 자사 브랜드의 점유율을 증가시키는 현상이 관찰되는데, 이를 '유인효과'라고 한다(Corbin & Marley, 1974; Huber, Payne, & Puto, 1982; Huber & Puto, 1983; Montgomery, 1989). 속성별 제거모형에 따르면, 지배된 대안의 진입이 지배하는 대안의 점유율이 증가하지는 않는다. 그러므로 유인효과는 IIA 원칙뿐 아니라 유사성 효과, 그리고 정규성 원칙까지 위배한다. 자사에 의해서 지배된 경쟁 대안, 혹은 지배되지는 않았지만 열등한 경쟁 대안들은 더 이상 위협이 되지 않고, 오히려 자사의 대안을 더 돋보이게 만들어 주는 '미끼대안(decoy)'으로 변하게 된다(Huber, Payne, & Puto, 1982; Huber & Puto, 1983).

2) 전형성 효과

유사성과 관련된 변수이면서 포지셔닝 개념 분석에 유용하게 활용될 수 있는 또 하나의 개념으로 전형성이 있다(Rosch & Mervis, 1975; Tversky, 1977; Veryzer & Hutchinson, 1998). 어떤 대안의 전형성이란 그 대안이 자신이 속한 범주를 대표할 수 있는 정도를 나타내는데, 범주 내 다른 대안들과의 평균적인 유사성, 혹은 다른 멤버들과의 공유하는 속성 수에 의해 결정된다(Rosch & Mervis, 1975; Smith, Shoben, & Rips, 1974; Tversy, 1977). Trout와 Ries가 제시한 '선도자 포지셔닝'이나 Aaker와 Shansby(1982)가 제시한 '범주 포지셔닝' 등은 특정 범주를 대표하는 브랜드가 되는 것이 최선의 포지셔닝 전략임을 시사한다. 코카콜라, 제록스(Xerox), 클리넥스(Kleenex), 포스트잇(Post-It) 등 범주의 선도자 브랜드가 이러한 포지셔닝 전략을 활용하고 있다. Ries와 Trout(1982)는 포지셔닝을 소비자 '머릿속의 사다리'의 위쪽에 차지하기 위한 싸움으로 묘사하였다. 선도자 브랜드는 자신이 제품 범주를 대표할 수 있는 브랜드임을 내세워서 포지셔닝 할 수 있는데 이것은 전형성 효과를 활용한 전략이다. 전형성 효과란 특정 제품 범주를 대표하는 브랜드, 즉 가장 전형적인 브랜드가 가장 높은 선호도를 보임을 의미낸다(Barsalou, 1985; Carpenter & Nakamoto, 1989; Gordon & Holyoak, 1983; Martindale & Moore, 1988; Loken & Ward, 1990; Wedell & Pettibone, 1999; Veryzer & Hutchinson, 1998). 전형성 효과는 친숙성 효과, 혹은 전형적 대안의 높은 기억인출가능성(availability, accessibility)으로 설명할 수도 있다(Nedungadi, 1990; Tversky & Kahneman, 1974; Zajonc, 1968). 특정한 범주 내에서 가장 대표성이 높은 대안으로 인식되고자 하는 포지셔닝 전략은 소비자들이 범주에 대한 지식이 없거나 불확실성이 높은 상황에서는 특히 효과적이다. Rosch와 Mervis(1975)가 제시한 개념에 기초하면 전형성은 다음과 같이 나타낼 수 있다.

$$T(a,x) = L_0 + L_1 \sum N(A \cap X) \tag{1-4}$$

$T(a,x)$는 범주 x에서의 대안 a의 전형성이다. L_0는 상수이고, L_1은 비음수 계수이다. Σ은 범주 내 모든 대안들에 대한 합을 의미한다. 수식 (1-4)의 전형성 모형에 따르면, 어떤 대안이 범주 내 다른 대안들과 공유하는 속성이 많을수록 범주 내에서의 전형성은 높아진다(Loken & Ward, 1990; Rosch & Mervis, 1975; Tversky, 1977). 그러나 특정 대안이 얼마나 전형적인 대안인가에 대한 평가는 구성적이고 맥락의존적으로 이루어진다. 특히 전형성 평가는 선택집합의 구성에 크게 영향을 받는다(Barsalou, 1983, 1985; Kahneman & Miller, 1986; Wedell & Pettibone, 1999).

전형적인 브랜드, 즉 범주 대표 브랜드로 인식되면, 유사한 경쟁 브랜드들의 진입이 오히려 자사의 점유율을 높여 줄 수 있다(Carpenter & Nakamoto, 1989). 앞서 논의된 유인효과뿐 아니라 타협효과(compromise effect)(Simonson, 1989) 역시 신규 대안의 진입이 기존 대안들 중 더 유사한 대안의 선택확률을 높여 줄 수 있음을 보여 준다. Simonson(1989)에 따르면, 기존 대안들과 비슷한 수준의 매력도를 가졌지만 극단적인 특성을 가진 대안이 시장에 진입하게 되면 기존 대안 중 하나가 중간적인 특성을 가진 대안으로 바뀌어 점유율이 증가된다. 소비자는 극단적인 대안을 회피하고, 중간적인 대안을 선호하는데 이러한 현상을 타협효과라고 한다. 타협효과뿐 아니라 유인효과 역시 이유기반선택(reason-based choice) 이론으로 설명될 수 있는데(Simonson, 1989), 가장 전형성이 높다는 것은 소비자의 선택을 합리화해 주는 중요한 이유(reason), 혹은 명분으로 작용한다. 소비자는 제품에 대한 지식이 충분하지 않거나, 자기 자신의 선호체계에 대한 확신이 없는 경우에 주로 이유기반선택을 하게 된다. 이때 소비자는 자신의 구매를 합리화시켜 줄 수 있는 이유 혹은 명분을 찾게 되며, 가장 좋은 대안이 아니라 가장 합리화하기 쉬운 대안을 선택하는 성향을 보인다(Shafir, Simonson, & Tversky, 1993). 포지셔닝 이론이 가정하는 구매상황도 효용극대화 방식의 선택보다는 이유기반선택이 일어나는 상황과 유사하다.

선택에 미치는 영향의 관점에서 볼 때 전형성 효과는 때로는 유사성 효과와 정반대의 효과를 가진다. 유사한 경쟁 대안의 진입은 일반적으로 자사 브랜드에 위협이 되지만 경우에 따라서는 이익이 될 수도 있다(석관호, 2008). 이러한 상반된 영향력 때문에 기업들은 경쟁적 위상에 따라 때로는 공통된 특성을, 때로는 차별화된 특성을 강조해야 한다. 전반적인 선호도가 높은 선도자 브랜드는 경쟁 대안들과의 공통점을 강조하여 유사성을 낮추거나 범주 대표성을 강조함으로서 시장성과를 개선할 수 있다(Carpenter & Nakamoto, 1989; Chernev, 1997; Keller, 1998; Won, 2012). 반면에 전반적인 선호도가 상대적으로 낮은 추종자의 경우에는 강력한 선도자와의 차별점을 강조하여 유사성을 낮춰야 한다. 유사성 효과와 관련하여 이미 논의되었듯이, 대부분의 경우 자신보다 우월한 경쟁 브랜드와의 높은 유사성은 추종자에게 피해를 준다(Carpenter & Nakamoto, 1989, 1990; Rumelhart & Greeno, 1971). 이렇듯 유사성 관련 연구들은 왜 마케팅 전략이 경쟁적 위상에 따라 달라져야 하는지에 대한 이론적 배경을 제시한다. 성공적으로 차별화된 브랜드로 인지되기 위해서는 전형성 효과와 유사성 효과 모두를 활용할 수 있어야 한다. 우선 범주 내의 다른 브랜드들과 중요한 속성을 공유하고 있는 것으로 지각되어야 하며, 차별화된 독특한 속성 측면에서는 경쟁 브랜드보다 뛰어나다고 인지되어야 한다(Dickson & Ginter, 1987; Keller, 1998).

경쟁 브랜드와의 유사성을 낮추는 것은 새로운 범주로 인식되는 것을 의미하기도 한다(Sujan & Bettman, 1989). 우월한 경쟁 대안과의 유사성을 아주 낮춰서 새로운 범주로 인식되면, 새로운 범주 내에서의 전형성은 매우 높아지므로 전형성 효과의 혜택도 볼 수 있다. Ries와 Trout는 특정 제품 범주를 대표하는 브랜드가 될 수 없을 때, 새로운 제품 범주를 창조하는 것을 매우 중요하게 강조하고 있다.

고지를 미리 점령하여 확고히 자리 잡고 있는 강력한 선도자를 몰아내는 것은 거의 불가능하다. 사업을 계속 하고 싶다면, 새로운 전선(front) 혹은 자리를 만들어 내는 것이 훨씬 낫다(Trout 1969).

대안들 간에 뚜렷한 차별점을 갖지 못하는 경우에도 사소한 차별점만으로 점유율을 높일 수 있다(Carpenter, Glazer, & Nakamoto, 1994). 유사성을 변화시키는 것은 곧 평가의 기준점을 변화시킨다는 것을 의미하기도 한다. 평가 준거의 변화와 평가되는 속성의 중요도 변화에 대해서 이어지는 절에서 프로스펙트 이론과 관련지어 논의하고자 한다.

4　프로스펙트 이론 그리고 다속성 태도모형과 포지셔닝

1) 프로스펙트 이론과 준거점의 변화

　　제품을 소비자의 마음속에 자리 잡도록 하기 위해서는 '우리 제품은 어떻다'라는 방식보다는 '우리 제품은 경쟁 제품과 비교하여 어떻다'라는 방식의 비교성 커뮤니케이션이 더 효과적이다. 브랜드 평가에 있어서 기준점은 자사 브랜드라는 배를 정박시키는 닻과 같은 역할을 한다. 프로스펙트 이론은 대안이 가진 속성의 절대적 수준보다는 준거점과 비교한 상대적인 수준을 중시하기 때문에 경쟁자와 비교한 상대적인 우위를 강조하는 포지셔닝의 개념을 설명하는 데 매우 유용하다. 프로스펙트 이론은 기대효용극대화 이론(Bernoulli, 1954; von Neumann & Morgenstern, 1944)에 위배되는 현상들을 설명하기 위해 제시되었다. 기대효용극대화 이론이 가정하는 Bernoulli 효용함수는 한계효용 체감과 소비자의 위험회피 성향을 함축하기 때문에 도박과 같은 사람들의 위험추구 행동을 설명하지 못한다. 이후 위험추구 행태를 설명하기 위한 새로운 형태의 효용함수들이 제안되었지만(Friedman & Savage, 1948; Markowitz, 1952) 언제 위험추구 행동을 보이는가에 대한 만족스러운 설명은 제시되지 못하였다. 또한 절대 0점에서 시작하는 어떠한 형태의 단순증가 효용함수를 가정하더라도 '알레(Allais)의 역설' 현상(Allais, 1953)은 설명할 수 없기 때문에 기존의 경제학에서 가정하는 효용함수 및 효용극대화 이론에 문제점이 있다는 공감대가 확산되었다.

위험에 대한 소비자들의 상반된 태도, 즉 언제 위험추구 행동을 보이고, 언제 위험회피 행동을 보이는가에 대해서 프로스펙트 이론은 명확한 설명을 제시한다. 그에 대한 해답은 '기준점(reference point)과 비교해서 손실인 경우에는 위험을 추구하고, 이익일 경우에는 위험을 회피한다'이다. 프로스펙트 이론은 기준점을 중심으로 위험에 대한 태도가 바뀔 뿐 아니라, 손실 영역에서는 가치가 더 가파르게 감소한다는 손실회피 효과, 그리고 준거기준 자체가 상황에 따라서 달라질 수 있음을 주장한다. 프로스펙트 이론과 이후의 후속 연구들은 대안의 가치는 소비자의 외부에 존재하는 절대적인 것이 아니라 소비자의 심리적 작용에 의해서 상황적으로 만들어지는 주관적인 것임을 보여 주었다.

정리하자면, 프로스펙트 이론이 기존의 효용함수를 대체할 수 있는 대안으로 제시한 가치함수는 다음의 세 가지 특징을 가진다. ① 준거의존, ② 손실회피, 그리고 ③ 한계민감도 감소(Tversky & Kahneman, 1991). '준거의존'이란 사람은 대상의 가치를 평가할 때는 특정한 기준점과 비교하여 얼마나 손실(loss), 혹은 이익(gain)인가에 기초하여 평가함을 의미한다. 두 번째 개념인 '손실회피'란 준거점을 기준으로 손실이 발생할 때 느끼는 부정적 감정의 크기(절댓값)은 같은 양의 이익이 발생할 때 얻는 긍정적인 감정의 크기(절댓값)보다 더 크다는 것을 의미한다. 즉, 100만 원이 생겼을 때 느끼는 긍정적 감정의 크기보다 100만 원을 잃었을 때 느끼는 부정적 감정의 크기가 절댓값의 측면에서 더 크다는 것을 의미한다. [그림 1-6]에서 보이듯이 손실의 경우 더 가파른 형태로 가치가 감소한다. 세 번째 개념인 '한계민감도 감소'란 준거점과 비교해서 이익일 경우에는 소비자가 위험회피 성향을 보이고(concave), 손실일 경우에는 위험추구 행태(convex)를 보임을 의미한다. 가치함수가 원점을 중심으로 반대의 형태를 갖기 때문에 반사효과(reflection effect)라고도 불린다. 이러한 이유 때문에 한계효용의 개념으로 설명하면 손실이 줄어들 때 느끼는 효용은 점점 커지지만 이익이 늘어날 때 느끼는 효용은 점점 작아진다(Thaler, 1985). 이러한 특징들을 반영한 가치함수는 [그림 1-6]과 같이 그려진다. 프로스펙트 이론에 대해서는 2장에서 좀 더 자세히 논의될 것이다.

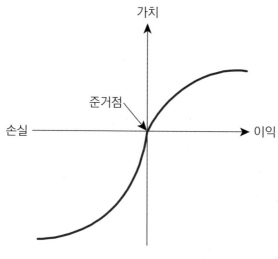

[그림 1-6] 프로스펙트 이론의 가치함수

프로스펙트 이론에서 심리학적인 통찰이 가장 깊이 있게 담겨 있는 내용이자 경제학적 효용이론과 극단적으로 차별화되는 내용은 평가의 기준점이 개인에 따라, 상황에 따라 변화할 수 있다는 점이다. 이러한 개념은 곧 프레이밍 이론과 연결된다(Tversky & Kahneman, 1986). 준거점이 바뀌는 것만으로 똑같은 대상에 대한 평가는 달라질 수 있기 때문에(Hsee & Leclerc, 1998; Tversky & Kahneman, 1986), 프로스펙트 이론은 효용은 고정되어 있다고 가정하는 기존 경제학 이론과 정면으로 배치된다. 극단적인 예로서, 새로 개발된 약품에 대한 사람들의 평가 역시 '몇 명이 죽는다'고 표현했을 때와 '몇 명이 산다'고 표현했을 때, 같은 내용의 질문에 대한 응답자의 선택이 달라질 수 있다(Tversky & Kahneman, 1986). 프로스펙트 이론이 높은 가치를 가지는 이유는 이 이론이 기존의 규범적인 선택이론들을 위배하는 현상들 중 많은 부분을 설명함이 증명되었을 뿐 아니라 경제학과 심리학 두 분야 모두에서 탄탄한 이론적 기반을 가지고 있기 때문이다. 이를 통해 전통적인 경제학의 한계를 극복하며, 심리학과 경제학 이론이 서로 소통할 수 있게 하였다. 프로스펙트 이론은 기존의 효용이론과 서로 보완적이면서 또한 서로 상충되는 두 가지 관점, 예를 들어 고정된 효용과 구성적 선호형성의 개념, 위험회피와 위험추구 행동, 독립적 평가와 상대석 평가, 가치기반선택과 이유기반선택(Shafir, Simonson, & Tversky, 1993) 등을 모두 포괄할 수 있는 이론체계가 완성될 수 있었다.

　프로스펙트 이론이 처음 제시되었을 때는 준거점을 기준으로 소비자의 위험태도가 바뀌는 부분에 초점이 맞춰졌으나 이후 특히 마케팅 분야에서는 위험을 내포하지 않는 의사결정에서 준거의존과 손실회피 효과에 대한 연구가 더 많이 이루어졌다(Hardie, Johnson, & Fader, 1994; Tversky & Kahneman, 1991). v_i가 대안 i의 가치라고 할 때, 준거의존과 손실회피만을 반영한 선형(linear) 가치함수는 다음과 같이 나타낼 수 있다.

$$v_i = \alpha\delta_i, \quad \delta_i \geq 0 \text{일 때}$$
$$v_i = \beta\delta_i, \quad \delta_i < 0 \text{일 때}$$

(1-5)

　식 (1-5)에서 δ_i는 준거점과 비교한 i대안의 상대적 이익($\delta_i \geq 0$), 혹은 손실($\delta_i < 0$)을 나타낸다. α는 이익일 때 모수이고, β는 손실일 경우의 모수로서, $\alpha < \beta$를 가정하는데, 이는 손실회피를 의미한다. 앞서 논의되었던 타협효과는 준거의존과 손실회피로도 설명가능하다(Tversky & Simonson, 1993). 타협효과뿐 아니라 이유기반선택(Shafir, Simonson, & Tversky, 1993; Simonson, 1989)이라고 지칭되는 선택행동은 많은 부분 프로스펙트 이론과 연관된다.

　7Up의 언콜라 광고 캠페인 역시 준거의존 효과의 관점에서 분석해 볼 수 있다. 7Up은 청량음료시장의 대표 브랜드인 코카콜라와의 직접 경쟁에서는 이길 가능성이 없다고 판단하고, 언콜라 광고를 통하여 더 이상 콜라와 비교하지 말 것을 강조하였다. 이 광고는 준거기준을 바꿈으로서 더 우월한 경쟁자와

비교되어 손실로 인식되는 것을 피한 전략으로 해석될 수 있다. 앞 절에서는 7Up의 이러한 전략을 유사성을 낮추는 전략으로도 설명하였는데, 유사성과 전형성은 특정 대안의 범주 소속 및 준거점 결정과 직접 관련된다(Barsalou, 1985; Nedungadi, 1990). 손실회피 개념도 포지셔닝, 특히 선도자 포지셔닝을 설명하는 데 유용하게 활용될 수 있다. 이러한 소비자 성향은 특히 선도자 브랜드에게 유리하게 작용한다. 소비자들은 가장 널리 알려지고 사용되는 대안, 그리고 범주 대표성이 가장 높은 대안에 대한 높은 선호를 보인다. 이것은 불확실한 대안을 선택함으로써 혹시라도 발생할 수 있는 손실을 회피하고자 하는 성향 때문이다. 정보나 지식이 없고, 신제품에 대한 지각된 불확실성이 높은 상황에서 소비자들은 불확실성이 낮은 대안에 대해 높은 선호도를 보인다(Hoch & Deighton, 1986).

포지셔닝 전략과 관련하여 프로스펙트 이론의 시사점은 다음과 같다.

첫째, 절대적인 평가기준이란 없다는 점이다. 자사 브랜드에 유리하도록 평가의 기준을 바꾸어야 한다. 우월한 대안과의 비교는 피하고, 열등한 대안과 비교되도록 만들어야 한다. 새로운 범주를 창조하는 것은 기존의 강력한 경쟁자를 피하는 좋은 전략이 될 수 있다.

둘째, 시장에 먼저 진입하여 지각된 불확실성은 낮추고, 타제품 평가의 기준이 되는 브랜드가 되어야 한다. 자사 브랜드가 평가기준이 되면 불확실성이 큰 상황에서 더 큰 이익을 볼 수 있다. 특정 제품 범주를 대표하는 선도자 브랜드에 대해서는 소비자들이 지각하는 불확실성이 낮다. 이러한 대안은 불확실성이 높은 경쟁 대안들을 평가하는 기준점이 되며, 디폴트 대안(default option)으로 자리잡는다. 소비자의 현상유지편향(Camerer, 2000; Samuelson & Zeckhauser, 1988) 때문에 이러한 디폴트 대안이 선택될 가능성이 높아진다. 불확실성을 회피하는 소비자의 성향은 선도자 브랜드의 선택확률을 높이는 힘으로 작용한다(Carpenter & Nakamoto, 1989; Hoch & Deighton, 1986).

셋째, 준거점의 변화는 대안의 차원에서뿐 아니라 속성 차원에서도 이루어질 수 있다. 자사 브랜드가 경쟁우위를 가진 속성을 강조해야 한다. 또한 경쟁 브랜드의 단점을 부각해야 하며, 자사 브랜드의 상대적 약점을 숨겨야 한다. 왜냐하면 손실회피 성향에 의해서 소비자들은 대안들을 평가할 때 장점보다는 단점에 더 민감하게 반응하기 때문이다(Brenner, Rottenstreich, & Sood, 1999). 그렇기 때문에 제품의 단점은 선택에 있어서 기존의 다속성 선호모형이 예측하는 것보다 훨씬 더 큰 영향을 미칠 수 있다. Trout와 Ries가 제시한 세 가지 포지셔닝 전략 중 경쟁자 재포지셔닝 전략은 이러한 소비자 특성을 활용하여 추종자 브랜드가 선도자 자리로 올라설 수 있는 방법이다. 타이레놀이나 로얄덜튼(Royal Doulton) 모두 경쟁자의 약점을 공격하여 선도자의 자리로 올라섰다. 이러한 경쟁자 재포지셔닝에 대해서는 속성 중요도의 변화라는 주제로 뒤에서 다시 논의될 것이다. 조심해야 할 점은 경쟁기업들이 서로 단점을 공격할 경우 모두 피해를 입을 수 있다는 점이다(Brenner, Rottenstreich, & Sood 1999).

넷째, 추종자 브랜드의 경우는 소비자의 위험추구 행태를 발생시키도록 해야 한다. 프로스펙트 이론에 따르면 소비자는 손실 영역에서 위험추구 행동을 보인다. 이것은 현재 사용되는 제품에 대한 불만족을 부각하면 소비자들의 위험추구 행동을 유발할 수 있음을 시사한다. 현재 제품에 대해서 만족도가 높아 이익으로 인식되면 소비자는 위험회피 성향을 보이기 때문에 불확실성이 높은 새로운 브랜드를 시험구매하지 않으려 한다. 그러므로 시장에 새롭게 진입하여 지각된 불확실성이 높은 브랜드의 경우에는 소비자들의 기대수준을 높여 기존브랜드들을 '손실'로 인식하도록 해야 한다. 실제로 소비자들은 친숙한 브랜드에 대한 단점을 중요하게 받아들여서 자세한 정보가 없는 새로운 대안에 높은 선호도를 보일 수 있다. 이러한 위험추구 행태는 다양성 추구 행동의 원인이 될 수 있다.

이제까지 프로스펙트 이론과 속성별 제거모형에서 유도될 수 있는 포지셔닝 관련 시사점을 정리해 보았다. 이 두 가지 주제는 유사성이라는 하나의 주제로 묶일 수 있다([그림 1-3] 참조). 이 연구에서 대안들 간 유사성 변화와 함께 중요한 주제로 다룰 내용은 속성 중요도의 변화이다. 이어서 소비자의 속성 중요도를 변화시켜 대안의 평가를 변화시키는 전략에 대해서 간략하게 논의하도록 한다.

2) 다속성 태도모형과 속성 중요도의 변화

마케팅 분야에서 소비자의 대안평가과정, 특히 브랜드 선호도 형성 과정을 설명하기 위해 가장 널리 활용되어 온 규범적 모형은 다속성 태도(선호도)모형이다(Fishbein & Ajen, 1975; Lancaster, 1966). 대표 모형인 다속성 선호도 모형에 따르면, 소비자는 제품이 가진 속성들에 대한 평가를 가중평균하여 그 제품에 대한 최종적인 선호도를 결정하게 된다(3장 참조). 만약 두 가지 속성만 고려하여 대안을 평가한다고 가정하면, 특정한 대안 A에 대한 선호도 $u(A)$는 다음과 같이 정의된다.

$$u(A) = w_X x_A + w_Y y_A \qquad\qquad \text{(1-6)}$$

식 (1−6)에서 w_X, w_Y는 속성 X와 Y에 부여하는 속성 중요도 혹은 속성가중치이며, x_A, y_A는 속성 X와 Y에 대해서 대안 A가 가지는 속성수준이다. 포지셔닝과 관련하여 다속성 태도모형이 제시하는 가장 중요한 시사점은 소비자들이 중요시하는 속성을 찾아내서 그 속성에서 자사제품의 우월성을 강조하라는 것이다. 이것은 Aaker와 Shansby(1982)가 제시한 포지셔닝 전략 중 속성 포지셔닝, 혹은 편익 포지셔닝에 해당한다(다속성 선호도 모형에 기초한 포지셔닝에 대한 논의는 3장에서 자세하게 이루어질 것이다). 다속성 선호도 모형은 특정한 개인의 속성 중요도는 상황에 따라 변하지 않는다고 가정하기 때문에, 제품특성이 변하지 않는다면 효용은 항상 고정되어 있다는 경제학의 기본 가정과 일치되는 관점을 가진다. 그렇기 때문에 속성 중요도는 고정되어 있는 상태에서 속성 수준만 변화시키는 전략은 전통적인 경제학적 관점에서 제시될 수 있는 시사점이라고 할 수 있다. 그러나 행동경제학 연구들에 따르면, 상황에 따라서 속성 수준에 대한 지각뿐 아니라 소비자가 속성에 부여하는 중요도도 바뀔 수 있다. 속성 중요도의 변화는 제품의 실제적인 변화 없이 지각된 가치를 변화시킬 수 있고(Nowlis & Simonson, 1997; Slovic, 1975; Tversky, Sattath, & Slovic, 1988), 이를 통해서 경쟁 제품보다 덜 선호되던 제품이 더 선호되는 제품으로 바뀔 수 있다. 예를 들어, 선택(choice)에 있어서 사람들은 질적인(qualitative) 정보를 더 중시하고, 평가(evaluation)를 할 때는 양적인(quantitative) 정보를 중시한다(Tversky, Sattath, & Slovic, 1988). 이 외에도 상황에 따라서, 혹은 어떤 정보가 점화(priming)되느냐에 따라서 소비자들이 중요시하는 특성이 달라질 수 있다(Hsee & Rottenstreich, 2004). 속성 중요도가 변화되면 추종자가 선도자의 지위에 올라서기도 하는데, 이러한 예들에 대해서 Trout와 Ries는 '경쟁자 재포지셔닝'이라고 불리는 전략으로 자세히 설명하였다. 이어지는 부분에서는 전통적인 경제학과 행동경제학의 관점을 모두 포괄하여 브랜드 포지셔닝 전략에 대한 시사점을 정리하고자 한다. 즉, 다속성 선호도 모형에서 속성 수준과 속성 중요도 모두의 변화뿐 아니라 앞서 논의된 유사성 변화까지 포함하여 포지셔닝 전략에 대해 종합적으로 논의하고자 한다([그림 1-3] 참조).

5 행동경제학에 기초한 포지셔닝 관련 시사점 정리

1) 경쟁적 위상의 구분

행동경제학의 포지셔닝 관련 시사점을 정리하기 위해서 Trout와 Ries가 제시했던 것과 같이 기업이 처한 경쟁상황을 몇 가지로 분류하고자 한다. Ries와 Trout(2006)는 『마케팅 전쟁(Market Warfare)』이라는 저서에서 기업이 경쟁상황에 따라 활용할 수 있는 전략을 크게 3가지로 구분하였다. 저자들은 선도자만이 추구할 수 있는 '방어전', 추종자가 추구해야 하는 '공격전' 혹은 '측면적' 그리고 틈새시장 추구자들이 활용할 수 있는 '게릴라전' 등으로 전쟁, 혹은 전략의 성격을 구분하였다(⟨표 1-2⟩).

⟨표 1-2⟩ 마케팅 전쟁(Ries & Trout, 2006)에 제시된 마케팅 전략 구분

전략 구분	구체적 실행 방법
방어적 마케팅	• 시장의 리더(선도자 브랜드)만의 방어전을 할 수 있다. • 자기 자신을 공격하라. • 경쟁자의 공격을 저지하라.
공격적 마케팅	• 남의 배꼽부터 살피라. 리더가 얼마나 강한가부터 살피라. • 강점 속의 약점을 찾으라. • 좁은 전선에서 공격하라.
측면공격 마케팅	• 경쟁자의 어깨부터 공격하라. 경쟁이 없는 지역에서 공격하라. • 기습공격을 가하라. • 계속 추격하라.
게릴라 마케팅	• 작은 연못에서 큰 물고기가 되라. • 리더처럼 행동하지 말라. • 도망칠 때는 신속하라.

    제시된 3가지 전략은 그들의 또 다른 저서인 『포지셔닝』에서 소개된 3가지 전략과 본질적으로 같다. 방어적 마케팅은 선도자 포지셔닝과 관련되어 있고, 공격적 마케팅은 경쟁자 재포지셔닝, 측면공격과 게릴라 마케팅은 추종자의 하위범주 창조 전략과 관련된다.

    이 연구에서는 특정 제품이 상대적인 선호도와 유사성(정확히는 지배여부)*에 따라 경쟁사와 어떤 관계에 있는지에 따라 경쟁상황을 4가지로 구분할 수 있음을 제안한다(⟨표 1-3⟩). 우선 전반적인 선호도(효용)의 관점에서 자사 제품이 경쟁자와 비교해서 우월한지, 혹은 열등한지를 구분하고, 각각의 상황에서 지배 여부에 따라 또 다시 구분한다. 자사 제품이 위치한 경쟁상황에 ⟨표

* 두 대안 간 유사성이 높아질수록 둘 간의 관계는 지배관계로 변한다(won, 2007).

1-3)에서 [1], [2], [3], 그리고 [4] 중 어디에 해당하느냐에 따라서 기업이 어떤
전략을 활용할 수 있을지에 대해서 논의한다. 경쟁 제품을 지배했거나 혹은
경쟁 제품에 의해 지배된 상황은 유사성이 매우 높은 상황으로 이해할 수 있
고, 이런 상황에서 필요한 전략은 낮은 유사성 상황과 다르기 때문에 이러한
분류를 제안하였다. 물론 높은 유사성이 직접적으로 지배관계를 의미하는 것
은 아니며, 이에 대한 논의는 앞서 유사성 부분에서 제시된 바 있다. 실제로 소
비자가 고려하는 속성은 3개 이상이 될 것이나, 설명의 편의성을 위해서, 그리
고 2차원을 통해 도출되는 시사점은 3차원 이상에 적용가능하기 때문에 2차
원 속성지도를 활용해 설명하고자 한다. 이후 모든 [그림 (1-7)~(1-10)]에서
초점(자사) 브랜드는 A로, 경쟁 브랜드는 B로 나타낸다.

〈표 1-3〉 자사 제품과 경쟁사 제품의 경쟁관계표

경쟁 제품과의 상대적 선호도	지배관계(dominance) 유무	경쟁상황
자사 제품이 경쟁 제품보다 우월한 상황	경쟁 제품을 지배함	[1]
	경쟁 제품을 지배하지 못함	[2]
자사 제품이 경쟁 제품보다 열등한 상황	경쟁 제품의 의해 지배되지 않음	[3]
	경쟁 제품의 의해 지배됨	[4]

2) [1]위치(경쟁자를 지배한 상황)에 있는 브랜드의 전략

이 연구에서는 자사 브랜드가 당면한 경쟁 상황을 크게 4가지로 분류하였
다. 자사 브랜드가 경쟁 브랜드보다 더 선호되는 상황도 2가지로 더욱 세분화
하여, 압도적 우위를 차지하는 경우([1])와 약간의 우위를 가지고 공존하는 경
우([2])로 나누었다. [1]의 상황은 자사 브랜드가 경쟁사 브랜드를 완전히 지배
하는 상황이다. 자사 브랜드의 입장에서 보면 가장 이상적인 상황이므로 현재
상태를 유지하는 것이 바람직하다. 경쟁자와 비교해서 모든 속성에서 우월하
다면 소비자는 속성 간 트레이드오프(trade-off)를 할 필요성이 없어져서 선택

확률이 매우 높아진다(Montgomery, 1989). 반면 지배된 대안은 소비자의 이질성(속성 중요도의 다양성)과 무관하게 시장에서 생존할 수 없다. 지속적인 품질개선 및 비용절감 노력을 하고, 시장우위에서 파생된 이익을 연구개발에 지속적으로 투자하여 시장 우위를 유지하도록 해야 한다(Tellis & Golder, 2001).
[그림 1-7]에서 화살표로 표현되는 전략은 선도자(A)가 지속적으로 경쟁사(B)를 지배하는 상태를 유지하는 전략이다. 경쟁사가 차별화 전략을 활용해서 지배영역에서 벗어나려고 할 때는 자사 브랜드 역시 비슷한 방향으로 속성을 변화시켜 지배상황이 유지되도록 하는 것이 좋다. 또한 새로운 경쟁자가 차별화된 속성으로 시장에 진입할 때 때로는 적극적인 모방전략을 통해서 공격을 이를 저지할 필요가 있다. [그림 1-7]에서 점선은 효용(선호도)이 같은 대안들의 집합(동일선호도 직선, 3장 참조)을 나타내며, 이 점선의 기울기는 $-\dfrac{w_X}{w_Y}$의 값을 갖는다(식 (1-6) 참조).

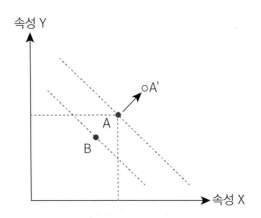

[그림 1-7] 경쟁자를 지배하는 선도자 브랜드(A)의 전략(A→A')

지배적인 브랜드로서 입지를 강화하고 싶은 선도자는 광고를 통해 제품 범주에서 가장 중요시되는 속성이나, 혹은 가장 많은 사람들이 중요시하는 속성에서 자사의 우위를 강조할 수 있다. 이러한 포지셔닝은 소비자가 사전찾기식 휴리스틱(Slovic, 1975)을 사용하도록 유도해서 경쟁자를 지배하는 것과 같은 상황을 만든다. 일반적으로 가장 중요한 속성에도 우위를 차지하는 브랜드가 점유율 1위를 차지하기 때문에 이러한 사전찾기식 전략을 유도할 수 있다면 시장에서는 점유율 1위 기업이 더 이익을 보게 될 것이다.

Ries와 Trout은 선도자 브랜드가 후발진입자의 공격에 대비하는 방법을 크게 두 가지로 제안한다. 한 가지 전략은 경쟁 브랜드의 진입을 무시하는 것이고, 또 다른 전략은 후발진입자의 차별점을 빠르게 모방함으로써 장점을 없애버리는 방식이다. 경쟁 브랜드의 공격이란 신규 브랜드(혹은 기존 경쟁 브랜드)가 자사 브랜드보다 특정 속성에서 우위를 가진 제품을 출시하는 상황으로 이해할 수 있다. 이런 경우 전반적인 선호도가 자사 브랜드보다 높아질 수 있고, 혹 높아지지 못하더라도 상당한 기존고객의 이탈을 가져올 수 있다. 강력한 선도브랜드의 경우 경쟁 브랜드에 대한 지배를 유지해야 한다. 관여도가 낮은 상황에서는 경쟁 브랜드에 대한 언급을 전혀 하지 않고, 범주의 대표성만을 강조하는 방법으로 현재의 우위를 어느 정도 지속시킬 수 있다. 반면 경쟁 브랜드에 대한 언급이나 자세한 비교는 오히려 (경쟁 브랜드에 대한) 불확실성을 낮춰서 소비자의 불확실성 회피와 현상유지 편향에서 발생할 수 있는 이득을 더 빨리 사라지게 만들 위험이 있다. 신규 진입 브랜드에 대한 기대품질이 기존 제품과 비슷하더라도 소비자들은 불확실성을 피하려고 하기 때문에 신규 브랜드로 쉽게 옮겨가지 못한다. 그러나 만약 소비자들이 경쟁 브랜드의 우월한 측면을 확실하게 인식하기 시작했다면 모방전략 등을 통해서 그에 대해서 철저하게 대응하여 경쟁 브랜드의 우월한 측면을 없애도록 해야 할 것이다.

자사 브랜드가 [1]의 상황에 처해 있다면 경쟁자의 시장점유율은 0이 되어 시장에서 사라질 것이기에 현실에서 이런 상황은 쉽게 관찰되지 않을 것이다. 그러나 압도적인 시장점유율(예를 들어, 80% 이상)로 1위를 차지하는 브랜드의 경우는 이 범주로 구분할 수 있을 것이다. 현실적으로 실현되기 어려울지라도 마케팅 전략적으로 가장 이상적인 상황이 무엇인가를 이해하는 것은 마케팅 전략 수립에 큰 도움이 될 수 있다. '모든 속성에서 경쟁자를 앞설 수 있다면 최선이겠지만 그것이 불가능하다면 나는 어떤 속성에서 우위를 차지할 것인가'가 마케팅 전략수립의 출발점이 되는 질문이기 때문이다.

3) [2]위치(경쟁자보다 우월하지만 경쟁자를 완전히 지배하지 못하는 상황)에 있는 브랜드의 전략

〈표 1-3〉에서 [2]로 분류된 경쟁상황에 위치한 브랜드는 경쟁자보다 전반적인 선호도가 높아서 점유율이 가장 높지만 경쟁사는 자사 브랜드가 갖지 못한 강점을 갖고 있는 상황이다. 경쟁 대안들이 서로 지배되지 않았다는 것은 각기 서로 다른 세분시장에서 우위를 차지하고 있는 상황을 의미한다. 경쟁사는 이러한 차별적 지위를 활용해 안정적인 시장점유율을 확보하며 언제라도 자사에 위협이 될 수 있다. 이러한 상황에서 만약 경쟁사를 지배하여 시장지배력을 더욱 높이고자 할 때 활용할 수 있는 전략은 크게 두 가지이다. 첫째, 월등한 수준으로 효용을 증가시켜서 경쟁 제품을 지배하는 것이다([가]전략) ([그림 1-8]). 둘째, 효용은 현재 상태로 유지하면서 경쟁 제품과 더욱 유사하게 인지되도록 하여 경쟁 제품의 차별성을 무력화하여 결과적으로 경쟁 제품을 지배할 수 있다([나]전략)(Hahn et al., 2006). 열등한 경쟁자와 유사하게 인지되면 경쟁자를 지배하는 것으로 인식될 수 있다. 유인효과 관련 연구들에서도 보이듯이 시장에 존재하는 경쟁사들 중 한 개라도 지배하는 것으로 인식되는 것은 자사 브랜드에게 매우 유리하게 작용한다(Huber, Payne, & Puto, 1982; Rooderkerk, van Heerde, & Bijolt, 2011; Sen, 1998). 선도자 브랜드는 경쟁 대안과의 공통점을 강조함으로써 점유율이 더 높아질 수 있음을 앞에서 논의한 바 있다. 이와 같이 유사성과 효용 모두를 변화시켜 시장에서 효과적으로 자리매김할 수 있다.

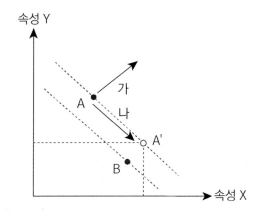

[그림 1-8] 경쟁자보다 우월하지만 경쟁자를 지배하지는 못하는
선도자 브랜드(A)의 전략(A→A')

4) [3]위치(경쟁자보다 열등하지만 지배되지는 않은 상황)에 있는 브랜드의 전략

[3]의 상황에 있는 브랜드는 추종자 혹은 도전자이며, 이들은 경쟁사보다 전반적인 선호도 측면에서 열등한 제품이다. 경쟁사에 의해서 지배되지는 않았지만 점유율 측면에서는 경쟁사에 뒤처지는 상황에 처해 있는 추종자 브랜드가 사용할 수 있는 전략은 2가지가 있다. 지속적인 품질 개선 노력 등으로, 즉 속성 수준을 개선하여 경쟁 브랜드보다 더 높은 선호도를 달성하는 것이다. 이것은 소위 '정면승부'라고 불릴 수 있는 전략이다([가]전략)([그림 1-9]). 이렇게 우위를 차지하게 되면 이후 〈표 1-3〉에서 [2]위치에 도달하게 된다. 또 다른 전략은 소비자의 속성 중요도를 바꿔서 자사가 우위를 가진 속성의 중요도를 강조하는 방법이다([나]전략). 폭스바겐과 같은 소형차의 경우는 연비를 강조하는 등의 전략을 통해 선호도를 높일 수 있다. 소비자가 가장 중요시하는 속성에서 우위를 차지하지 못하는 경우에는 제품 범주에서 지배적인 위상을 차지하기 어렵다. 그런 경우 소비자의 제품 평가기준을 변화시켜서 우위를 차지할 수 있다. 즉, 소비자의 속성 중요도를 변화시키는 전략이다. 이것은 새로

운 평가기준(속성)을 도입하는 전략을 포함한다. 이 전략을 통해 자사의 강점이 강조되고, 경쟁자의 강점이 축소된다. 2차원 평면에서 등효용 직선(동일선호도 직선)의 기울기의 변화([나]전략)는 곧 속성 중요도의 변화를 의미한다(3장 참조). 기울기가 [그림 1-9]에서와 같이 변화되면 B가 A보다 더 선호되는 브랜드로 바뀐다. 이 전략은 Trout와 Ries가 주장한 경쟁사 재포지셔닝 전략이며, 다속성 태도모형과 관련된 전략 중 행동경제학적인 통찰을 가장 많이 담고 있다.

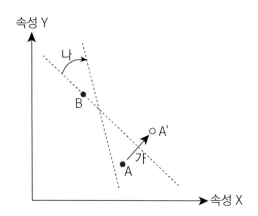

[그림 1-9] 경쟁자에게 지배되지는 않았지만 덜 선호되는 추종자 브랜드(A)의
전략(A→A')

속성 중요도를 변화시키는 전략이 손실회피와 결합되면 선도자에게 더 큰 피해를 줄 수 있다. 후발 진입자가 선도적 브랜드의 약점을 부각해 경쟁자를 재포지셔닝 하기도 한다. 진통제 시장에서 타이레놀은 아스피린이 가지고 있던 약점(위장장애 발생)을 공격함으로써 시장의 지배자로 자리매김하였다. 2009년 도요타(Toyota)사 차량의 품질결함은 현대차를 비롯한 경쟁 제품들이 미국시장에서 도약할 수 있는 계기를 마련해 준 바 있다.

5) [4]위치(경쟁자에게 지배된 상황)에 있는 브랜드의 전략

경쟁자에 의해서 지배된 브랜드가 가장 먼저 해야 할 것은 지배를 벗어나는 것이다([가]전략)([그림 1-10]). 경쟁 브랜드가 갖지 못한 새로운 속성을 추가하거나, 혹은 경쟁 브랜드보다 우수한 속성을 갖춤을 통해서 일정 수준의 점유율을 확보할 수 있다. 이러한 방법을 통해 [4]에서 [3]의 위치로 이동될 수 있다. 그리고 활용할 수 있는 또 하나의 방법은 정면승부를 통해서 경쟁자를 추월하고([나]전략) 시장지배자로 자리 잡을 수 있다. Trout와 Ries는 이러한 정면승부를 통한 역전은 매우 어렵다고 가정하고 있지만 실제로 선발 진입자와 후발 진입자의 위상이 뒤집어진 사례는 많다. 특히 첨단기술제품 시장에서는 혁신적인 신기술을 통해서 저가격과 고성능을 동시에 달성하여 기존 제품을 쓸모없게 만들어 버리는 전략이 많이 관찰된다(Tellis & Golder, 2001). 디지털 카메라는 성능과 가격, 편리성 등 모든 측면에서 필름 카메라를 앞질러서 필름 카메라를 역사 속에서 사라지게 하였다. 때로는 차별화가 아닌 정면 승부를 통하여 직접적으로 강력한 경쟁자의 지배에서 벗어나는 경우도 있다.

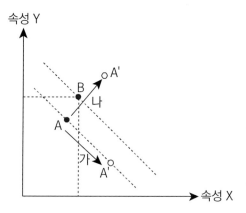

[그림 1-10] 경쟁자에게 지배된 추종자 브랜드(A)의 전략(A→A')

이상 기업의 경쟁적 위상은 크게 4가지로 구분하여 각각의 상황에서 활용할 수 있는 전략을 제시하였다. 기업이 어떤 상황에 처해 있건 상관없이 구체적으로 활용되는 전술은 크게 3가지로 요약된다. ① 속성 수준 변화, ② 속성 중요도 변화, 그리고 ③ 유사성 변화이다(그림 1-2) 참조). 속성 수준의 변화는 화살표가 오른쪽 위를 향하는 것으로 표현되었고, 유사성 변화는 등효용 직선 위에서 움직이는 화살표로 표현되었으며, 속성 중요도 변화는 등효용 직선의 기울기 변화로 표현되었다. 〈표 1-3〉에서 [1]위치에 위치한 브랜드를 제외한 나머지 3개의 위치에 있는 브랜드의 경우 각각 활용할 수 있는 전략을 2개씩 제안하였다. 행동적 의사결정론 분야에서 발전되어 온 이론들과의 결합을 통해서 다속성 태도모형은 마케터들에게 더 풍성한 경영적인 시사점을 제공할 수 있다.

6 결론 및 한계점

　전략수립이란 자사의 강점과 시장기회를 연결하는 작업이다. 시장기회란 곧 높은 시장매력도를 의미하고, 이는 대부분의 경우 경쟁자가 많다는 것을 의미한다. 그런 의미에서 시장에서 경쟁자들이 없는 것은 바람직한 것은 아니지만 그렇다고 경쟁자들에게 우위를 빼앗겨서도 안 되는 것이 마케터가 당면한 어려움인 것이다. 만약 경쟁적 우위를 차지할 수 없다면 우위를 차지할 수 있는 새로운 매력적인 시장을 개척하는 것이 필요하다. Trout와 Ries는 소비자의 마음속에 자리 잡는 가장 효과적인 방법은 새로운 시장을 개척하는 것이라고 주장하였다. 이렇듯 포지셔닝이란 약한 경쟁자는 옆에 두고 강한 경쟁자와는 거리를 두는 등의 방식으로 시장성과를 극대화할 수 있도록 최적의 위치를 찾아서 유지하는 기술이라고 할 수 있다. 그들은 자사 브랜드의 경쟁적 위상 (시장 선도자인가 추종자인가 등)에 따라 추구해야 할 포지셔닝 전략이 달라져야 한다는 상황적 전략의 개념을 도입하였다.

이 장에서는 행동적 의사결정이론의 관점에서 이러한 포지셔닝 전략을 해석하고자 하였고, 3가지의 관점, 혹은 관련 이론으로 포지셔닝의 개념을 설명하고자 하였다. 첫째, 유사성/전형성 효과 관련 모형에 기초한 접근이고, 둘째, 프로스펙트 이론(준거의존 모형)에 기초한 접근이며, 셋째, 다속성 태도모형에 기초한 접근(속성 중요도가 상황적으로 변화 가능함을 가정)이다. 위의 이론들에 기초하여 볼 때 '포지셔닝'을 통해서 조작하는 변수는 속성 수준, 속성 중요도, 고려되는 속성, 경쟁사와의 유사성, 비교 기준, 제품 범주, 범주 내 진형성 등이 있음을 알 수 있다.

Trout와 Ries는 브랜드의 경쟁적 위상에 따라서 포지셔닝 전략이 달라져야 함을 주장하였다. 왜 이러한 구분이 중요한 의미를 갖는지를 프로스펙트 이론, 그리고 유사성과 효용의 상호작용 등 관련된 행동경제학 이론에 기초하여 설명하였다. 상대적으로 우위를 가진 브랜드는 열위의 브랜드와 직접 비교에서 더 이익을 얻게 되고, 반대로 열위의 브랜드는 비교에 의해서 손해를 입는다. 유사성 효과에서도 비슷한 시사점을 제시한다. 우월한 경쟁 브랜드와의 유사성 증가는 점유율을 오히려 감소시킨다. 이 연구가 마케터들에게 제시하는 시사점은 간단하게 요약된다. 첫째, 브랜드 포지셔닝에서 가장 중요하게 고려해야 할 점은 누구를 경쟁자로 설정한 것인가, 혹은 어떤 범주에서 경쟁할 것인가를 결정하는 것이다. 둘째, 경쟁자와 다르게 인식되는 것은 대부분의 경우 자사 브랜드에 유리하게 작용한다. 셋째, 포지셔닝 전략을 수립하는 데 있어서 중요하게 고려해야 할 부분은 범주 내 경쟁사들과의 상대적인 경쟁우위이다. 넷째, 경쟁적 위상을 중요하게 고려해야 한다. 내가 시장 선도자라면 스스로 지속적으로 혁신하고, 경쟁자의 공격에 대해 능동적으로 방어해야 한다. 내가 추종자라면 어떤 전략을 추구할지 선택할 수 있다. 즉, 싸울 것인가 도망갈 것인가(fight or flight)를 결정할 수 있다. 도망가는 전략은 경쟁사와의 유사성을 낮춰서 다른 범주로 인식되거나 새로운 하위 범주를 창조하는 것이다.

이 연구는 다음과 같은 한계점을 가지고 있다. 행동적 의사결정 이론의 관점에서 접근한 것이 이 연구의 공헌점이지만 그것은 포지셔닝에 대한 제한적인 시각을 제시할 수도 있다. 이 연구에서 제시한 관점은 좀 더 확장된 포지셔닝의 개념, 즉 실제 소비자 욕구를 조사하여 그에 맞는 차별화된 제품을 제공하고, 그것을 소비자에게 정확하게 인식시키는 것이라는 관점을 보완해 줄 수는 있지만 이러한 관점을 대체할 수는 없다. 즉, 고객지향성이 결여된 경쟁적 지향성만으로, 혹은 제품의 실제적 변화 없이 소비자 인식의 변화만으로는 효과적인 마케팅 전략수립이 어렵다. 같은 맥락에서 실제 제품의 변화 없이 이루어지는 포지셔닝은 부정적 측면에서의 제품 차별화와도 같은 의미로 이해될 수 있다. 몇몇 학자는 무의미한 차별화로 소비자들의 소비심리를 자극하여 과잉소비를 하도록 만든다고 하였다(Galbraith, 1967; Smith, 1956). Samuelson (1976)은 실제 소비자 욕구의 다양성에 맞춰서 제품 차별화가 이루어질 수도 있으나 대부분의 차별화는 인위적으로 만들어진 것이라고 주장하였다. Lancaster (1979)는 다속성 선호도 모형에 기초한 모형을 통해 제품 차별화를 합리화했음에도 불구하고, 브랜드명이나 광고를 통해 실제로 차별화된 듯한 착각을 일으킬 수 있음을 제시하였다(pseudodifferentiation). Dickson과 Ginter(1987)는 실제 소비자 욕구와는 무관하게 제품을 차별화하고, 그에 맞게 소비자 욕구를 변화시키려는 기업의 노력을 수요함수 조작(demand function modification)이라고 지칭하였다. 그들은 마케터가 실제 소비자의 욕구가 다르지 않은데도 제품을 차별화해서 거짓된 수요를 창조해 낸다고 공통적으로 주장하였다. 실제 제품 특성과 무관한 심리적 측면에서의 차별화라는 관점에서 보면, 이들이 주장한 부정적인 관점의 차별화는 이 연구에서 제시하는 행동적 의사결정이론에 기초한 포지셔닝과도 일정 부분 관련되어 있다.

　이상의 논의에 기초하여 보면 행동적 의사결정 관점에서의 포지셔닝 전략을 논의할 때는 반드시 윤리적인 문제를 고려해야 할 것이다. 행동적 의사결정 이론에 따르면, 정보제공 방식에 따라 소비자 선택이 영향을 받게 된다. 마케터의 커뮤니케이션을 통해 올바른 소비자 선택이 오히려 방해되어 최선이 아닌 대안을 선택하게 만들어서는 안 될 것이다. 포지셔닝 전략은 실제 제품

차원에서 소비자가 원하는 속성을 창출해 내고, 그것이 올바르게 인식될 수 있도록 정보처리를 도와주는 방식으로 포지셔닝이 이루어져야 할 것이다. 자사 제품에 유리한 방향으로 소비자의 지각적 오류를 활용한 포지셔닝은 시간이 흐르면 힘을 잃게 될 것이다.

효과적인 커뮤니케이션을 통해 소비자의 인식을 변화시키는 것도 중요하지만, 끊임없는 혁신으로 실제로 소비자가 원하는 제품을 제공하려는 진정성 있는 노력만이 장기적 성공을 보장해 줄 것이다. 그러므로 소비자의 인식을 변화시켜 제품이 더욱 매력적으로 인식되도록 하는 노력이 실제 제품 혁신을 위한 노력보다 더 중요시되어서는 안 될 것이다. 또한 포지셔닝이란 궁극적으로는 소비자의 의사결정에 도움이 되는 활동이어야 한다. 소비자가 브랜드에 대해 이해할 수 있도록 돕고, 경쟁자와의 차이점을 지각하고, 브랜드 편익을 이해하여 본인에게 최선이 되는 선택을 할 수 있도록 하는 것이 진정한 포지셔닝이다. 일반 기업의 광고뿐 아니라 공익광고 등에서도 효과적인 포지셔닝을 통해서 소비자들이 장기적으로 스스로에게 도움이 되는 올바른 의사결정을 하는 데 도움을 줄 수 있다. 시장의 정보왜곡과 정보불균형이 심해지고, 소비자의 혼란이 더욱 가중되는 상황에서 소비자의 심리적 특성을 활용하여 전략을 수립해야 하는 마케터는 소비자의 인식에 대한 깊이 있는 수준의 이해와 함께 높은 수준의 책임감과 윤리의식이 필요할 것이다.

행동적 의사결정론 분야에서 논의되는 이론들은 소비자들이 지각하는 불확실성이 높고, 어려운 의사결정 상황에서 적용될 수 있는 이론이다(Sen, 1998; Simonson, 1989). 만약 어떤 제품이 확연한 품질의 우위를 가진다면 이러한 이론들은 큰 의미가 없게 될 수 있다. Ries와 Trout 역시 과잉 커뮤니케이션, 과잉 정보 상황에서 소비자가 무엇이 최선의 대안인지 확신할 수 없는 상황에서 포지셔닝이 점점 중요해짐을 강조하였다. 그들이 주로 예로 든 제품들도 청량음료나 렌터카, 도자기, 구강청정제, 감자칩 등 소비자들이 크게 품질 차이를 느낄 수 없는 제품이나 저관여 제품들이다. 즉, 그들이 제시한 포지셔닝 전략은 대안들 간의 선호우위가 명확치 않은 시장 상황에서 적합한 전략이다. 행동적 의사결정관점에서의 포지셔닝 전략은 소비자의 지식수준이나 범주에 대한 친숙도가 높아지면 효과가 낮아진다. 그러므로 행동경제학적인 접근은 기존 경제학적인 접근에 대한 보완적 접근으로 이해해야 할 것이다.

제 2 장

프로스펙트 이론과
속성별 제거모형을 중심으로 한
행동경제학의 이해

1 서론

　마케팅 전략수립은 소비자의 구매행동에 대한 이해에서 출발한다. 소비자의 구매행동을 탐구하는 접근법은 크게 경제학적인 접근과 심리학적인 접근, 그리고 사회학적인 접근으로 나뉠 수 있다. 합리적 소비자(rational consumer)를 가정하는 경제학적 접근에서는 효용극대화(utility maximization) 원칙으로 소비자 행동을 설명한다. 이 연구에서는 합리적 소비자를 가정하는 기존 경제학 이론에 대한 반발, 그리고 인지심리학의 발전과 함께 20세기 중반에 태동하여 1980년대 이후 지금까지 크게 발전되어 온 행동적 의사결정이론(behavioral decision theory) 혹은 행동경제학(behavioral economics)에 대해서 고찰해 보고, 이 이론이 마케팅 분야에서 널리 연구되어 온 맥락효과(context effect)와 어떤 관련성이 있는지를 살펴보고자 한다. 특히 이 분야에서 가장 중요한 이론으로 받아들여지는 프로스펙트 이론(prospect theory)(Kahneman & Tversky, 1979)의 발달과정을 중심으로 고찰해 보고자 한다. 행동경제학 분야에서 행동적 의사결정론 분야는 경제학에서 이루어져 오던 규범적(normative) 의사결정이론에 대한 반발로 주로 심리학자들이 제시한 이론들로 이루어져 있다. 이들 심리학자들은 인간의 의사결정이 규범적이고 합리적인 모형으로는 설명되지 않는 비합리적이고, 즉흥적이며, 상황적인 특성을 가진다는 것을 실증적으로 보이면서 이러한 비합리성 속에 내재된 체계적인 원칙을 발견해 내기 위해 노력해 왔다.

행동적 의사결정이론은 Herbert Simon(1955)으로부터 시작된 것으로 받아들여지고 있다. Simon(1955)에 따르면, 인간은 정보처리능력의 한계 때문에 경제학적인 '합리적 의사결정'은 현실적으로 불가능한 경우가 많고, 효용극대화 원칙보다는 단순한 휴리스틱(heuristic)을 활용하여 의사결정을 내리게 된다. Simon은 대안의 속성값이 일정 수준 이상이면 더 이상 효용이 증가하지 않는다고 가정하면 더 나은 대안을 위해 기다리지 않고 적당한 수준에서 만족하는 방식으로 의사결정을 하게 됨을 제안하였고, 이것을 만족화(satisficing) 휴리스틱이라고 불렀다. Simon은 이러한 행동적 의사결정 모형을 제시한 것을 비롯해서 조직의사결정이론 분야에서의 공로를 인정받아 1978년 심리학자로서는 최초로 노벨경제학상을 수상하였다. Simon이 제시한 만족화 이론을 직접적으로 계승하여 발전시킨 후속 연구는 거의 없지만 Simon과 동시대의 동료 학자들에 의해 제시된 새로운 관점은 20세기 후반 '인지과학 혁명'을 촉발했고, 이후 소비자 행동 및 마케팅 분야에서도 정보처리이론이 중요한 하나의 연구흐름으로 자리 잡게 만들었다. 행동적 의사결정 분야에서 가장 중요한 이론으로 받아들여지고 있는 것은 이후 Kahneman과 Tversky(1979)가 제시한 프로스펙트 이론이다. 프로스펙트 이론의 영향력은 매우 커서, 이들 두 저자는 Simon의 통찰을 계승하고 있지만 오히려 행동경제학의 실질적인 창시자로 여겨지고 있다. 이 연구에서는 베르누이(Bernoulli)가 제시한 효용함수로부터 시작해서 프로스펙트 이론의 가치함수가 등장하기까지의 과정을 고찰해 본다. 그리고 마케팅에서 중요한 연구주제인 맥락효과(Tversky & Simonson, 1993)와의 관련성에 대해서 언급해 보고자 한다. 또한 이 연구에서는 행동경제학의 주요 이론들을 맥락효과의 관점에서 살펴보고자 한다. 유사성 효과(similarity effect), 유인효과(attraction effect), 그리고 타협효과(compromise effect)(Huber et al., 1982; Simonson, 1989; Tversky, 1972) 등 그동안 연구되어 온 다양한 맥락효과를 소개하고 이들이 프로스펙트 이론과 속성별 제거모형(elimination-by-aspects model)(Tversky, 1972) 등과 어떤 관련성을 가지는지를 논의한다.

행동경제학 분야의 수많은 이론 중 무엇이 가장 중요하다고 단정짓기는 어렵지만 이 연구에서는 프로스펙트 이론과 속성별 제거모형에 초점을 두고 논의를 진행하고자 한다.

2 Bernoulli와 Simon의 효용함수

전통적인 경제학에서 가정하는 효용극대화 원칙은 다음의 가정들에 기초하고 있다(von Neumann & Morgenstern, 1944).

- 모든 대안은 고유의 효용값을 가진다. 즉, 대안 혹은 모든 선택의 결과(outcome)마다 실수(real number)의 효용값을 부여하는 함수를 가정할 수 있다.
- 선택가능한 대안들은 모두 각각 하나의 효용값만 가지며(불확실성이 존재하는 경우는 효용의 기댓값, 혹은 기대효용), 할당된 효용값은 상황에 따라 변하지 않는다.
- 효용값을 기준으로 모든 대안들에 대해서 선호도의 순위를 정할 수 있으며, 소비자는 가장 큰 효용을 가진 대안을 선택한다.

Tversky와 Kahneman(1986)은 효용극대화 원칙을 불변성(invariance), 이행성(transitivity), 생략가능성(cancellation), 지배(dominance) 등 네 가지 대표적인 원칙으로 정리하였다. 효용극대화 이론의 철학적인 출발점은 Jeremy Bentham이나 John Stuart Mill로 받아들여지고 있다(Buchholz, 1989; Mill, 1848). 그러나 기대효용극대화의 개념은 그보다 이전에 D. Bernoulli(1738)에 의해서 최초로 수식화되었다. Bernoulli의 기대효용(expected utility)극대화 이론은 기댓값(expected value)이 가장 큰 대안을 선택해야 한다는 당시에 받아들여지던 의사결정 원칙을 위배하는 상트페테르부르크 역설(St. Petersburg paradox)에 대한 해결책으로 제시되었다.

상트페테르부르크 역설은 다음과 같다. 뒷면이 나올 때까지 동전을 던져서 그때까지 동전을 던진 횟수를 n이라고 하면, 2^n달러를 참가자에게 주는 게임이 있다. 이 게임에 참어하기 위해서 사람들은 얼마의 금액을 지불하려고 하겠는가? 이 게임의 기댓값은 무한대(∞)임에도 불구하고 사람들은 평균적으로 약 8달러 정도밖에 지불하지 않겠다고 대답한다. 이러한 모순을 해결하기 위해서 Bernoulli는 사람들이 얻게 되는 금전적 가치가 증가하더라도 그에 대해 느끼는 효용은 로그(log)함수적으로 증가된다고 가정하였다([그림 2-1] 참조). 그는 Pascal이나 Fermat 등에 의해서 정립된 확률적 기댓값의 개념으로 해결할 수 없었던 문제를 인간의 인식은 객관적인 실재와 차이가 있다는 개념을 도입하여 해결한 것이다. 라틴어로 쓰인 Bernoulli의 논문은 오랜 기간 동안 큰 관심을 받지 못했지만 20세기에 들어와서 Ramsey(1931), von Neumann와 Morgenstern(1944)에 의해서 그 가치가 재평가되어 뒤늦게 세상에 널리 알려지게 되었다. 불확실성이 높은 상황에서 사람들은 '기대 효용'이 가장 높은 대안을 선택하게 된다는 이론은 아직까지도 가장 대표적인 규범적 선택모형으로 받아들여진다.

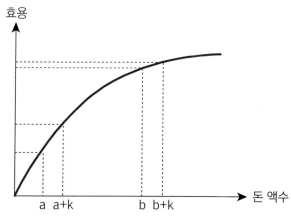

[그림 2-1] 베르누이(Bernoulli) 효용곡선

경제학에서 주장해 온 효용극대화 원칙이 외적 타당성을 갖기 위해서는 모든 소비자들이 제품의 실제 효용을 정확하게 인식한다는 가정이 충족되어야 한다. Hayek(1945)는 현실에서 경제활동에 참여하는 당사자들은 복잡한 경제학 이론을 이해하고 활용하지 못한다는 사실을 지적하며 경제학 이론과 현실의 간극을 이미 언급한 바 있었다. Simon(1955)은 「Behavioral Model for Rational Choice」라는 제목의 논문에서 인간은 경제학에서 주장해 온 합리적 소비를 하기에는 현실적으로 인지능력(정보처리능력)이 부족하기 때문에 효용극대화가 아니라 '만족화(satisficing)'를 한다고 주장하였다. Simon이 주장한 이론은 인간이 자신에게 주어진 인지적 자원 제약하에서 합리성을 추구한다는 의미에서 '제한적인 합리성(bounded rationality)'이라고도 불린다. 그의 연구를 계기로 소비자의 선택행동을 이해하기 위해서는 대안의 효용뿐 아니라 소비자의 정보처리과정도 중요하게 연구해야 한다는 새로운 접근이 확산되기 시작하였다. Simon은 비슷한 시기에 활동하며 '마법의 숫자 7±2'이론을 주장한 Miller(1956) 등의 심리학자들에게 영향을 받았는데, Simon에 의해서 '불완전한 존재'로의 인간이 경제학에서 처음으로 중요한 변수로 등장한다. 이후 많은 연구자가 대안들에 대한 완전한 평가가 불가능함을 보이고 이를 대체할 수 있는 단순화된 의사결정법(heuristic)을 제안하였다.

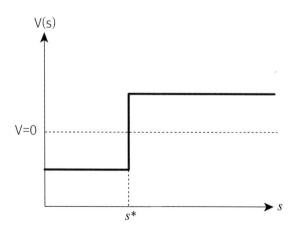

[그림 2-2] Herbert Simon의 가치함수

Simon은 다음과 같은 효용(가치)함수를 제안하였다. [그림 2-2]는 인간이 자극(s)의 크기에 따라 부여하는 가치($V(s)$)가 어떻게 변화되는가를 보여 준다.

일정 수준을 넘어서는 자극에 대해서 부여하는 가치가 똑같다면 인간은 자신이 대면하는 대안들 중 이러한 일정한 수용가능수준(s^*)을 넘는 최초의 대안을 선택하게 될 것이다. Simon(1955)은 이러한 휴리스틱을 만족화라고 지칭하였다. Simon은 그동안 받아들여져 오던 단순증가 형태의 효용함수를 거부하였고, 사람들이 대안을 평가하는 데 있어서 어떤 기준점(acceptance level)을 가진다는 개념을 최초로 제시하였다. 이런 관점에서 보면 Simon의 만족화 이론은 이후 준거점의 개념을 제시한 프로스펙트 이론 등장의 기초를 닦아 놓았다고 볼 수 있다. 그러한 평가의 기준점이 소비자의 내부에 존재한다는 점에서 심리학적인 통찰이 강하게 담겨 있는 이론이다. 또한 '좋다'와 '싫다'의 두 부분으로만 구성된 효용함수의 개념, 그리고 일정한 기준을 충족시키지 못하면 선택되지 못한다는 개념은 이후 등장하는 순차적 제거모형이나 결합적 모형(conjunctive model)(Hogarth, 1990)이 등장하는 데 있어서도 중요한 통찰을 제공했다.

Simon이 기존의 경제학에서 주장해 온 의사결정방법을 대체 혹은 보완할 수 있는 새로운 접근을 제안한 중요한 학자이지만 이미 동시대의 많은 선구적인 학자는 그러한 대안적 관점의 필요성을 공유하고 있었다. Arrow(1951)는 소비자 선택에 대한 기존의 경제학적 접근의 한계를 논하면서 효용극대화 원칙 이외에 당시 새롭게 등장하는 접근들에 대해서 정리하였다. 효용함수의 발전과정에 대한 더욱 자세한 소개는 이 연구의 범위를 벗어난 것이지만 Bernoulli와 Simon이 제시한 효용함수와 관련하여 몇 가지 추가적으로 언급할 가치가 있는 내용을 살펴보자. 첫째로 논의될 수 있는 재미있는 사실은 경제학자 Menger(1934)가 Bernoulli의 효용함수를 통해서도 상트페테르부르크 역설은 해결되지 않는다고 주장했다는 점이다. 증가되는 돈의 액수만큼 효용이 증가되지는 않더라도 어차피 효용이 무한대로 증가한다면 기대효용은 무한대가 되기 때문이다. 그의 주장은 효용함수가 일정 수준 이상으로는 증가하지 않는

함수를 가정해야만(Simon이 제시한 함수 형태와 같이) 상트페테르부르크 역설
이 해결된다는 결론으로 귀결된다. Simon의 효용함수는 Menger가 제안한 무
한대로 증가하지 않는 효용함수 개념을 계승하면서 이에 심리학적인 통찰을
가미한 것으로 볼 수 있다. 또한 이를 통해서 Bernoulli도 완전하게 해결하지
못한 상트페테르부르크 역설의 해결을 위한 대안을 제시한 것이기도 하다(물
론 Simon의 논문에는 Menger에 대한 언급이 없다). Bernoulli의 원논문에서 소
개된 바에 따르면, 18세기 수학자 Gabriel Cramer가 효용이 일정 수준까지만
증가되고 더 이상은 증가되지 않는다고 가정하면 상트페테르부르크 역설이
해결됨을 최초로 제기한 사람이다. 참고로, Menger 스스로는 효용함수의 형
태보다는 오히려 매우 낮은 확률에 대해서 사람들이 무시하거나 과소평가하
기 때문에 상트페테르부르크 역설과 같은 현상이 발생한다고 주장하였다. 이
는 충분히 작은 확률은 현실적으로 불가능한 것으로 생각하고 무시할 수 있다
는 Buffon이나 Cournot의 주장(Menger, 1934에 인용)과도 연결된다. Simon이
제시한 의사결정방법과 유사한 형태를 그 이전에 제시한 또 한 사람의 경제학자
로 Cramer(1930)가 있다(위에서 언급한 18세기 수학자 Cramer가 아님). Cramer
(1930)는 선택의 결과값이 일정 수준 이하로 떨어질 확률은 대안들의 선호도
순위를 결정하는 데 중요한 판단 기준이 될 수 있다고 주장하였다. 이 개념 역
시 Simon의 만족화 휴리스틱으로 계승되었다고 볼 수 있다. 그러나 Simon이
제시한 인간의 정보처리 능력의 한계라는 개념은 이전의 경제학자들이 제시
하지 못했다. 행동적 의사결정론은 제품 자체의 특성보다는 의사결정자의 특
성이나 구매 상황이 효용값을 변화시킬 수 있다는 점을 부각하고, 그러한 사례
들을 증명해 가는 방향으로 학문이 발전되어 왔다. Simon의 연구는 이후 이어
지는 행동적 의사결정 이론 연구들에 포함된 모든 통찰을 담고 있는 기념비적
인 작품이다.

한편 Bernoulli의 모형이 내포하는 한계효용체감의 법칙은 Alfred Marshall
등의 경제학자들에 의해서 더욱 발전되어 미시경제학의 기초 이론으로 자리
잡는다. Marshall(1920)은 위험회피 성향은 이러한 한계효용체감의 법칙 때문

에 발생한다고 주장하였다. Bernoulli의 이론에 담긴 인간 지각에 대한 통찰은 E. H. Weber나 G. T. Fechner(Miller, 1962)와 같은 심리학자들의 이론을 통해서도 계승된다. 이 심리학자들이 제시한 인간 심리의 수학적 법칙은 이후 확률적 효용극대화(random utility maximization) 이론으로 발전된다(Marschak, 1960; McFadden, 1973). 확률적 효용극대화 이론은 수리심리학자인 Thurstone (1927)이 인간의 지각과정에 내재된 근원적인 확률성 혹은 불확실성을 모형화하기 위해 정규분포 등의 확률분포를 활용한 것에서 시작되었다. Weber의 법칙 등이 담고 있는 인식의 상대성이라는 원칙은 인식에서 중요한 것은 자극의 절대적 차이가 아니라 자극분포의 분산에 비례한 상대적인 차이라는 개념으로 발전된 것이다. 경제학에서는 이 개념을 도입하여 인간 선택행동에 내재된 불확실성을 모형화하려는 시도가 이루어졌다(Marschak, 1960). 기대효용극대화 모형과 달리 확률적 효용극대화 모형에서는 특정대안에 대한 선택을 확률로 예측하는데, 대안을 선택할 확률은 그 대안의 (지각된) 효용이 다른 경쟁 대안들의 효용보다 클 확률로 정의된다. 즉, 선택 가능한 대안들의 집합을 T라고 할 때, 그중 특정 대안 A를 선택할 확률, $P_T(A)$는 다음과 같이 정의된다.

$$P_T(A) = \Pr(u(A) \geq u(j), \text{ for all } j \in T) \tag{2-1}$$

식 (2-1)에서 $u(A)$는 대안 A의 효용을 나타낸다. 20세기 초에 등장한 확률적 효용극대화 모형은 인간 인식의 불확실성을 이론에 반영했다는 측면에서 이후 등장하게 될 Simon의 제한적 합리성 이론, 혹은 행동경제학의 기본 가정을 일부 반영한다고 볼 수 있다. 그러나 확률적 효용극대화 이론 역시 효용의 기댓값은 이미 사전에 결정되어 있다고 가정하기 때문에, 효용 자체가 고정된 것이 아니라 상황에 따라 형성된다는 구성적인 선호(constructive preference)의 개념(Bettman et al., 1998)이 담긴 행동경제학과는 근본적으로 차이가 난다. 기대효용극대화 모형과 확률적 효용극대화 모형의 차이점은 전자의 경우 선택행동은 이산적(discrete)(선택/비선택)으로 예측되지만 후자인 확률적 효용극대화 모형에서는 확률적으로 예측한다. 개인 차원에서 선택확률은 시장 전체 차원에서 시장점유율로 해석될 수 있기 때문에 확률적 효용극대화 모형은 이후 여러 가지 형태로 변형되어 마케팅 분야에서 널리 활용된다. 선택확률 혹은 점유율과 관련된 규범적인 법칙에 대해서는 이후 맥락효과라는 주제와 함께 더 자세히 논의하도록 한다.

효용극대화 이론은 1959년 심리학자인 Luce(1959)에 의해서 다른 행태의 원칙으로 변형되어 제시된다. Luce는 베이즈공식(Bayes Rule)으로부터 '비관련대안으로부터의 독립성(Independence from Irrelevant Alternatives: IIA)'이라고 불리는 원칙을 도출해 낸다. IIA 원칙은 특정한 두 개의 대안의 선택확률의 비율은 선택집합(choice set)의 구성에 영향을 받지 않음을 의미한다. 또한 Luce가 제안한 선택확률 모형은 대안의 효용에 따라 선택확률, 혹은 시장점유율을 예측하는 모형으로 마케팅에서 널리 활용되게 된다. McFadden(1973)은 Thurstone과 Marschak 등에 의해 발전되어 온 확률적 효용극대화 모형과 IIA 원칙을 결합하여 다항로짓 모형(multinomial logit: MNL)이라는 선택모형을 발전시킨다(〈부록 2〉 참고). 그는 소비자가 인식하는 대안의 효용이 (독립적이고, 동일한 분산을 가진) 이중지수분포(double exponential distribution)을 따른다고 가정하면 확률적 효용극대화 이론은 IIA 원칙과 일치함을 보였다. 그는 MNL 모형을 통하여 Luce가 제안한 선택모형을 계량경제학적인 추정이 쉽도록 변형시켰다. 1980년대 대규모 소비자 구매자료를 활용한 소비자행동분석에 MNL 모형이 널리 쓰이게 되었다(Guadagni & Little, 1983). 이러한 계량경제학적인 모형화 접근은 이후 더욱 정교하게 발전하였고, 또 다른 방향에서는 프로스펙트 이론을 중심으로 한 행동경제학도 비약적인 발전을 이룬다. 다음 절에서는 프로스펙트 이론에 대해서 논의해 본다.

3　위험추구 행동과 프로스펙트 이론

　　20세기 중반 이후 인지심리학의 발전과 함께 시작된 경제학과 심리학의 결합은 Simon에 의해서 시작되었다면 1979년 Kahneman과 Tversky가 제시한 프로스펙트 이론(Prospect Theory)으로 열매를 맺게 되어 행동적 의사결정론, 혹은 행동경제학이라는 분야가 탄생하였다. 개인의 선택 행동을 설명하는 데 있어서 프로스펙트 이론의 타당성이 검증되면서 2002년 Kahneman은 노벨경제학상을 수상하게 되었다(Tversky는 그 이전에 타계). 프로스펙트 이론의 출발점은 앞서 소개한 기대효용극대화 이론이다(Bernoulli, 1954(1738); von Neumann & Morgenstern, 1944). Bernoulli의 효용극대화 모형은 널리 받아들여짐과 동시에 비판도 받게 되는데, Marshall(1920)은 Bernoulli 효용함수는 도박과 같은 위험추구 행동을 설명하지 못한다고 지적하였다. 이러한 한계점에도 불구하고 효용극대화 이론은 Ramsey(1931), von Neumann와 Morgenstern(1944)에 의해서 더욱 체계화된다. 그러나 인간의 위험추구 행동에 대한 설명을 제시하고자 하는 경제학자들의 노력으로 새로운 형태의 효용함수가 꾸준히 제기되어 왔다. Friedman과 Savage(1948)가 제시한 효용에서 위험에 대한 태도는 사회경제적 계층의 차이에 의해 달라진다고 제안했다는 점에서 개인 차원에서 심리적 현상으로 설명한 프로스펙트 이론과 차이가 난다. [그림 2-3]에서 보이듯이 재산이 w_1과 w_2 사이에 위치한 사람들은 위험추구 성향을 보인다고 주장하였다.

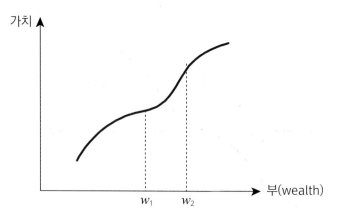

[그림 2-3] Friedman과 Savage의 효용함수

참고로, Arrow(1951)는 기대효용극대화 이론은 효용 분포의 기댓값에 기초하여 의사결정을 한다는 이론일 뿐 효용함수 자체에 대해서는 어떤 제약도 가하지 않는다고 하였다. 그러므로 위험추구 등의 행태도 기대효용극대화 이론으로 모두 설명할 수 있다고 주장하였다. 따라서 기대효용극대화 이론이 위험추구를 설명하지 못한다고 하기보다는 Bernoulli가 제시한 형태의 효용함수가 위험추구를 설명하지 못한다고 하는 것이 정확할 것이다. Friedman과 Savage(1948)의 모형을 변형하여 Markowitz(1952)는 손실까지 반영한 효용 모형을 최초로 제안하였다. 손실 영역에 대한 효용을 모형화했다는 점에서 Markowitz의 모형은 프로스펙트 이론의 원형이라고 볼 수 있다([그림 2-4]). Markowitz는 손실 영역에서 위험추구 현상이 발생할 수 있음을 처음으로 제안하였다. 그러나 이익 영역에서도 액수가 적은 경우에는 위험추구가 발생함을 보였다.

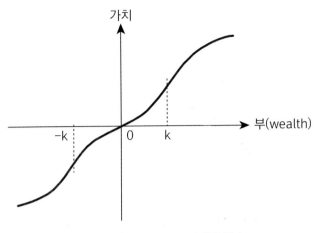

[그림 2-4] Markowitz의 효용함수

그러나 Bernoulli나 Simon의 효용함수를 포함하여 이전까지 제기된 어떤 효용함수로도 설명하지 못하는 현상이 프랑스 경제학자 Allais(1953)에 의해 제기된다. 그가 제기한 '알레(Allais)의 역설'이라고도 불리는 문제를 살펴보자. 아래에 제시된 두 문제는 각각 두 개의 대안을 가지고 있고, 대안들은 가능한 최종결과들과 발생확률로 표현되어 있다(수학문제가 아니니 독자들도 너무 깊이 생각하지 말고 답해 보시길 바란다).

문제 1

다음 두 개의 대안 중 어떤 것을 선택하겠는가?

A	2,500만 원: 33% 2,400만 원: 66% 0원: 1%	B	2,400만 원: 100%

문제 2

다음 두 개의 대안 중 어떤 것을 선택하겠는가?

C	2,500만 원: 33% 0원: 67%	D	2,400만 원: 34% 0원: 66%

[문제 1]에서 대부분의 사람들은 B를 선택하지만 [문제 2]에서는 C를 선택한다. 첫 번째 문제에서 대안 B를 선택했다는 것은 $u(2,400) > 0.33u(2,500) + 0.66u(2,400)$임을 의미하고, 이는 $0.34u(2,400) > 0.33u(2,500)$임을 의미한다. 그러므로 첫 번째 문제에서 B를 선택한 사람은 두 번째 문제에서 D를 선택해야 일관성이 유지되는데 실제 소비자들의 선택결과는 이와 다르다. 이러한 선호역전(preference reversal) 현상은 이행성(transitivity) 위반의 대표적인 예이다. 행동적 의사결정론은 합리적 의사결정 이론을 위배하는 소비자의 행동에 대한 연구에서 출발하였다. 합리적인 의사결정이란 구체적으로 무엇을 의미하는가에서 학자들마다 조금씩 견해 차이를 보이기는 하지만 대표적으로 세 가지 원칙, 즉 이행성, IIA, 그리고 정규성(regularity)에 부합하는 의사결정을 지칭한다(Rieskamp et al., 2006).

　앞에서 언급하였듯이 기존의 효용 모형들이 체계적인 설명을 제시하지 못하는 대표적인 현상이 위험추구 행동이다. 사람들은 도박에서 돈을 잃거나 혹은 주식투자로 돈을 잃게 되면 더욱 위험을 추구하는 행태를 보이게 된다. 그렇다면 올바른 질문은 '사람들이 언제 위험추구 행태를 보이고, 또 언제 위험회피 행태를 보이는가?'가 될 것이다. 이 질문에 대해서 프로스펙트 이론은 명확한 해답을 제시한다. 프로스펙트 이론에 따르면, 기준점과 비교해서 손실인 경우에는 위험을 추구하고, 이익일 경우에는 위험을 회피한다. 심리학에서 주장해 온 적응수준(adaptation level)이론(Helson, 1964)이나 기준점과 조정 (anchoring and adjustment) 휴리스틱 등과 같은 개념은(Tversky & Kahneman, 1974) 프로스펙트 이론을 통해서 한 단계 높게 진화된다. 프로스펙트 이론은 기존의 효용함수를 대체하는 새로운 가치함수(value function)를 제시하는데, 이 가치함수는 다음의 세 가지 특징을 가지고 있다.

　① 준거의존(reference dependence)
　② 손실회피(loss aversion)
　③ 한계민감도 감소(decreasing marginal sensitivity)

'준거의존'이란 사람은 대상의 가치를 평가할 때 독립적으로 혹은 절대적으로 평가를 하지 않고 특정한 기준점(reference point)과 비교하여 손실이냐 이익이냐를 상대적으로 평가함을 의미한다. 두 번째 개념인 '손실회피' 현상은 준거점을 기준으로 손실이 발생할 때 느끼는 부정적 감정의 크기(절댓값)가 같은 양의 이익을 통해 얻는 긍정적인 감정의 크기(절댓값)보다 더 크다는 것을 의미한다. 100만 원이 생겼을 때 느끼는 긍정적 감정의 크기보다 100만 원을 잃었을 때 느끼는 부정적 감정의 크기(절댓값)가 더 크다는 것을 의미한다. 그러므로 소비자들은 손실이 줄어들 때 느끼는 효용이, 같은 금액의 이익이 늘어날 때 느끼는 효용보다 더 크다. Markowitz(1952)에 의해서 이미 손실일 때 위험추구가 발생할 수 있음이 제시되었다. 그러나 Markowitz는 손실일 경우와 이익일 경우 서로 완전히 대칭되는 형태의 효용함수를 예측한 반면, 프로스펙트 이론은 손실일 경우에 더 가파른 형태로 가치가 감소하게 됨을 제안한다.

  세 번째 개념인 '한계민감도 감소'는 준거점과 비교해서 이익일 경우에는 위험회피를 보이고, 손실일 경우에는 위험추구 행태를 보임을 의미한다. 이것은 가치함수가 원점을 중심으로 대칭적인 모양을 갖기 때문에 반사효과(reflection effect)라고도 불린다([그림 2-5]). 한계효용의 개념으로 설명하면 손실이 줄어들 때 느끼는 효용은 점점 커지지만 이익이 늘어날 때 느끼는 효용은 점점 작아진다. 기존의 한계효용체감의 법칙을 손실 영역까지 확대하여 한계민감도 감소라는 개념으로 발전시킨 것이다. 이러한 특징들을 반영한 가치함수는 다음과 같다.

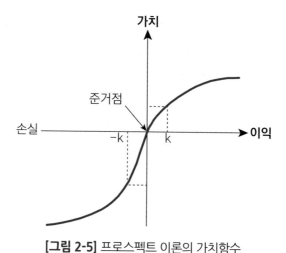

[그림 2-5] 프로스펙트 이론의 가치함수

　　경제학의 발전역사는 곧 효용함수의 발전 역사이기도 하다. 프로스펙트 이론은 Markowitz(1952)가 제시한 효용함수를 단순화하면서 Simon(1955)과 Helson(1964)이 제시한 심리학적인 통찰을 결합했다. 프로스펙트 이론의 주장을 뒷받침하는 몇 가지 대표적 사례를 몇 가지 소개하면 다음과 같다(준거의존, 한계민감도 감소).

문제 3

다음 두 개의 대안 중 어떤 것을 선택하겠는가?

A	400만 원: 80% 0원: 20%	B	300만 원: 100%

문제 4

다음 두 개의 대안 중 어떤 것을 선택하겠는가?

C	−400만 원: 80% 0원: 20%	D	−300만 원: 100%

　　대다수의 사람이 [문제 3]에서는 B를 택하지만, [문제 4]에서는 C를 택한다.

기댓값은 A가 B보다 크고, D가 C보다 크다. 이것은 손실일 경우와 이익일 경우 소비자들의 위험에 대한 태도가 바뀜을 보여 준다. 이를 통해 왜 사람들이 도박에 빠지는지에 대해서도 설명할 수 있다. 사람들이 돈을 잃으면서도 도박에 빠지는 이유는 돈을 한 번 잃으면 더 잃어 봐야 크게 손해 볼 것은 없다고 느끼게 되고, 크게 한 번 따면 손실을 회복할 수 있다고 생각하기 때문이다. [그림 2-5]에서 보이듯이 손실 영역에서는 똑같은 양의 손해보다는 이익에 더 높은 가치를 부여하기 때문에 계속 위험추구 행동을 보이게 되는 것이다. 한계민감도 감소의 또 다른 예는 다음과 같다(준거의존, 한계민감도 감소).

문제 5

다음 두 개의 대안 중 어떤 것을 선택하겠는가?

A	600만 원: 25% 0원: 75%	B	400만 원: 25% 200만 원: 25% 0원: 50%

문제 6

다음 두 개의 대안 중 어떤 것을 선택하겠는가?

C	−600만 원: 25% 0원: 75%	D	−400만 원: 25% −200만 원: 25% 0원: 50%

대다수의 사람들이 [문제 5]에서는 덜 위험한 대안인 B를, [문제 6]에서는 더 위험한 대안인 C를 선택한다. 대안 A와 B의 기댓값은 150만 원으로 같고, 대안 C와 D의 기댓값 역시 −150만 원으로 같다. 한계민감도 감소와 준거의존의 개념은 Markowitz(1952) 등 이전 연구자들에 의해서 유사한 개념이 이미 제시되었기 때문에 프로스펙트 이론의 독창적인 부분은 손실회피라고 할 수 있다. 소비자의 손실회피 성향의 다음에서 소개되는 간단한 예를 통해서 볼 수 있다 (손실회피, 준거의존).

문제 7

다음 두 개의 대안 중 어떤 것을 선택하겠는가?

A	50만 원: 50% −50만 원: 50%	B	100만 원: 50% −100만 원: 50%

[문제 7]에서 대부분 사람들은 A와 B중 A를 선호한다. 확실한 0원과 동일한 수준의 선호도를 보이는 프로스펙트는 25만 원(50%), −10만 원(50%)이라고 실험적으로 알려져 있다. 기존 연구들에서 자세히 논의되지는 않았지만 손실회피라는 개념은 사실 위험회피의 개념과 깊이 관련되어 있다. Tversky는 위험회피가 손실회피 때문에 발생한다고 주장하였다(Bernstein, 2008). [문제 7]에서 보여지듯이 기댓값이 같아도 결과 분포의 분산이 커질수록 대안의 선호도는 낮아지는 것(위험회피)은 사람들이 이익보다 손실에 더 민감하기 때문에 발생하는 것이다. 손실회피는 기본적으로 준거점을 기준으로 이익과 손실에 대한 민감도 차이를 의미하지만, 이익 영역에서 나타나는 위험회피 성향 속에도 내재되어 있는 심리적 편향이다. 같은 맥락에서 전통적인 효용함수에도 손실회피의 개념이 내포되어 있음을 발견할 수 있다. Bernoulli 효용함수에서도 100만 원에서 10만 원이 늘어나는 경우(110만 원)와 줄어드는 경우(90만 원)를 비교해 보면, 10만 원이 줄어드는 경우 효용 변화가 더 큼을 알 수 있다. 이와 반대로 손실영역에서 사람들이 위험추구 성향을 보이는 것은 이 영역에서는 손실보다 이익에 더 민감해지기 때문이다(이를 '손실회피'와 반대되는 의미로 '이익추구(gains seeking)'라고 부를 수 있을 것이다). 그러므로 준거점 근처와 이익 영역에서는 손실회피가, 준거점과 떨어진 손실 영역에서는 이익추구가 발생하게 된다고 보는 것이 더 정확한 이해일 것이다.

이러한 이유에서 손실회피의 개념 역시 위험회피와 매우 유사한 의미를 가지고 있다고 보면 프로스펙트 이론만의 가장 중요한 차별점은 상황에 따라 준거기준이 바뀔 수 있다는 것, 즉 상황적 준거점(contingent reference) 이론이다. 이는 준거점은 절대 0원이 아니라 현재상태, 혹은 상황에 따라, 사람에 따라 언제든지 바뀔 수 있음을 시사한다. 이는 똑같은 대상도 준거점에 따라 평가가 언제든지 달라질 수 있음을 의미한다. 프로스펙트 이론의 내용 중에서도 특히 이러한 주장이 기존의 경제학의 이론과 가장 정면으로 대치된다. 만약 소비자 평가의 준거점이 항상 일정하다면 그것은 기존 경제학의 패러다임을 크게 벗어나지 않는 내용이다. 그러나 상황 혹은 소비자의 심리적인 특성이 대안 평가에 매우 중요하게 작용한다는 주장을 통해서 심리학적인 통찰이 경제학적인 효용이론의 근본 가정을 깨뜨린다. 준거점에 따라 평가가 달라질 수 있음을 보여 주는 다음의 예를 살펴보자(준거의존, 한계민감도 감소, 상황적 준거점).

문제 8

100만 원을 받고, 다음의 둘 중 하나를 선택해야 한다. 어떤 것을 선택하겠는가?

A	100만 원: 50% 0원: 50%	B	50만 원: 100%

문제 9

200만 원을 받고, 다음의 둘 중 하나를 선택해야 한다. 어떤 것을 선택하겠는가?

C	−100만 원: 50% 0원: 50%	D	−50만 원: 100%

[문제 8]에서 대다수의 사람들이 B를, [문제 9]번에서는 C를 선택한다. 그러나 최종결과만 보고 판단하면 [문제 8]과 [문제 9]는 똑같은 문제이다. 이러한 결과는 소비자들이 최종 상태에 의존해서 대안을 평가하는 것이 아니라 현재 상태에서의 변화로서 대안을 평가함을 보여 준다. 그러므로 같은 대안이라고 해도 준거점이 달라지면 평가가 달라질 수 있음을 보여 준다. 준거점이 변화됨에 따른 의사결정의 변화를 보여 주는 예를 한 가지 더 소개해 본다. 주식투자를 해서 마이너스 50%의 수익률을 내고 있다면 주식을 팔겠는가 물으면 대부분 사람들은 팔지 않는다고 답한다. 그러나 실수로 버튼을 잘못 눌러서 주

식을 모두 팔아 버렸다면 다시 사겠느냐에 대한 질문에는 대부분 사지 않겠다고 한다. 첫 번째 질문에서 팔지 않겠다고 한 사람은 두 번째 질문에서는 다시 산다고 말해야 한다. 프로스펙트 이론은 Allais의 역설을 해결해 준다. [문제 1]에 제시된 Allais의 역설에 대해서 Kahneman과 Tversky(1979)는 확실성 효과(certainty effect) 때문이라고 설명한다. 그러나 좀 더 정확한 설명은 확실한 2,400만 원이 다른 대안을 평가하는 준거점으로 작용하여 0원의 가치가 0이 아니라 매우 큰 손실(음수)로 지각되었기 때문이다. 소비자의 준거의존 구매 행태에 대해서는 이어지는 절에서 좀 더 논의하도록 하겠다.

4 프레이밍과 프로스펙트 이론의 응용

경제학은 물리학과 같은 자연과학적인 가정에서 발전되었기 때문에 외부 자극에 대한 인간의 반응이 항상 일정한 법칙에 따라 일어난다고 가정한다. 그래서 외부자극(제품)이 소비자의 반응(선택)을 일으키는 과정에서는 심리적 특성이나 상황적 요인 등이 고려되지 않는다. 반면 심리학에서는 외부 자극에 대한 평가가 그 자극을 받아들이는 인간의 심리적인 특성에 따라서 어떻게 왜곡되고 변형되느냐에 초점을 맞춘다. 프로스펙트 이론을 통해서 경제학과 심리학이 서로 만날 수 있었고, 이러한 융합을 통해서 두 영역 모두 한 단계 도약할 수 있는 계기가 되었다. 프로스펙트 이론의 핵심은 어떤 대상의 지각된 가치는 그 대상 자체뿐 아니라 무엇과 비교되느냐에 따라서 달라진다는 것이다. 즉, 준거기준과 비교하여 얼마나 이익이냐 손실이냐가 어떤 대상의 가치를 결정한다. 이와 유사한 주장은 이미 그 이전에도 존재했기 때문에(Friedman & Savage, 1948), 프로스펙트 이론이 준거의존과 손실회피 효과를 제안했지만, 만약 평가의 준거점이 고정되어 있다고 가정했다면 그다지 큰 심리학적 통찰은 담고 있지 않았을 것이다. 그러나 그 준거점이 선택집합 등의 상황적 요인에 따라서(Kahneman & Miller, 1986), 혹은 개개인의 심리적 특성에 따라서 달라질 수 있다고 가정하면 효용의 개념은 기존 경제학의 범위를 벗어나게 된다. 이러한 상황적인 준거점 형성이라는 개념이 프로스펙트 이론의 핵심적인 주장 중 하나이다. 이러한 내용을 Tversky와 Kahneman(1986)은 프레이밍(framing)이라는 용어를 통해서 이론적으로 정립시켰다. 프레이밍 이론은 손실회피나 한계민감도 감소라는 개념과 별개로 강력한 시사점을 가진다. 준거점이 바뀌는 것만으로 평가는 달라질 수 있다(Tversky & Kahneman, 1986; Hsee & Leclerc, 1998). 똑같은 대상도 어떻게 설명되느냐에 따라 다르게 받아들일 수 있다는 사실을 이론적으로 뒷받침할 수 있게 된 것이다. 컵에 담긴 물을 보고 물이 반밖에 없다고 할 수도 있고, 물이 반이나 있다고도 할 수 있는 이치이다. 다음의 문제를 예로 들어 보자(준거의존, 상황적 준거점).

[예] 아시아의 한 지역에 지금 희귀한 전염병이 돌고 있고 이 전염병으로 600명 정도가 죽을 것으로 예상된다. 이 전염병을 막기 위한 두 가지 프로그램 A와 B가 있는데 둘 중 어떤 것을 선택하겠는가?

문제 10
(긍정적인 틀)

A	200명이 확실히 살 수 있다.	B	600명이 살 수 있는 확률이 1/3이고, 아무도 살지 못할 확률이 2/3이다.

문제 11
(부정적인 틀)

C	400명의 사람이 확실히 죽는다.	D	아무도 죽지 않을 확률이 1/3이고, 600명이 죽게 될 확률이 2/3이다.

[문제 10]의 경우 대다수의 사람들이 A를 선택하지만 [문제 11] 경우에는 대다수의 사람들이 D를 선택한다. 그러나 A와 C, B와 D는 똑같은 내용을 다르게

표현한 것이기에 두 문제의 답이 달라져서는 안 된다. 이것은 합리적 의사결정의 중요한 원칙인 불변성 원칙에 위배되는 현상이다(Tversky & Kahneman, 1986).

　대상에 대한 평가가 상황에 따라 달라질 수 있다는 개념은 이미 이전 연구들에 의해서 제안되어 왔다. 상황에 따라 평가가 달라질 수 있다는 개념은 이미 심리학자들 사이에서 연구되어 왔다. Lichtenstein과 Slovic(1971) 등은 상황에 따라 대안에 대한 평가가 달라질 수 있음을 보이며, 이는 불변성 원칙에 맞지 않음을 주장하였다. 선호역전 현상 자체가 불변성 원칙을 위배하고, 이것은 특정한 형태의 효용함수를 가정할 수 없음을 의미한다. 그럼으로써 효용이라는 것은 숨겨진 것이 발견되는 것이 아니라 의사결정 상황에서 만들어지는(constructed) 것이라는 관점이 등장하게 되었다. 프로스펙트 이론은 기존의 경제학 이론과 근본적으로 다른 관점에서 효용에 접근한다. 대안에 대한 평가가 소비자의 외부에 따로 존재하는 것이 아니라는 관점이다. 이는 주체(소비자)와 객체(효용)를 분리해 보았던 기존 경제학의 효용이론에서 주체와 객체를 나누어 볼 수 없다는 새로운 가치이론으로 전환이다. 프로스펙트 이론은 효용이론 분야에서 '상대성 이론' 혹은 '양자역학'과도 같은 위치를 차지한다고 볼 수 있고, 250년 전 Bernoulli가 제시한 효용극대화 이론에 버금하는 수준의 파급효과를 가진 이론으로 자리 잡게 되었다. 평가의 준거점이 질문의 형태에 따라서 달라질 수 있을 뿐 아니라 평가자의 내면에서 스스로 달라질 수도 있기 때문에 '모든 것이 마음에 달렸다'는 마치 종교적인 가르침과도 같은 주장이 과학적으로도 틀린 말은 아님이 증명된 것이다. 100만 원을 가진 사람도 행복해할 수 있는 반면 1억 원을 가진 사람도 불행하게 느낄 수 있다는 이론적 근거가 마련된 것이다. 돈이 하나도 없던 사람이 100만 원이 생겼을 경우와, 2억 원을 가졌던 사람이 1억 원의 손실을 당했을 때의 느낌을 비교해 보면 될 것이다. 사람들은 대상을 절댓값이 아니라 준거점과 비교하여 상대적으로 평가하는데, 그 준거점이 상황에 따라서, 혹은 사람에 따라 달라진다면 경제학에서 가정하는 대안의 내재된 효용이라는 개념은 존재할 근거가 사라진다. 그러나

'모든 평가가 항상 상대적인가?'라는 질문에 '그렇다'라고 확답하기는 어렵다. 예를 들어, 일정량의 영양분이나 산소가 공급되지 않으면 인간은 결국 죽을 수 밖에 없듯이 인간의 삶에서 절대적 수준의 효용이라는 개념도 무시할 수 없다. 백화점에서 할인을 통해서 제품 가격이 많이 인하되었다고 해도, 여전히 매우 비싼 제품의 수요는 크게 늘어나기는 어려운 것과 같다. 그렇기 때문에, 상대적 평가와 절대적 평가의 조합을 통해서 인간의 대안평가를 설명하는 것이 바람직할 것이다. 통합적 모형을 제시하려는 여러 노력 중 하나가 Tversky 와 Simonson(1993)이 제시한 부분적 맥락 모형(componential context model) 이다.

Tversky와 Simonson(1993)는 부분적 맥락 모형을 제시하여 다속성 선호모형을 통해 평가되는 제품 선호도에 추가적으로 경쟁 대안의 속성과 비교되어 손실회피를 반영하여 선호도가 형성되는 측면을 추가하였다. 소비자는 선호 불확실성이 높아질수록 상대적 평가에 의존할 것임을 시사한다. Tversky와 Simonson(1993)의 모형은 이어지는 장에서 설명될 다양한 맥락효과들을 하나의 모형으로 설명하기 위해서 제안되었다. 그러나 그들의 모형 역시 한계점을 가지고 있고, 이러한 한계점을 극복하기 위해서 다양한 모형들이 제시되었다 (Roe et al., 2001; Rooderkerk et al., 2011; Usher & McClelland, 2004; Wedell & Pettibone, 1999). Hardie, Johnson과 Fader(1994)는 손실회피를 다항로짓모형에 포함시켰다. Tversky(1969)는 프로스펙트 이론이 제시되기 이전에 이미 경쟁 대안과 비교하여 평가하는 현상을 통해 비이행성(intransitivity)을 설명하는데 활용하였다. Hsee와 Leclerc(1998)는 어떤 대안과 비교되느냐에 따라서 대안에 대한 평가가 달라짐을 보였다. 손실회피가 반영되지는 않았지만 준거의존 효과를 반영한 모형을 활용하였고, 위험이 없는 선택에서 준거의존 현상을 보였다. Tversky와 Kahnman(1991)은 위험을 내포하지 않는 의사결정에서 준거의존 효과에 대한 분석을 하였다. 선택집합에 진입한 신규대안이 준거점으로 작용하게 되면 손실회피 효과를 포함한 간단을 계산을 통해서 유인효과가 발생될 수 있음을 보일 수 있다. 이러한 상대평가의 개념은 심리학에서는 이미 오래전부터 논의되던 내용으로서 Thurstone(1929)의 비교평가(comparative judgment) 이론에서도 역시 상대적 평가를 암묵적으로 내포한다. 실제로 소비자가 절대평가를 하고, 그에 따라 점유율이 정해진다고 가정하면 설명할 수 없는 현상들 중 하나가 지배효과(dominance effect)(Cascetta & Papola, 2009)이다.

프로스펙트 이론의 응용 중 가장 중요한 이론 중 하나는 심적회계(mental accounting) 이론이다. 1980년대 Thaler(1985; 1999)에 의해 주장된 심적회계는 화폐의 대체성(fungibility)을 위배하는 현상으로 처음 제기되었다. Thaler는 심적회계 이론을 통해서 힘들게 노력하여 번 돈은 쉽게 쓰지 못하는 것과 같이 똑같은 금액의 돈이라도 상황에 따라 마음속에서 다른 계정에 소속되어 용도나 사용이 달라짐을 주장하였다. 그는 프로스펙트 이론과 연계해서 큰 이익은 작은 이익들로 나누고, 작은 손실들은 하나로 합칠 것을 제안하였다. Thaler(1980)가 주장한 소유효과(endowment) 역시 프로스펙트 이론의 중요한 적용이다. 소유효과를 보여 주는 실험에서 응답자들은 똑같은 머그컵이라도 자신이 그것을 소유한 경우와 소유하지 않은 경우 평가가 크게 달라짐을 보였다. 그 외에 어떤 방식으로 선택문제가 주어지느냐, 어떻게 선택집합이 구성되느냐 등에 따라 효용값이 변함을 보인 수많은 연구들이 행동적 의사결정론에 등장하였다. 그 때 그 때 상황에 따라 평가가 달라지는 것을 보이는 것이 모든 행동적 의사결정론 논문들이 공통적인 주제이고, 관련 이론 중 가장 중요한 이론이 바로 프로스펙트 이론이다. 이어지는 부분에서는 다양한 맥락효과에 대한 소개와 함께 행동경제학 분야에서 또 하나의 중요한 이론인 Tversky(1972)가 제시한 속성별 제거모형에 대해서 소개하고자 한다.

5   맥락효과와 속성별 제거모형

경제학은 공리적인(axiomatic) 가정들에서 출발하여 전체적으로 통일성 있는 이론체계를 달성하고자 하며, 이러한 과정에서 수학적인 명시화 과정이 중시된다(연역적 접근). 반면, 심리학은 인간의 심리작용에 대한 관찰에서 출발하여 이로부터 일반적인 법칙을 도출하고자 한다(귀납적 접근). 경제학 이론의 기초가 되는 '효용'의 개념도 현실적으로는 외부자극에 대한 소비자의 지각 과정을 거쳐서, 태도로서 형성되는 것이기 때문에, 20세기 중반 이후 이루어진 경제학과 심리학과의 만남은 필연적인 학문적 귀결이다. 더구나 20세기 접어들어 이루어진 수리심리학(mathematical psychology)의 발전은 수학적인 엄격함을 중시하는 경제학과 심리학의 만남이 가능해질 수 있는 토대를 만들었다. 이러한 이론적 통합과정에서 드러난 두 가지 접근방법의 근본적인 차이점은 효용을 고정된(fixed and discovered) 것으로 보느냐(경제학), 아니면 상황적으로 변화되는(constructive) 것으로 보느냐(심리학)이다. 의사결정 상황의 변화가 어떤 체계적인 선호변화를 발생시키는가에 대한 연구는 맥락효과라는 주제로 널리 이루어지게 된다.

맥락효과란 브랜드 고유의 효용이 아닌 선택집합의 구성이 브랜드 선택에 미치는 영향을 지칭한다(Rooderkerk et al., 2011; Tversky & Simonson, 1993). 선택집합은 관심대상이 되는 모든 대안들을 포함하는 한정된 집합이다. 효용 중심의 경제학적인 선택모형에서 벗어나 상황적 요인을 중시한다는 측면에서 행동적 의사결정 연구들과 중첩되는 연구주제이면서 마케팅과 심리학에서 널리 연구되어 왔다. 맥락효과는 크게 보면 행동적 의사결정이라는 연구분야에 속해 있는 한 가지 주제로 이해할 수도 있다. 맥락효과와 관련된 연구는 크게 세 가지로 분류할 수 있다. 첫째, 맥락적인 효과가 존재하지 않는 규범적인 선택 상황을 가정하고, 그러한 상황에 위배되는 현상이 존재함을 실증적으로 증명하는 연구이다. 둘째, 그러한 현상에 대한 행태적 근거를 제시하는 연구이다. 셋째, 그러한 현상을 수학적으로 모형화시키는 연구이다. 세 번째 접근은 기존의 규범적 선택행동을 포함하는 좀 더 광범위하고 일반적인 수학적 모형의 제시를 의미한다.

맥락효과가 존재하지 않는 상황이란 '비관련 대안으로부터의 독립(IIA)' 원칙이 성립하는 상황이다(Batsell & Polking, 1985; Rieskamp et al., 2006). IIA 원칙이란 특정한 두 대안들 간의 점유율의 비율은 선택집합의 구성과 상관없이 일정함을 의미한다(Luce, 1959). 이 원칙은 대안의 선택에 영향을 미치는 것은 오직 대안들의 효용이라는 점, 그리고 효용이 증가하면 선택확률은 단순 증가한다는 점에서(simple scalability) 경제학의 효용극대화 이론과 일맥상통한다. IIA 원칙은 베이즈 법칙에서 유도된다($P_T(A) = P_U(A)P_T(U)$, $A \in U \subseteq T$). 두 개의 선택집합 X와 Y를 가정해 보자. 원래 두 개의 대안(A, B)만 존재하는 시장에 새로운 대안 C가 진입하여 선택집합이 확장되었다고 가정하자([그림 2-6]): X={A, B}, Y={A, B, C}. $P_X(A)$는 선택집합 X에서 대안 A를 선택할 확률이라면 IIA 원칙은 다음과 같이 표현될 수 있다.

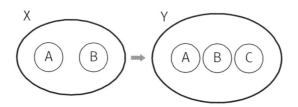

[그림 2-6] 새로운 대안(C)의 진입으로 인한 선택집합의 변화(X→Y)

$$\frac{P_Y(B)}{P_Y(A)} = \frac{P_X(B)}{P_X(A)} \tag{2-2}$$

혹은 이를 약간 변형시켜 다음과 같이 표현될 수도 있다(비율유지 원칙; proportionality principle).

$$\frac{P_X(A) - P_Y(A)}{P_X(A)} = \frac{P_X(B) - P_Y(B)}{P_X(B)} = P_Y(C) \qquad \text{(2-3)}$$

식 (2-3)의 의미는 새로 진입한 대안(C)은 기존 대안들(A, B)로부터 같은 비율로 점유율을 빼앗아 간다는 것이다. 새로 등장한 대안 C가 20%의 점유율을 차지했다면, 대안 A와 대안 B의 점유율이 똑같이 20%씩 줄어들어야 한다(예: 60% → 48%, 40% → 32%). 유체역학에서의 파스칼의 원리*와 유사한 법칙으로 이해될 수 있다. IIA 원칙은 Luce(1959)가 제시한 선택모형과 일치한다 (식 2-4). 선택집합 T에서 대안 A를 선택할 확률 $P_T(A)$는 다음과 같이 나타낼 수 있다.

$$P_T(A) = \frac{u(A)}{\sum_{i \in T} u(i)} \qquad \text{(2-4)}$$

식 (2-4)에서 $u(A)$는 대안 A의 효용을 나타낸다. 그리고 $\sum_{i \in T} u(i)$는 선택집합 X내의 모든 대안들의 효용의 합을 나타낸다. 선택집합 내 모든 대안들의 효용이 같다면 특정 대안을 선택할 확률은 $\frac{1}{n}$이 된다.

선택집합에 새로 진입한 신제품이 기존 대안들로부터 똑같은 비율로 점유율을 빼앗아가지 않는 상황이라면 맥락효과가 존재한다고 한다. 즉, IIA 원칙에 위배된다는 것은 다음을 의미한다.

$$\frac{P_Y(B)}{P_Y(A)} \neq \frac{P_X(B)}{P_X(A)} \qquad \text{(2-5)}$$

---

* 파스칼의 원리: 블레즈 파스칼(Blaise Pascal)이 17세기 발견한 원리로서 밀폐된 관에 있는 비압축성 액체에 압력을 가하면 그 힘은 관 내부 단면의 어느 부분에도 동일하게 전달된다는 원리이다. 신제품이 시장에 진입하면 기존 제품들에게 압력(피해)을 가하게 되는데, 그 힘은 시장 내 모든 제품들이 동일하게 나누어 받게 된다는 IIA 원칙은 파스칼의 원리와 유사점 (analogy)이 있다.

실증적 연구들을 통해 IIA 원칙이 위배될 수 있음이 보였다. IIA 원칙을 위배하는 대표적인 현상들로는 유사성효과와 유인효과, 그리고 타협효과 등이 있다(Debreu, 1960; Huber et al., 1982; Simonson, 1989; Tversky, 1972; Tversky & Simonson, 1993). 이들 각각에 대해서 살펴보도록 한다.

1) 유사성 효과와 속성별 제거모형

Luce의 IIA 원칙에는 효용으로 모든 선택행동을 예측할 수 있다는 경제학적인 가정과 일치하는 내용이 담겨 있다. IIA 원칙을 위배하는 사례로서 이후 '유사성 효과'로 불리게 된 현상을 처음 제시한 사람은 Debreu(1960)이다. 그는 똑같은 선호도를 가진 세 개의 음반 중 두 개가 베토벤 교향곡(각기 다른 지휘자에 의해 연주됨)이고, 한 개는 드뷔시의 현악 사중주라면 선택확률은 세 곡 중 드뷔시의 곡이 가장 높게 될 것임을 주장하였다. 이것은 신제품이 시장에 진입하면 기존의 모든 대안들로부터 똑같은 비율로 점유율을 빼앗아 가는 것이 아니라 더 유사한 대안으로부터 더 많은 비율로 점유율을 빼앗아 가는 현상과도 같다. 코카콜라와 사이다가 경쟁하는 상황에 펩시콜라가 진입하면, 코카콜라가 더 많은 피해를 보게 되는 현상이다. 선택확률을 예측하기 위해서는 대안들 간의 유사성을 고려해야 함을 시사하는데 이를 반영한 모형이 차후 소개할 속성별 제거모형(Tversky, 1972)이다. 만약 신규 진입한 C가 기존 대안들 중 A보다 B와 더 유사하다면(S(A,C)<S(B,C)), 다음의 부등식이 성립한다(예: A=사이다, B=코카콜라, C=펩시콜라).

$$\frac{P_Y(B)}{P_Y(A)} < \frac{P_X(B)}{P_X(A)} \qquad (2\text{-}6)$$

$$\frac{P_X(A) - P_Y(A)}{P_X(A)} < \frac{P_X(B) - P_Y(B)}{P_X(B)} \qquad (2\text{-}7)$$

유사성 효과는 현실에서 매우 흔하게 발생하는 현상으로서 상품시장에서뿐만 아니라 선거에서도 흔하게 볼 수 있다. 정책이나 노선, 혹은 이미지가 비슷한 정치인들은 서로의 표를 더 많이 빼앗아가서 결국 모두 당선이 안 될 가능성이 있기 때문에 통합후보를 내세우게 된다. IIA 원칙으로 설명할 수 없는 현상으로 경제학자 Savage가 제시한 예를 살펴보자(Luce & Raiffa, 1975). 선호도가 똑같은 두 개의 여행 패키지, 예를 들어 파리여행과 로마여행 중 하나를 선택하는 문제이다. 파리여행 패키지가 약간의 돈(예: 1,000원)을 서비스로 준다고 해서 로마여행을 가고 싶었던 사람이 파리여행을 가겠다고 선택을 변경하지는 않을 것이다. 그러나 모든 조건이 완벽하게 똑같은 두 개의 파리여행 패키지가 있다면, 어느 한 패키지에서 천 원을 더 준다면 모든 사람이 그 대안을 선택할 것이다. 이것은 효용이라는 한 가지 차원으로 인간의 선택을 모두 설명할 수 없음을 보여 주는 단적인 예이며, 이 역시 IIA 원칙에 위배되는 현상이다.

　Restle(1961)은 대안들 간 유사성이 대안 선택에 어떤 영향을 미치는지를 보여 주는 수리적 모형을 제시하였고, 이 모형을 일반화한 Tversky(1972)의 속성별 제거모형은 유사성 효과의 근저에 깔려 있는 법칙을 수학적으로 명확히 하였다. Tversky(1972)의 모형에 따르면, 유사성 효과가 발생하는 이유는 유사한 대안들 간 평가에 있어서는 공통 속성이 무시되기 때문이다. 사람들은 기존 제품과 비슷한 속성이 추가되는 것보다 전혀 새로운 속성이 추가될 때 더 높은 효용을 느끼는 원리와 같다. Tversky의 속성별 제거모형을 간단히 소개하면 다음과 같다. Z가 제한된 대안들의 집합이라고 하자. 선택집합 Z에 속하는 대안 A를 선택할 확률 $P_Z(A)$는 다음과 같이 정의된다.

$$P_Z(A) = \frac{\sum_{\alpha \in A' - Z^0} u(\alpha) P_{Z_\alpha}(A)}{\sum_{\beta \in Z - Z^0} u(\beta)} \qquad (2\text{-}8)$$

위 식에서 쓰인 기호들은 다음의 의미를 갖는다. 선택집합 $Z = \{1, \cdots, J\}$에 속하는 특정한 대안 i는 속성들로 구성된 제한된 속성들의 집합인 $i' = \{\alpha, \beta, \cdots\}$과 연관되어 있다. 만약 α가 i'의 원소라면, i대안이 속성 α를 가지고 있다고 말할 수 있다. Z'는 선택집합 Z에 속한 대안들 중 적어도 한 개 이상의 대안이 가진 속성들의 집합, Z^0는 모든 대안들이 공유하는 속성들의 집합을 의미하며, Z_α는 Z에 속한 대안들 중에서 α를 포함하는 대안들의 집합을 나타낸다. $u(\alpha)$는 속성 α의 효용(비음수)을 의미한다. 예를 들어, 선택집합 Z가 A, B, 그리고 C 세 개의 대안으로 구성되어 있다면 이 세 개의 대안의 점유율이 어떻게 나타날 수 있을지 살펴보자.

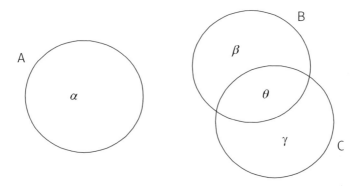

[그림 2-7] 세 개 대안(A, B, C)의 속성구성
(A, B, C의 선호도는 동일하며, B는 A보다 C와 더 유사한 상황 가정)

이 경우 $u(A) = u(\alpha)$, $u(B) = u(\beta) + u(\theta)$, 그리고 $u(C) = u(\gamma) + u(\theta)$이다. 속성별 제거모형(EBA)에 의하면, 세 대안의 점유율은 다음과 같이 예측된다.

$$P_Z(A) = \frac{u(\alpha)}{u(\alpha) + u(\beta) + u(\gamma) + u(\theta)} \tag{2-9}$$

$$P_Z(B) = \frac{u(\beta) + u(\theta)\dfrac{u(\beta)}{u(\beta) + u(\gamma)}}{u(\alpha) + u(\beta) + u(\gamma) + u(\theta)} \tag{2-10}$$

$$P_Z(C) = \frac{u(\gamma) + u(\theta)\dfrac{u(\gamma)}{u(\beta) + u(\gamma)}}{u(\alpha) + u(\beta) + u(\gamma) + u(\theta)} \tag{2-11}$$

만약 $u(\alpha) = 10$, $u(\beta) = u(\gamma) = 6$, 그리고 $u(\theta) = 4$라면, $P_Z(A) = .38$, $P_Z(B) = .31$, 그리고 $P_Z(C) = .31$이 된다. 세 개 대안의 효용이 같더라도 유사성에 따라 점유율이 달라짐을 볼 수 있다. 속성별 제거모형이 내포한 공통속성 무시 원칙에 위배되는 현상을 차후에 Chernev(1997, 2001) 등의 학자들이 제시하게 된다. 또한 유사성 효과에도 위배되는 현상 또한 Huber 등(1982)의 학자들에 의해서 제시된다.

2) 유인효과와 타협효과

Luce(1977)는 IIA 원칙은 위배될 수 있지만 절대로 위배될 수 없는 최후의 원칙은 바로 정규성(regularity)이라고 주장하였다. 정규성이란 새로운 대안이 선택집합에 진입하였을 때 기존 대안의 점유율이 오히려 증가될 수는 없다는 원칙이다. 그러나 정규성 원칙마저 위배하는 현상이 Huber 등(1982)에 의해서 실험적으로 보여졌는데, 그것은 유인효과라고 불리는 현상이다. 유인효과는 비대칭적 지배효과(asymmetric dominance effect)라고도 불린다. 의류매장에서 티셔츠를 판매하는데, 같은 품질, 같은 가격의 두 제품을 팔고 있다고 가정해 보자. 가격은 모두 3만 원인데 하나는 빨간색, 하나는 파란색이다. 두 제품은 선호도가 비슷해서 두 제품의 선택확률의 비율은 50:50인데 이 상황에서 다른 제품 하나가 더 추가되었다. 같은 디자인의 빨간색 티셔츠인데 기존에 있던 두 제품보다 품질도 좋지 않고, 가격은 오히려 2,000원 더 비싼 3만 2,000원이다. 이러한 경우 아무도 새로 진입한 옷을 사려고 하지 않을 것이다. 그렇다면 이 새로운 티셔츠가 기존의 두 개의 대안의 점유율에 어떤 영향을 줄 것인가? 실증적 결과에 따르면 기존에 있던 빨간 티셔츠의 점유율이 오히려 더 증가한다. 새로 진입한 더 비싼 빨간 티셔츠의 점유율은 0%가 되겠지만 기존의 빨간 티셔츠의 점유율은, 예를 들면 60%, 파란 티셔츠의 점유율은 40%로 변화된다. 유인효과가 발생하는 상황을 그림으로 나타내면 다음과 같다.

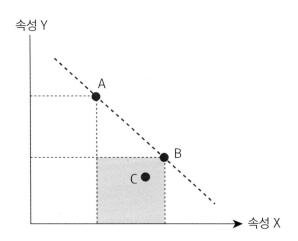

[그림 2-8] 유인효과(C의 진입에 의해 B의 점유율이 증가)

[그림 2-8]의 A와 B가 경쟁하는 상황에서 제3의 대안 C가 진입하였다고 가정하자. 대안 C는 A와 B 중에서 B에 의해서만 지배되었기 때문에 비대칭적으로 지배된 대안으로 불린다. B가 C를 지배한다는 의미는 B가 모든 속성에서 C보다 우월함을 의미한다. 그러한 경우 B와 비교해서 모든 속성에서 열등한 대안이 C는 기존 대안의 점유율에 전혀 영향을 줄 수 없다는 것이 정규적인 선택모형의 예측이다. 그러나 실증분석에 따르면 C의 진입을 통해서 B의 점유율은 오히려 증가한다(Huber et al., 1982). 이것은 IIA 원칙뿐 아니라 유사성 효과, 그리고 정규성(regularity)까지 위배되는 현상이다. 유인효과에 따르면, 다음의 현상이 발생한다.

$$\frac{P_Y(B)}{P_Y(A)} > \frac{P_X(B)}{P_X(A)} \text{ (IIA 위배)} \qquad\qquad (2\text{-}12)$$

$$P_Y(B) > P_X(B) \text{ (정규성 위배)} \qquad\qquad (2\text{-}13)$$

Huber와 Puto(1983)는 비대칭적으로 지배된 대안이 아니더라도 열등한 대안이 진입했을 때 유인효과가 발생할 수 있음을 보였다. 이후 Simonson(1989)에 의해서 정규성 위배는 지배된 대안 혹은 열등한 대안이 아니라도 발생될 수 있음을 보였다. 비슷한 수준의 매력도를 가졌지만 극단적인 특성을 가진 대안이 시장에 진입하게 되면(예: 가격이 가장 비싼 대안), 기존 대안(초점대안)이 중간적인 특성을 가진 대안으로 바뀌면서 점유율은 증가될 수 있음을 보였다. [그림 2-9]에서 A와 B가 경쟁하는 상황에서 C가 진입하면 B의 점유율이 증가되는 현상이 발견되었다.

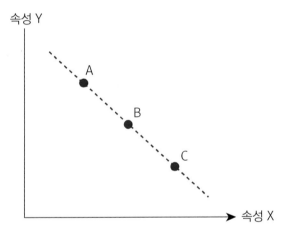

[그림 2-9] 타협효과(C의 진입으로 B의 점유율이 증가)

소비자는 극단적인 대안을 회피하고, 중간적인 대안을 선호하는 현상이 나타나는데 이를 타협효과라고 한다(Simonson, 1989). 타협효과뿐 아니라 유인효과 역시 이유기반선택(reason-based choice) 이론으로 설명될 수 있다고 Simonson은 제안한다. 소비자는 선호 불확실성이 높을 때(특히 속성 중요도에 대한 불확실성이 높을 때) 자신의 구매를 다른 사람에게 혹은 자기자신에게 합리화시킬 수 있는 이유 혹은 명분(reason)이 가장 많은 대안을 선택하게 된다는 이론이다(Shafir et al., 1993). 이유기반선택은 합리화(justification) 휴리스틱이라고도 불린다. 중간적인 대안을 선택하는 것인 합리화하기 가장 쉬운 대안이라는 설명이다. 마찬가지로 유인효과 있어서도 다른 경쟁 대안을 지배하는 대안은 선택한 후에 합리화하기 쉬운 대안이 된다. 이유기반선택은 구매후 실패를 줄이고자 하는 휴리스틱과도 일맥상통하는 측면이 있고, 프로스펙트 이론에서 주장하는 준거의존과 손실회피로도 설명 가능하다.

유사성 효과, 유인효과, 타협효과는 3가지 대표적인 맥락효과이다. IIA 원칙은 효용이라는 한 가지 변수만으로 대안들의 점유율을 예측할 수 있음을 내포하지만 맥락효과는 그렇지 않음을 증명하고 있다. 이러한 맥락효과들을 설명하기 위한 다양한 모형들이 제안되었다(Rooderkerk et al., 2011; Usher & McClelland, 2004; Won, 2012). Won(2012)는 속성별 제거모형을 수정하면 유인효과나 타협효과 역시 모형화할 수 있음을 보였다. 맥락효과를 설명하기 위해 제시된 모형들에 기초하여 보면 맥락효과들을 설명하기 위해서는 효용 이외에 추가적으로 세 가지 변수가 모형에 추가되어야 함을 제안한다. 첫째, 유사성(Tversky, 1977), 둘째, 전형성(prototypicality)(Barsalou, 1985; Rosch & Mervis, 1975), 셋째, 지배관계이다(Cascetta & Papola, 2009)(지배관계를 유사성의 한 가지 형태로 본다면 크게 두 가지로 나뉜다고 볼 수도 있다). 효용을 함께 총 4가지 변수는 소비자 구매행동을 이해하는 필수적인 변수라고 필자는 제안한다. 두 브랜드의 유사성이 증가될수록 두 브랜드 점유율의 합은 줄어들게 된다. 만약 두 브랜드의 선호도 차이가 있다면 유사성이 커질수록 점유율 차이는 더욱 커진다(Won, 2007). 유인효과는 전형성 효과와 지배효과의 결합으로 발생된다고 이해할 수 있다. 타협효과는 단순히 전형성 효과로 설명될 수 있다. 전형성이란 특정 대상이 그 대상이 속한 범주를 대표할 수 있는 정도를 나타낸다. 전형성은 다른 대안들과 평균적 유사성으로 조작화될 수 있다. 전형성 효과란 소비자가 제품 범주를 대표할 수 있는 전형적인 대안을 선호함을 의미한다 (Barsalou, 1986). 전형성 효과는 점유율 관점에서 볼 때 유사성 효과와 정반대의 효과를 가진다. 즉, 경쟁 대안들과 유사성이 높을수록 선호도가 높아진다. 전형성 효과의 원인은 매우 다양하다. 전형적인 브랜드가 쉽게 기억되기 때문에 더 쉽게 선택되기도 하고(Nedungadi, 1990), 친숙도가 높기 때문에 더 선호되기도 한다(Zajonc, 1968). 그리고 전형적인 대안이 경쟁 대안들 평가의 기준이 된다(Kahneman & Miller, 1986). 기존 연구에 따르면, 전형성 효과는 선도자 이점(pioneering advantage)(Carpenter & Nakamoto, 1989) 그리고 손실회피와도 관련성이 높다(Usher & McClelland, 2004). 타협효과는 준거의론과 손실회피 효과로도 설명 가능한데 그에 대한 자세한 설명은 생략한다.

3) 비선택대안 선택 및 맥락효과 정리

맥락효과는 여러 가지 기준으로 분류해 볼 수 있다. 신규 진입한 브랜드가 초점 브랜드와 유사성이 더 높다고 가정할 때, 신규 진입 브랜드가 초점 브랜드에 유리한 작용을 하는가 불리한 작용을 하는가, 그리고 정규성 위배를 발생시키는가 발생시키지 않는가 등의 기준으로 나눠 볼 수 있다(Hahn et al., 2006). 유사성 효과는 초점 대안과 유사한 대안이 진입했을 때 초점대안에 불리하며 정규성 위배는 없다. 유인효과는 초점대안에 유리하며 정규성 위배가 존재한다. 타협효과도 유인효과와 같다.

또 한 가지 중요한 맥락효과는 매력도가 유사한 대안들이 제시될 때 비선택 대안(no choice option)의 채택 현상이다(Anderson, 2003; Dhar, 1997; Luce, 1998). 초점 대안과 유사한 수준의 매력도를 가진 대안이 진입하게 되면 둘 중 아무것도 선택하지 않고 선택 자체를 차후로 연기(choice deferral)하게 될 가능성이 더 높아진다. 비선택대안 선택, 혹은 선택연기 현상은 Tversky와 Shafir(1992)에 의해서 처음 실증적으로 보여졌다. 경제학적 관점에서 특정한 대안을 선택하지 않는 경우는 대안의 효용(혹은 한계효용)이 지불하는 돈의 효용보다 크지 않은 경우이다. 대안이 단독으로 제시되었을 경우에는 구매할 의사를 보이다가 유사한 대안의 추가적 진입으로 혼란이 발생하면 선택을 포기하는 현상은 경제학적 관점으로는 비합리적인 행태이다. 선택 포기 혹은 비선택대안 선택 역시 맥락효과의 관점에서 살펴볼 수 있다. 아무것도 선택하지 않는 것(no choice option)도 하나의 대안이라고 생각해 보면, 이 대안 역시 새로운 대안이 진입했을 때 점유율이 증가되면 안 된다는 원칙이 정규성이다. 비슷한 선호도의 대안들 중 선택을 포기하는 현상은 유인효과와는 정반대의 방식으로 정규성을 위배한다. 새로 진입한 대안이 기존 대안들 중 자신과 덜 유사한 대안(비선택 대안)의 점유율을 증가시키는 셈이기 때문이다. 비선택대안 채택의 증가는 이유기반선택과도 관련성이 높다(Dhar & Simonson, 2003). 무엇이 가장 좋은 대안인지 명확하지 않은 경우 소비자들은 선택을 뒤로 미루게 되는데, 만약 반드시 한 가지를 선택해야 한다면 가장 합리화하기 쉬운 대안이나 후회 가능성이 적은 대안을 선택하게 된다. 이들 휴리스틱의 근저에는 준거의존과 손실회피, 그리고 상황적 준거설정이 존재한다. 비선택대안을 선택하는 것은 유사성 효과와도 차이가 난다. 속성별 제거모형에 따르면 유사한 대안들의 점유율 합은 그 중 어느 하나의 원래 점유율보다 작아질 수는 없다. 비선택대안과 관련된 연구들을 보면 신규 진입 대안을 포함한 두 대안의 점유율 합이 오히려 한 대안의 점유율보다도 작아진다. Brenner, Rottenstreich와 Sood(1999)는 초점 대안과 유사한 대안이 진입함으로써 덜 유사한 대안의 점유율이 오히려 증가하는 현상을 밝혀내었다. 이것은 비교적인 손실회피 (comparative loss aversion) 때문이라고 제안하였다. 이상의 논의에 기초해 보면 맥락효과는 다음과 같이 구분지어 볼 수 있다.

〈표 2-1〉 맥락효과 구분(선택집합 X={A, B}에 B와 더 유사한 C가 진입했을 경우, Y={A, B, C})

맥락효과 구분			내용
$\dfrac{P_Y(B)}{P_Y(A)} < \dfrac{P_X(B)}{P_X(A)}$	$P_Y(B) < P_X(B)$	유사한 기존 대안(B)에 불리함	비선택대안 선택
	$P_Y(B) \geq P_X(B)$		유사성 효과
$\dfrac{P_Y(B)}{P_Y(A)} = \dfrac{P_X(B)}{P_X(A)}$		기존 대안들에게 똑같은 영향을 미침	맥락효과 없음 IIA 성립
$\dfrac{P_Y(B)}{P_Y(A)} > \dfrac{P_X(B)}{P_X(A)}$	$P_Y(B) \leq P_X(B)$	유사한 기존 대안(B)에 유리함	역유사성 효과 타협효과
	$P_Y(B) > P_X(B)$		유인효과 타협효과

맥락효과란 선택과 관련된 현상을 지칭하는 용어일 뿐 이러한 현상을 설명하는 이론을 지칭하지 않는다. 위에 언급한 다양한 맥락효과들은 앞서 논의한 프로스펙트 이론과 속성별 제거모형과 밀접한 관련성이 있다. 이에 대해 결론 부분에서 논하고자 한다.

6 결론: 맥락효과와 행동적 의사결정이론

소비자의 구매 행동을 이해하기 위해서는 특정 학문 영역에 국한되지 않고, 다양한 접근을 모두 수용해야 한다. 전통적인 경제학의 접근이든 행동경제학이든 연구 주제는 소비자의 선택이라는 점에서 두 영역을 두 개의 구분된 영역으로 볼 수 없다. 기존의 경제학적인 접근뿐 아니라 이를 보완할 수 있는 행동경제학적인 접근 역시 매우 중요하게 고려되어야 한다. 이 연구에서는 프로스펙트 이론과 속성별 제거모형 등을 중심으로 행동적 의사결정 이론에 대해서 고찰해 보았다. 두 이론 모두 전통적인 경제학적 효용극대화 모형에 위배되는 현상을 설명하기 위해서 제안되었다. 프로스펙트 이론은 기대효용극대화 이론, 불변성 원칙에 위배하는 현상을 설명하기 위해 제안되었고, 속성별 제거모형은 IIA를 위배하는 현상을 설명하기 위해서 제안되었다. 이 연구에서는 이들 이론을 맥락효과의 관점에서 재고찰하였다.

맥락효과에 대한 연구는 크게 세 가지 관점에서 이루어진다. 첫째, 기존에 발견되지 않는 새로운 현상의 발견, 둘째, 그러한 현상을 수학적으로 모형화하려는 노력, 셋째, 그러한 현상을 발생시키는 심리적 기제의 제안이다. 맥락효과 연구의 출발점은 IIA 공리이다. 이와 같은 공리적 원칙에 대한 위배현상의 발견에서 출발하였으나 이들 현상을 설명할 수 있는 심리학적 이론은 행동적 의사결정 이론에서 제시되는 경우가 많다. 그렇기 때문에 이 두 가지 주제는 서로 매우 밀접한 관련성을 맺는다. 또한 이 두 가지 이론으로 대부분의 맥락효과를 설명할 수 있다.

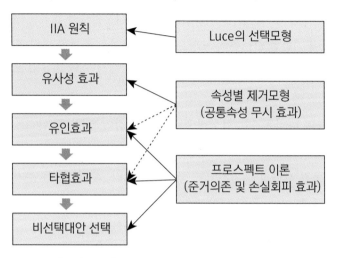

[그림 2-10] 맥락효과와 행동적 의사결정이론

Busemeyer 등(2007)은 맥락효과를 크게 유사성 효과, 유인효과, 타협효과, 준거점 효과 4가지로 구분하였다. 모든 맥락효과들을 통합적으로 모형화할 수 있는 방법을 찾고자 하는 노력이 지속되어 오고 있다. 이 연구에서는 행동적 의사결정 이론 중 가장 중요한 이론 두 가지로 Tversky(1972)의 속성별 제거모형과, Kahneman과 Tversky(1979)의 프로스펙트 이론을 제시하였다. 맥락효과와 관련된 모형들을 크게 나누어보면 속성별 제거모형과 관련된 모형들과 프로스펙트 이론에서 파생된 준거의존 모형, 이렇게 두 가지 흐름으로 요약될 수 있다. Tversky의 속성별 제거모형은 유사성 효과와 관련이 있고, 프로스펙트 이론은 유인효과와 타협효과와 관련이 있다. [그림 2-10]에서 점선으로 표시된 부분은 속성별 제거모형이 전형성 효과를 반영하도록 약간 변형되면 유인효과나 타협효과도 설명 가능함을 의미한다(Generalized EBA Model)(Won 2012). 구체적으로는 정규성 위배를 발생시키는 중요한 이유 중 하나는 준거의존과 손실회피 효과이다(cf. Tversky & Simonson, 1993). 이 두

가지 이론은 맥락효과로 제시되는 대부분의 현상들을 설명할 수 있다. 특히 그중에 프로스펙트 이론은 매우 중요한 이론으로 자리매김하였다. 프로스펙트 이론은 이유기반선택, 혹은 후회 최소화, 혹은 최솟값극대화 휴리스틱과 밀접한 관련성을 맺고 있다. 준거의존 모형으로는 유사성 효과를 나타내기 어렵고, 속성에 기반한 EBA류의 모형으로는 준거의존 효과를 나타내기 어렵다. 이 두 가지 이론의 통합이 행동적 의사결정이론에서 가장 중요한 주제라고 판단된다.

유인효과와 타협효과는 현상적으로 유사한 점이 많다. 둘 다 IIA 원칙을 위배하는 현상이며, 유사성 효과와 정규성 위배를 보여 준다. 두 현상은 관련 이론이나 행동적 시사점 측면에서도 공통점이 있다. 첫째, 둘 다 준거의존 현상으로 설명될 수 있다. 특히 상황에 따라서 준거점이 바뀔 수 있다는 이론에 기초하여 설명 가능하다. 둘째, 두 현상 모두 선호 불확실성이 매우 높은 상황에서, 특히 속성 중요도에 대한 불확실성이 매우 높은 상황에서 발생하는 현상들이다. 이것은 구매를 자신이나 남에게 합리화해야 하는 필요성이 높은 상황과 관련성이 높은 상황이기도 하다. 셋째, 두 현상 모두 전형성 효과로 설명 가능하다. 그러나 이것이 최선의 설명은 아니다. 전형성 효과에 기초한 설명에서는 속성 중요도에 대한 불확실성이라는 개념이 필요하지 않다.

프로스펙트 이론이 유인효과, 타협효과와 모두 관련되어 있다고 정리하였지만, 두 현상 간에는 내용적으로 많은 차이점도 존재한다. 먼저 유인효과에 대해서 살펴보자. 유인효과는 전형성효과와 지배효과로도 설명할 수 있지만, 더 중요한 원인은 경쟁 대안을 지배하는 대안에 대한 높은 수준의 선호 때문에 발생한다고 볼 수 있다(Montgomery, 1989). 확률적 효용극대화 이론(Marschak, 1960)을 다속성 선호도 모형에 적용해 보면 경쟁 대안을 지배하는 경우, 지배하는 대안이 선택될 확률은 1이 된다. 확률적 효용극대화 모형에도 경쟁 대안과 비교한다는 준거의존, 및 상황적 준거점의 개념이 담겨 있다. 어느 한 경쟁자와 비교해서라도 확실한 우위를 차지하였을 때 (비이성적으로) 매우 높게 평가될 수 있다는 내용은 오히려 알레의 역설을 설명할 때 활용되는 확실성 효과와 유사하다. 선호 불확실성이 높은 상황이라도 경쟁 대안에 의해서 지배되면 선택될 수 없다는 지배효과와 경쟁 대안을 지배하는 대안에 대해서는 매우 높은 선호도가 부여되는 현상(이를 확실한 우위 효과(certain advantage effect)라고 부르자), 이 두 효과의 결합으로 유인효과가 발생된다고 볼 수 있다. 손실회피의 개념 없이도 유인효과는 설명될 수 있다는 점에서 프로스펙트 이론과 유인효과의 연관성은 약할 수 있다. 그러나 타협효과는 손실회피의 개념 없이는 설명되기 어려운 현상이다. 타협효과는 불확실성이 높은 상황에서 소비자들이 이익을 극대화시키는 것이 아니라, 손실을 극소화하는 방식으로 의사결정을 한다는 것을 보여 준다.

시장상황은 빠르게 변화한다. 이러한 상황에서 소비자들은 불확실성을 느끼고, 선택을 하는 데 어려움을 겪게 된다. 소비자들은 짧은 시간 내에 많은 정보를 학습해야 하고 자신들의 선호를 바꾸기도 한다. 이렇게 빠르게 변화하는 시장환경에서 소비자 행동을 설명하기에 효용극대화 이론은 여러 가지 한계점을 가진다. 포지셔닝은 기업의 제공들과 이미지를 디자인하여 표적 소비자의 마음속에서 의미 있고 독특한 경쟁적 위치를 차지하기 위한 노력이다 (Kotler, 1994). 소비자 욕구를 파악하는 것은 마케팅 전략을 개발하는 데 가장 중요한 과정이다. 그러나 경쟁을 생각하면 경쟁적 위치를 어떻게 차지하느냐 하는 것은 더욱 중요할 수 있다. 준거의존과 손실회피 효과(Kahneman & Tversky, 1979)는 관심 대안이 준거대안과 비교하여 우위를 차지하는 것이 왜 중요한지를 보여 준다. 맥락적 선호형성 이론을 이해하는 것은 효과적인 마케팅 포지셔닝 전략 수립에 있어서 매우 중요하다. 맥락효과의 발전과정을 이해하는 것은 소비자 행동 연구의 발전과정을 이해하는 데 매우 중요하며, 그 과정에서 프로스펙트 이론, 속성별 제거모형이 어떤 이론적 연결고리가 될 수 있는가를 이해하는 것도 매우 필요하다고 판단된다.

행동적 의사결정 이론은 규범적인 이론을 대체하기보다는 기존의 효용극대화 이론을 보완하는 모형으로 이해하는 것이 바람직할 것이다. 마케터는 대안 고유의 효용이라는 개념과 상황적인(맥락적인) 영향력이라는 두 가지 변수에 대해서 균형 잡힌 시각을 가져야 한다. 이것은 가치기반 선택과 이유기반선택 간의 균형을 의미하기도 한다(Shafir et al., 1993). 서로 보완적이면서 대체성 있는 이 두 가지 접근은 서로 밀접하게 관련을 맺으면서 현실에서의 소비자 선택을 만들어 가고 있다. 그러나 이 두 가지 접근의 근본적인 차이를 명확하게 이해하지 못하면 소비자 행동을 이해하는 데 큰 혼란이 발생할 수 있다. 행동경제학 이론이 경영자들에게 주는 시사점은 무엇인가? 결론적으로 경쟁우위와 차별화, 품질을 이야기한다. 비교되는 경쟁 제품보다 더 뛰어나야 하며, 뛰어날 수 없다면 비교 대상을 바꾸는 것이 유리하다. 또한 경쟁 제품이 갖지 못한 속성을 가지도록 노력해야 하며, 가능하다면 경쟁 제품을 지배하도록 해야 한다. 또한 지각된 불확실성을 줄여서 신뢰감을 줄 수 있어야 한다.

제 3 장

다속성 선호도 모형에 기초한
브랜드 포지셔닝의 이해

1 서론

　마케팅 전략수립 과정은 시장세분화(market segmentation), 표적시장 선정 (targeting), 그리고 포지셔닝(positioning)의 세 단계를 거쳐 이루어진다. 그중 마케팅 전략의 핵심적인 부분은 마지막 단계인 포지셔닝으로서, 이는 자사 브랜드가 표적고객의 마음속에서 경쟁자와 대비하여 명확한 차별화된 위치를 차지하도록 만드는 작업을 의미한다(Kotler & Keller, 2011). 정의에서도 '표적 고객의 마음속에서'라고 표현되었듯이, 포지셔닝에서는 실제 제품의 물리적 속성에서의 차별화도 중요하지만 소비자가 자사 브랜드를 어떻게 인식하는가 를 중요하게 고려한다. 또한 자사 브랜드가 경쟁자와 비교하여 어떤 상대적인 위치를 차지하고 있는가를 중요하게 고려하는데, 이는 곧 '자사 브랜드는 경쟁 사와 비교해서 이런 측면에서 다르다(혹은 우월하다)'는 식으로 포지셔닝되어 야 함을 의미한다. 이러한 과정에서 자사 브랜드보다 더 강력한 브랜드가 선 점하고 있는 포지션은 피해서 자신만의 차별화된 포지션을 확보하는 것이 중 요하다. 소비자의 머릿속에서 경쟁자가 점유하지 못한 비어 있는 틈새를 찾아 내고, 그 자리에 자사 브랜드를 안착시키는 작업은 과학적인 과정임과 동시에 경쟁상황에 대한 통찰력과 창의성이 필요한 작업이다. 이러한 포지셔닝의 원 리는 손자병법에서 말하는 피실격허(避實擊虛: 튼실한 곳은 피하고, 빈틈을 공 격한다)의 원리와 같다고 할 수 있다.

포지셔닝의 개념을 처음 제시한 이들은 광고 컨설턴트였던 Al Ries와 Jack Trout이다. 이들은 1972년 『Advertising Age』에 기고한 글을 통해 포지셔닝의 개념을 처음 제안하였고, 1980년에 같은 주제로 책을 저술하여 포지셔닝의 개념을 대중적으로 널리 확산시켰다(Trout & Ries, 1972; Ries & Trout, 2001). 이들이 초기에 제시한 포지셔닝에 대한 개념은 제품 자체의 변화보다는 소비자가 상품을 어떻게 지각하도록 만드는가, 즉 광고, 혹은 마케팅 커뮤니케이션에 초점을 둔 내용이었다. 그러나 이후 이 개념이 기존 마케팅 및 전략 이론 체계 속으로 편입되는 과정에서 Kotler 등의 학자에 의해서 실재와 지각, 이 두 가지 측면에서의 차별화를 포괄하는 개념으로 진화하였다. 1장에서는 어떻게 상품에 대한 소비자의 인식을 변화시킬 것인가의 관점에서 포지셔닝에 대해 논의하였다면, 이번 장에서는 실제 제품 속성의 변화와 소비자 취향의 다양성이라는 관점에서 포지셔닝을 논하고자 한다. 이 장에서는 전통적인 경제학적 접근과도 일치하는 내용으로서, 포지셔닝을 이해하는 가장 규범적인(normative) 접근을 소개한다.

일반적으로 포지셔닝은 특정한 속성(attribute) 혹은 편익(benefit)을 자사 브랜드와 연결하는 방식으로 많이 이루어진다. 이는 특정한 속성, 혹은 편익에서 자사 브랜드가 가장 뛰어나다는 방식으로 브랜드를 포지셔닝하는 것이다. '가장 안전성이 뛰어난 자동차'로 포지셔닝된 볼보(Volvo)나 '그래픽 디자이너를 위한 최적의 PC'로 포지셔닝된 매킨토시(Macintosh) 컴퓨터 등을 예로 들 수 있다. 이러한 속성 포지셔닝을 위해서는 자사의 표적고객이 어떤 속성을 중요하게 고려하는지에 대한 분석이 선행되어야 할 뿐 아니라 현재 경쟁사 브랜드들이 어떻게 포지셔닝되어 있는가에 대해서도 철저히 분석해야 한다.

Aaker와 Shansby(1982)는 기업이 활용할 수 있는 포지셔닝 방법들을 다음과 같이 매우 다양하다고 제안하였다. 특정 속성(편익)에서 자사 브랜드가 최고임을 강조하는 속성(편익)에 기반한 포지셔닝이 대표적인 포지셔닝 방법이지만 그 외에도 어떤 고객을 위한 브랜드인가를 설명하는 사용자에 기반한 포지셔닝, 사용상황에 기반한 포지셔닝, 특정 경쟁자와 자사 브랜드를 비교하는 방식의 경쟁자 포지셔닝, 그리고 자사 브랜드가 범주를 대표하는 브랜드임을 강조하는 범주 포지셔닝 등의 방법들을 활용될 수 있다. 이들 중 범주 포지셔닝을 제외한 나머지 방법들은 모두 넓게 보면 속성기반 포지셔닝이라고 볼 수 있다. 사용자나 사용 상황 혹은 경쟁자에 기반한 포지셔닝 역시 관련된 편익이나 속성을 강조하는 방식으로 이루어지기 때문이다. 그만큼 소비자가 어떤 속성을 중요하게 평가하는지를 이해하고, 이에 기초하여 포지셔닝하는 것은 매우 중요하다.

어떻게 해야 효과적인 속성 기반 포지셔닝이 이루어질 수 있을지에 대한 체계적인 이해를 위해서 이 연구에서는 소비자행동 분야에 대표적인 이론 중 하나인 다속성 선호도 모형(multi-attribute preference model)을 활용하고자 한다. 다속성 선호도 모형을 적용할 수 있는 가장 단순화된 형태인 2개 속성만 고려하는 상황을 가정하여 2차원 속성 평면상에서 경쟁 브랜드들의 상대적 위치를 통해 포지셔닝에 대해서 논의하고자 한다. 그러나 도출된 시사점은 3개 이상 속성 차원에서 동일하게 적용될 수 있다. 간단한 수식과 그래프를 활용해 브랜드가 시장에서 효과적으로 포지셔닝되었다는 것의 의미와 시장에서 어떤 브랜드가 생존하게 되는지에 대한 원리와 전략적 시사점을 정리해 보도록 한다.

본 연구는 다음과 같은 내용으로 구성되어 있다. 먼저 다속성 선호도 모형에 대해서 소개하고, 이 모형에서 유도된 중요한 개념 중 하나인 '동일선호도 직선'을 소개한다. 이는 미시경제학의 무차별곡선(indifference curve)의 개념을 제품의 속성 차원에 적용한 것이다. 이후 속성 중요도에 의한 시장세분화의 개념을 소개하고 소비자 취향의 다양성이 어떻게 동일선호도 직선으로 나타내어질 수 있는지에 대해서 논의한다. 이와 관련해서 브랜드 간 지배(dominance) 관계와 선택확률의 관련성에 대해서 설명하고, 어떤 브랜드가 생존하고 어떤 브랜드는 시장에서 소멸하는지를 설명한다. 이상의 논의에 기초하여 결론적으로 효과적인 포지셔닝 전략이란 무엇인지 그래프를 통해서 정리해 본다.

2　다속성 선호도 모형과 동일선호도 직선

　　소비자가 어떻게 브랜드에 대한 선호도를 형성하는가에 대한 가장 중요한 모형 중 하나는 다속성 선호도(태도) 모형[multi-attribute preference(attitude) model]이다. '다속성'이란 '여러 개의(多) 속성(attribute)'이란 의미이다. 즉, 이 모형은 제품을 여러 개 속성의 집합체로 바라본다는 의미가 담겨 있다. 다속성 선호도 모형에 따르면, 소비자는 제품의 여러 개 속성에 대해 각각 평가해서, 이들 평가를 종합하여 브랜드에 대한 전반적인 선호도를 형성하게 된다(Fishbein & Ajzen, 1975). 속성이란 가격, 성능, 디자인, 품질 등 소비자가 상품을 구매할 때 고려하게 되는 여러 가지 기준들을 의미한다. 스마트폰 브랜드 선택을 예를 들어 다속성 선호도 모형을 설명할 수 있다. 소비자는 특정 브랜드, 예를 들어 A라는 브랜드 스마트폰의 가격, 성능, 디자인, 사이즈 등의 속성에 대해서 각각 평가한 후에 그 평가들을 종합하여 A 브랜드에 대한 전반적인 선호도를 형성하게 된다고 이 모형은 가정한다. 다속성 선호도 모형은 흔히 보완적 모형(compensatory model)이라고도 불린다(Hogarth, 1991).

　　다속성 선호도 모형을 통한 선호도 계산을 수치적 예로 설명해 보면 다음과 같다. 스마트폰 브랜드를 평가하는 데 있어서 어떤 소비자는 가격, 품질, 그리고 디자인, 이렇게 3가지 속성에 기초해서 10점(0~10점) 만점 척도로 평가한다고 가정해 보자. 특정 브랜드에 대해서는 가격 만족도가 매우 좋아서 10점을 부여하고, 품질은 6점, 디자인은 8점으로 평가하였다. 척도의 방향성 일치를 위해서 가격의 경우에는 가격이 낮아질수록 속성만족도 점수는 높아지는 것으로 본다. 3개의 속성에 대한 만족도 값을 종합하여, 브랜드에 대한 전반적인 만족도를 구하는 가장 단순한 방법은 3개 속성에 대한 평가치의 평균값(mean)을 구하는 것이다. 이러한 단순평균 방식에 따르면 8점이라는 최종 평가치를 얻게 된다((10+6+8)÷3=8).

　　이렇게 단순 평균을 활용하는 방식은 한 가지 문제점을 갖게 되는데, 그것은 고려되는 3개의 속성에 대해서 소비자가 동일한 중요도를 부여한다고 가정한다는 점이다. 실제로 대부분의 소비자는 속성마다 부여하는 중요도가 다르다. 어떤 소비자는 가격을 가장 중요하게 고려하며, 다른 어떤 소비자는 디자인을 가장 중요하게 고려할 수 있다. 이러한 소비자 취향의 차이를 반영하기 위해서는 가중평균(weighted average)의 개념을 도입하는 것이 다속성 선호도 모형이다. 즉, 개별 속성의 평가치에 가중치를 곱해서 평균을 구하는 방식으로 전반적인 선호도를 계산하는 것이다. 예를 들어, 가격, 디자인, 품질 순으로 중요도를 부여하는 소비자를 가정하여, 가격에는 0.5, 디자인에는 0.3, 그리고 품질에는 0.2의 가중치를 부여해 보자. 이 경우 브랜드의 전반적인 선호도는 $(0.5×10)+(0.3×8)+(0.2×6)=8.6$이 된다. 이해와 분석의 편의를 위해서 가중치 총합이 1이 되도록 부여한다. 다속성 선호도 모형을 수식으로 나타내면 다음과 같다.

$$V_j = \sum_{i=1}^{n} w_i b_{ij}$$

(3-1)

식 (3-1)에서 V_j는 j 브랜드에 대한 전반적인 선호도, 혹은 태도를 의미한다. w_i는 i 속성에 부여하는 가중치(weight)이며 0에서 1사이의 값을 갖는다 $(0 \le w_i \le 1)$. b_{ij}는 j 브랜드가 가진 i 속성수준 혹은 속성만족도를 의미하는데, 문헌에 따라 속성 신념(belief)이라고도 한다. 평가하는 속성의 숫자가 n개이기 때문에, n개의 속성 평가를 종합한다는 의미에서 $\sum$ 표현을 활용한다. 가중평균의 개념으로 다속성 선호도 모형을 이해하기 위해 모든 속성들에 대한 중요도의 총합은 1이라고 가정한다($\sum_{i=1}^{n} w_i = 1$). 수치적인 예를 통해서 다속성 선호도 모형의 활용을 살펴보면 〈표 3-1〉과 같다. 표에서 가격 속성의 경우는 비쌀수록 평가 점수는 낮아진다.

〈표 3-1〉 두 개의 스마트폰 브랜드(A, B)에 대한 선호도 비교

속성 ＼ 브랜드	브랜드 A	브랜드 B
성능($w_1=0.5$)	9점($=b_{1A}$)	7점($=b_{1B}$)
가격($w_2=0.3$)	6점($=b_{2A}$)	9점($=b_{2B}$)
디자인($w_3=0.2$)	8점($=b_{3A}$)	7점($=b_{3B}$)
전반적인 선호도	7.9점	7.6점

〈표 3-1〉의 사례에서는 소비자가 브랜드 A를 더 선호함을 알 수 있다 ($V_A > V_B$). 이 소비자는 성능을 가장 중요한 속성으로 고려하고 있음을 가정하였다. 그러나 어떤 다른 소비자는 가격을 가장 중요하게 고려할 수 있고, 그러한 경우에는 두 브랜드에 대한 선호도는 바뀔 수 있다. 예를 들어, 위의 표에서 성능과 가격의 중요도를 서로 바꿔서, 성능의 중요도는 0.3, 가격의 중요도는 0.5가 되면 브랜드 A와 브랜드 B의 선호도는 각각 7.3과 8.0으로 바뀐다. 즉, 이 소비자는 브랜드 B를 더 선호하게 된다. 이렇듯 대안에 대한 선호도는 속성 신념(속성 만족도)뿐 아니라 속성 중요도에 의해서도 많은 영향을 받게된다. 동일한 상품에 대한 평가가 사람마다 달라지는 것은 속성 중요도의 차이에서 기인한 경우가 많다. 이러한 차이에 대해서는 이후 시장세분화에 대한 주제로 다시 논의하도록 한다. 참고로, 일반적인 다속성 선호도 모형의 정의에서는 가중치의 합이 반드시 1이 되도록 정의할 필요는 없다. 그러나 합이 1이 되도록 가중치를 부여하면 가중평균의 개념으로 설명할 수 있고, 이후 그래프를통한 설명도 더 용이해지기 때문에 이 가정에 기초하여 논의를 진행하도록한다.

다속성 선호도 모형은 마케팅 전략과 관련된 많은 시사점을 내포하고 있다. 첫째는 어떻게 하면 브랜드에 대한 선호도를 높일 수 있는가에 대한 시사점을내포한다. 브랜드 선호도를 높이는 것은 마케팅의 가장 중요한 목표 중 하나이다. 마케팅활동은 궁극적으로 소비자의 구매행동을 유발할 수 있어야 하는데, 구매확률을 높일 수 있는 가장 핵심적인 변수를 브랜드 선호도로 보기 때

문이다(Bell, Keeney, & Little, 1975). 신제품을 개발하거나 제품 개선을 하려고 할 때 우선적인 목표는 선호도를 높일 수 있어야 한다는 것이다. 가장 효율적인 방법으로 선호도를 높이려면 마케터는 우선적으로 소비자가 어떤 속성들을 중요하게 고려하는지를 파악해야 한다. 이후 소비자가 중요하게 고려하는 속성에서 대한 만족도를 우선적으로 높이는 데 마케팅 노력을 집중해야 한다. 속성 평가점수를 1점 높인다고 했을 때 속성 중요도가 0.2인 속성보다 0.5인 속성의 경우 전반적 선호도의 개선 정도는 더 크다. 다속성 선호도 모형은 광고 크리에이티브 개발에 대한 시사점도 제공한다. 단순히 자사 브랜드의 강점을 알리는 것을 뛰어넘어 자사가 강점을 가진 속성을 소비자가 중요하게 고려하도록 만드는 크리에이티브를 개발한다면 선호도를 높이는 데 효과적일 것이다. 속성 중요도는 고정된 값이 아니라 상황에 따라서 변화될 수 있다 (Hsee, 1996).

다속성 선호도 모형은 시장세분화, 표적시장 선정, 그리고 포지셔닝과 관련해서도 중요한 통찰을 제시해 준다. 소비자가 중요시하는 속성이 무엇인가에 따라 시장을 세분화하는 것은 효과적인 포지셔닝 전략 개발의 출발점이 된다 (Haley, 1968; Wind, 1978). 소비자 취향의 다양성은 곧 중요시하는 속성의 차이로 나타난다. 예를 들어, 가격을 중요시하는 소비자, 성능을 중요시하는 소비자, 디자인을 중요시하는 소비자 등 속성 중요도에 따라 시장을 세분화할 수 있다. 물론 특정 속성만 중요하게 고려하고 나머지는 완전히 무시하는 소비자는 없지만 가장 중요하게 고려하는 속성이 무엇인가는 소비자의 특성을 파악하는 중요한 기준이 된다. 시장세분화 이후에는 자사 브랜드가 가진 강점을 가장 중요하게 고려하는 고객집단을 표적시장으로 선정해야 한다. 이 과정을 통해 어떤 속성을 중심으로 자사 브랜드를 포지셔닝할 것인가를 결정할 수 있다. 소비자가 가장 중요시하는 속성과 자사 브랜드를 연결하는 전략이 가장 바람직하다. 그러나 이런 포지셔닝은 이미 시장선도자가 차지했을 가능성이 높기 때문에, 차선책으로 시장 전체 차원에서의 중요도는 조금 떨어지더라도 특정 고객집단이 중시하는 다른 속성에 기초하여 자사 브랜드를 포지셔닝할 수 있어야 한다.

 다속성 선호도 모형의 중요한 시사점 중 하나는 서로 다른 속성수준을 가진 여러 대안이 동일한 선호도를 가질 수 있다는 점이다. 이것은 매우 중요한 개념이기 때문에 이에 대해서 그래프를 통한 시각적 설명을 보충하게 위해 2개 속성만을 고려하는 경우를 가정해 보자. 〈표 3-2〉는 2개의 속성만 고려하는 단순한 예를 동해서 이를 보여 준다. 브랜드 A와 B는 각각의 속성 평가에서는 차이가 나지만 속성 평가를 종합한 전반적 브랜드 만족도는 7.8점으로 동일하다. 각각의 장점과 약점이 서로 트레이드오프(trade-off), 즉 상쇄되어 전반적으로 동일한 선호도를 갖게 된 것이다.

〈표 3-2〉 동일한 선호도를 가진 두 개의 브랜드 사례

속성(n=2)	브랜드 A	브랜드 B
성능 ($w_1 = 0.6$)	9점	7점
가격 ($w_2 = 0.4$)	6점	9점
전반적인 선호도	7.8점	7.8점

 이러한 속성 간 트레이드오프 관계의 이해를 돕기 위해서 〈표 3-2〉에 나타난 각각의 브랜드들을 2차원 속성 평면 위에 나타내어 보자. [그림 3-1]에서 X축과 Y축은 각각 성능 만족도도 가격 만족도를 나타낸다. 브랜드 A와 B는 속성별 만족도에 따라 이 평면 위에 점으로 나타낼 수 있다. 3개 속성 이상을 고려하는 경우는 그래프로 나타내는 것이 복잡하기 때문에 2차원의 경우만 고려하였지만 여기에서 유도된 모든 시사점은 3개 속성 이상을 고려하는 경우로 일반화할 수 있다.

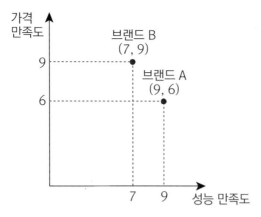

[그림 3-1] 2차원 속성 평면 위에 나타낸 브랜드 A와 브랜드 B

브랜드 A와 B의 선호도가 동일하듯이 이들 두 브랜드와 동일한 선호도를 가진 다른 브랜드들이 수없이 많이 존재할 수 있다. A, B의 선호도가 동일한 모든 브랜드들을 그림에 나타내면 [그림 3-2]에서와 같이 하나의 직선으로 표현될 수 있다. 이 선을 '동일선호도 직선'이라고 부를 수 있다. 이는 미시경제학의 무차별곡선(indifference curve)과 유사한 개념으로 이해할 수 있다. [그림 3-2]의 동일선호도 직선 위의 모든 브랜드들이 가진 선호도 값이 k라고 가정하면 이 동일선호도 직선은 다음의 식을 만족시킨다.

$$w_1 x + w_2 y = k \; (혹은 \; y = \frac{k}{w_2} - (\frac{w_1}{w_2})x) \qquad\qquad \textbf{(3-2)}$$

동일선호도 직선의 기울기는 두 속성에 대한 중요도의 비율($\frac{w_1}{w_2}$)이 된다. 앞서 정의되었듯이 w_1은 x속성에 대한 중요도, w_2는 y속성에 대한 중요도를 의미한다. 그림에서 x속성은 성능이며, y속성은 가격이다. $\frac{w_1}{w_2}$는 0에서 무한대 사이의 값을 갖게 되기 때문에, 동일선호도 직선의 기울기인 $-(\frac{w_1}{w_2})$은 항상 음수의 값을 가진다(0과 마이너스 무한대 사이의 값). 동일선호도 직선의 기울기는 특정 시장 혹은 소비자 집단의 취향을 나타낸다.

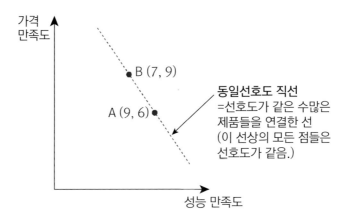

[그림 3-2] 2차원 속성 평면 위에 나타내낸 동일선호도 직선

　[그림 3-2]에서 보이듯이 A와 B는 동일선호도 직선상에 위치한다. 그러나 시장에는 A나 B보다 선호도가 높거나, 혹은 낮은 브랜드들 역시 많이 존재할 수 있다. 즉, 실제로 그래프상에는 무수히 많은 동일선호도 직선이 그려질 수 있다([그림 3-3] 참조). 동일한 소비자의 동일 선호도 직선들은 모두 서로 평행하며, 오른쪽 위 방향으로 올라갈수록 선호도는 점점 더 높아짐을 의미한다. Kotler(1972)는 마케팅이란 소비자의 지각된 가치를 높여서 브랜드 선택확률을 높이는 활동이라고 정의하였다. 이것의 의미를 [그림 3-2]의 그래프로 해석하면 마케팅은 자사 브랜드의 위치를 지속적으로 우상향 방향으로 이동시키는 작업이라고 할 수 있다. 이를 통해 높아진 선호도 혹은 지각된 가치는 더 높은 선택확률로 이어진다(Luce, 1959). 다속성 선호도 모형에 의해서 선호도를 계산하고, 이렇게 계산된 선호도가 높아질수록 선택확률이 높아진다는 것은 많은 수학적 모형에서 가정하는 내용이다. 그러나 이러한 가정이 가진 한계점을 이해하는 것이 포지셔닝 전략의 원리를 이해하는 데 있어서 매우 중요한데(원지성, 2011), 이에 대한 내용을 이후 지배효과라는 주제로 논의하도록 한다.

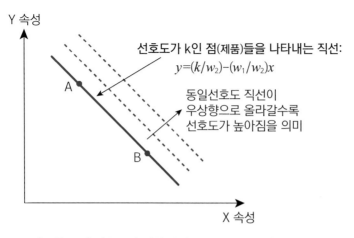

[그림 3-3] 선호도의 변화에 따른 동일선호도 직선의 이동

3 다속성 선호도 모형에 기초한 시장세분화의 이해

효과적인 포지셔닝을 위해서는 명확한 표적시장 선정이 선행되어야 하고, 표적시장 선정이 잘 이루어지기 위해서는 시장세분화가 적절하게 이루어져야 한다. 시장세분화는 소비자의 이질성(heterogeneity) 혹은 다양성을 가정하는데, 이러한 소비자의 다양성을 다속성 선호도 모형에 기초해서 이해할 필요가 있다. 시장을 세분화할 수 있는 다양한 기준이 존재하는데(Wind, 1978), 그중 대표적인 것은 소비자가 어떤 편익(benefit)을 추구하는가, 혹은 구매의사결정에서 어떤 속성을 중요하게 고려하는가이다(Haley, 1968). 물론 오직 하나의 속성만으로 대안들을 평가하는 소비자는 거의 없기에 다양한 속성들에 소비자가 중요도를 어떻게 배분하는가, 즉 어떤 속성을 상대적으로 더 중요하게 고려하는지에 따라 소비자를 구분해야 할 것이다.

시장세분화의 중요성을 이해하기 위해서 중요하게 고려하는 속성이 변하면 상품 평가가 어떻게 달라지는가를 살펴보자. 소비자가 2개의 속성만을 고려하여 두 개의 브랜드 A와 B에 대해서 평가하는 상황을 가정해 보자. 브랜드 A는 성능이 뛰어나지만 가격이 조금 비싼 상품이고(성능 만족도는 9점, 가격 만족도는 6점), 브랜드 B는 성능은 조금 떨어지지만 가격이 저렴한 상품이다(성능 만족도는 7점, 가격 만족도는 9점)(앞의 〈표 3-2〉에 소개된 사례). 다속성 선호도 모형에 따르면 A와 B에 대한 선호도는 다음과 같이 계산된다.

$$V(A) = (w_1 \times 9) + (w_2 \times 6)$$
$$V(B) = (w_1 \times 7) + (w_2 \times 9)$$

w_1는 소비자가 성능에 대해 부여하는 중요도이며, w_2는 가격 중요도이다. 그래프에서 성능 만족도는 X축에, 가격 만족도는 Y축에 나타냈다. 앞에서 이미 가정하였듯이, w_1와 w_2는 0에서 1사이의 값을 가지고, 중요도의 총합은 1이다($w_1 + w_2 = 1$). 이러한 가정에 기초한다면 소비자의 욕구나 취향이 다양하다는 의미는 곧 $\dfrac{w_1}{w_2}$값이 다양함을 의미한다.

이렇게 가정한 두 개의 브랜드에 대해서 동일한 수준의 선호도를 가진 소비자도 있을 것이다. 앞서 소개된 〈표 3-2〉와 〈그림 3-3〉에서 보여졌듯이 성능에 대한 중요도가 0.6이고, 가격에 대한 중요도가 0.4인 소비자($w_1 = 0.6$, $w_2 = 0.4$)는 이 두 개의 브랜드에 대한 선호도가 동일하다($V(A) = V(B) = 7.8$). A와 B는 동일선호도 직선 위에 놓여 있다고 표현할 수도 있다. 이러한 취향을 가진 소비자를 나타내는 동일선호도 직선의 기울기는 -1.5가 될 것이다(=-0.6/0.4).

만약 성능과 가격에 부여하는 중요도가 위 사례와는 다른 소비자는 두 대안에 대한 평가가 달라질 것이다. 성능에 대한 중요도가 조금 더 높은 소비자는 이 두 개의 브랜드를 어떻게 평가하는지 살펴보자. 〈표 3-3〉에서 보이듯이 성능에 대한 중요도가 더 증가되어 0.7이 되고, 가격에 대한 중요도가 0.3으로 낮아진다면 이 소비자는 브랜드 B보다 브랜드 A를 더 선호하게 된다([그림 3-4]

참조). 성능에 대한 중요도가 높아질수록 성능에 강점을 가진 브랜드에 대한 선호도가 높아지게 되는 것이다. 동일선호도 직선의 기울기는 소비자 취향을 보여 주는데, [그림 3-3]과 비교해 볼 때, [그림 3-4]에서 성능(X축에 나타난 속성)을 중시하는 소비자의 동일선호도 직선의 기울기는 더 가파르다.

〈표 3-3〉 성능중요도=0.7, 가격중요도=0.3인 경우의 브랜드 선호도(A가 선호됨)

속성(n=2)	브랜드 A에 대한 만족도	브랜드 B에 대한 만족도
성능 (w_1=0.7)	9점	7점
가격 (w_2=0.3)	6점	9점
전반적인 선호도	8.1점	7.6점

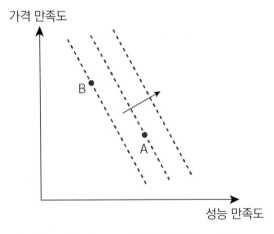

[그림 3-4] A를 더 선호하는 소비자의 동일선호도 직선(기울기=-2.3)

이와는 반대의 경우, 즉 성능보다 가격을 더 중요시하는 소비자가 있다면 A와 B의 선호도는 어떻게 변화될지 살펴보자. 〈표 3-4〉에서 보여지듯 성능에 대한 중요도가 0.4이고, 가격에 대한 중요도가 0.6이 소비자도 존재할 수 있다. 이 소비자의 경우에는 브랜드 A보다 브랜드 B를 더 선호한다. 이를 그래프로 나타내면 [그림 3-5]와 같다. 가격(Y축 속성)에 대한 중요도가 높아질수록 동일선호도 직선은 완만하게 누워 있는 형태가 된다. 참고로, 가격에 대한 중요도는 가격탄력성의 개념을 담고 있다.

〈표 3-4〉 성능중요도=0.4, 가격중요도=0.6인 경우 브랜드 선호도(B가 선호됨)

속성(n=2)	브랜드 A에 대한 만족도	브랜드 B에 대한 만족도
성능($w_1=0.4$)	9점	7점
가격($w_2=0.6$)	6점	9점
전반적인 선호도	7.2점	8.2점

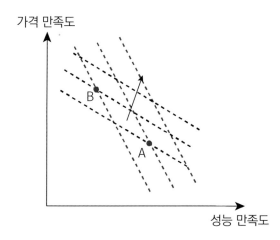

[그림 3-5] B를 더 선호하는 소비자의 동일선호도 직선(기울기=-0.67)

(비교를 위해 A를 더 선호하는 상황을 흐릿한 선으로 나타냄)

시장에는 속성 중요도가 서로 다른 수많은 소비자들이 존재한다. 시장에 존재하는 소비자 취향의 다양성은 [그림 3-6]과 같이 다양한 기울기를 가진 수많은 동일선호도 직선의 존재로 나타낼 수 있다. 속성 중요도의 비율 $\frac{w_1}{w_2}$의 다양성이 곧 소비자의 다양성을 의미하는 것이다. 그림에서 하나의 직선은 그와 평행한 수많은 직선들을 대표하는 선으로 볼 수 있다. 이러한 속성 중요도의 다양성을 확률분포로 나타낼 수 있는데, 예를 들어, $\ln\left(\frac{w_1}{w_2}\right)$이 정규분포나 로지스틱(logistic) 분포를 따른다고 가정하는 등의 방식으로 소비자의 이질성 혹은 다양성을 나타낼 수 있다.

　마케팅 조사에서 속성별 중요도는 회귀분석 등을 통해 간접적으로 추정할 수도 있고, 설문조사를 통해서 직접적으로 측정할 수도 있다. 속성 중요도를 측정하기 이전에 정성조사(qualitative study)를 통해 소비자가 중요하게 고려하는 속성들이 무엇인가를 파악해야 한다. 이후 이렇게 조사된 각 속성에 대해서 소비자가 부여하는 중요도 정도를 7점 리커트 척도(Likert scale)나 고정총합법(constant-sum scale) 등을 활용하여 측정한다. 등간척도(interval scale)와 비율척도(ratio scale) 모두를 활용할 수 있다. 이 연구에서 가정하듯 중요도 합이 1이 되도록 중요도를 부여한다면 고정총합법이 이와 가장 부합하는 측정 방법이 될 것이다. 최근에는 텍스트마이닝(text-mining) 등의 방식으로 온라인에서 소비자가 브랜드와 관련해서 자주 언급하는 단어나 속성에 대한 검색빈도 등을 조사해 소비자가 어떤 속성을 얼마만큼 중요하게 고려하는지를 간접적으로 조사할 수도 있다(Won et al., 2018).

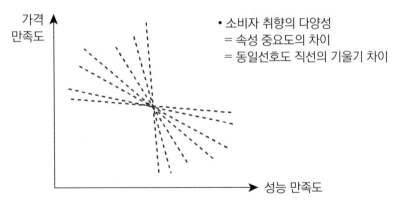

[그림 3-6] 동일선호도 직선의 기울기로 나타난 소비자의 다양성

　속성 중요도에 따라 시장을 세분화하는 것은 효과적인 전략 수립을 위해 매우 중요한 과정이다. 그러나 실제로 소비자들이 어떤 속성을 중요하게 고려하는지, 그리고 시장 내에서 소비자 취향(속성 중요도)이 어떻게 분포되어 있는지를 측정하는 것은 매우 어려운 작업이다. 그래서 일반적으로는 더 측정이 쉬운 인구통계적 변수, 예를 들어 나이나 성별 등의 기준이 시장세분화에 더

많이 활용되어 왔다(Perreault et al., 2005). 일반적으로 이러한 세분화 기준에 기초해서, 예를 들면 '20대 여성 고객' '30~40대 남성 고객' '60대 이상 고객' 등으로 표적시장이 선정된다. 그러나 속성 중요도는 이러한 인구통계적 기준보다 더 본질적으로 중요한 세분화 기준이다. 연령이나 성별에 따라서 고객을 분류하더라도 중요하게 고려하는 속성에서 차이가 없다면 시장세분화는 큰 의미를 갖지 못한다. 왜냐하면 인구통계적 특성이 달라져도 실제 구매행동에 의미 있는 차이가 나지 않음을 의미하기 때문이다(김상용 외, 2022).

지리적, 인구통계적, 혹은 심리통계적 변수가 의미 있는 세분화 기준이 되기 위해서는 이들 변수와 속성 중요도 간의 유의한 관련성이 존재해야 한다. 이러한 유의한 관련성을 찾기 위해서 상관분석(correlation analysis)이나 분산분석(ANOVA) 등이 활용된다([그림 3-7] 참조). 다만 측정이 쉬운 변수들, 예를 들어 거주 지역이나 나이, 성별 등의 인구통계적 변수들과 행동적 변수들 간의 유의한 관련성이 발견되면 마케팅 전략의 실행가능성을 크게 높일 수 있다. 구매와 직접적으로 관련된 변수와 외부적으로 잘 드러나서 측정이 쉬운 변수를 구분함을 통해서 실제 구매와 관련 없는 변수에 필요 이상으로 집착해서 의미 있는 세분화를 하지 못하게 되는 것을 막을 수 있다. 이어지는 부분에서는 속성 중요도에 의한 세분화에 기초해서 브랜드 간 지배관계에 대해서 설명하고, 효과적인 포지셔닝 전략 수립의 원칙에 대해서 논의하도록 한다.

구매행동 관련 변수
(속성 중요도, 구매빈도 등)

소비자의 내적 특성
(구매와 직접적으로 연결된 본질적인 특성)

이 두 변수 간의 관련성을 찾아야 함.
(회귀분석, 상관분석, ANOVA 등 활용)

나이, 성별, 지역, 직업, 소득 등의
인구통계적 변수

소비자의 외적 특성
(측정이 쉬운 특성)

[그림 3-7] 구매 관련 변수와 인구통계적 변수 간의 관련성 분석 방법

4   포지셔닝의 원리

1) 브랜드 간 지배관계와 선택확률

지배(dominance)관계의 개념을 이해하고, 경쟁 상품들이 서로 지배관계에 놓여 있는 것이 소비자의 선택에 어떤 영향을 주는지를 이해하는 것은 포지셔닝의 원리를 이해하는 데 있어서 매우 중요하다. 지배의 개념을 가장 단순한 형태로 정의하면, 제품 A가 제품 B와 비교해서 모든 속성에서 뛰어나다면 A가 B를 지배했다고 정의한다. 지배효과란 경쟁 제품에 의해서 지배된 대안의 선택확률은 0이 됨을 의미한다(Tversky, 1972). 예를 들어, 경쟁 상품보다 가격도 비싸고, 품질도 안 좋은 상품은 아무도 구매하지 않는다. 두 대안의 지배관계에 대한 정확한 정의는, 대안 A가 대안 B와 비교해서 모든 속성에서 열등하지 않으며(같거나 우월하며), 한 가지 이상 속성에서 우월한 경우를 의미한다. 경쟁 상품과 가격은 동일하지만 품질이 우수하다면 이 역시 경쟁 제품을 지배한 것이다.

경쟁 제품을 지배했다는 것은 단순히 더 높은 선호도를 가진다는 것 이상의 개념을 가진다. 루스(Luce)모형에 따르면, 선호도가 낮으면 선택확률이 낮아지기는 해도 0이 되지는 않는다(Luce, 1959). 그러나 경쟁자에 의해 지배된 대안은 선택될 확률이 0이기에, 지배효과는 규범적 모형인 루스모형으로 설명되지 않는다. [그림 3-8]에서 보면 제품 B는 제품 A에 의해서 지배되었음을 알 수 있다. A를 나타내는 점을 오른쪽 위 꼭짓점으로 하는 직사각형 부분(음영 표시된 영역) 안에 위치하는 경쟁 제품들은 모두 제품 A에 의해 지배된다(점선 위에 표시되는 제품도 포함). 자사 브랜드가 경쟁자의 지배영역 안에 위치해 있다면 무조건 이 영역을 벗어나야 한다. 지배영역을 벗어난다는 것은 경쟁사와 비교해서 한 가지 속성에서라도 우위를 갖는 것을 의미한다. 만약 가능하다면 가장 이상적인 최고의 마케팅 전략은 모든 경쟁 제품들을 지배하는 제품을 출시하는 것이다. 그러면 경우에 점유율 100%가 보장된다. 그러나 자원 제약 등 여러 가지 이유에서 이 전략은 많은 경우 실현 불가능하다. 현실에서 대안들 간의 지배관계가 쉽게 관찰되지 않는 이유는 지배된 대안은 빠르게 시장에서 사라지기 때문이다.

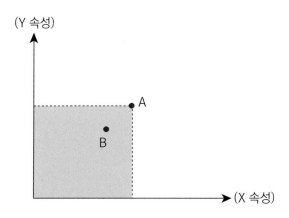

[그림 3-8] 대안들 간의 지배관계(A는 B를 지배함)

대안들 간의 지배관계는 소비자의 의사결정의 어려움을 크게 줄여 준다. 소비자들이 선택에 어려움을 겪는 이유는 선택대안들이 속성 간 트레이드오프(trade-off) 관계를 가지기 때문이다. 즉, 모든 제품이 자기만의 강점과 약점을 가지고 있기 때문에 그 둘을 상쇄하여 최종 선호도를 계산하는 것은 많은 인지적 자원을 소모하는 어려운 과정이 되는 것이다. 또한 소비자의 손실회피 성향은 어떤 제품을 선택하더라도 다른 제품이 가진 장점을 포기해야 하도록 만드는데 이것은 소비자들에게 큰 심리적 갈등을 발생시킨다. 그러나 만약 두 제품이 서로 지배관계에 있다면 소비자들은 이러한 트레이드오프의 어려움(trade-off difficulties)을 겪지 않아도 되기 때문에 의사결정이 매우 쉬워진다. 의사결정을 쉽게 하기 위해서 소비자는 마음속에서 의도적으로 대안들 간 지배관계를 만들려고 노력하기도 한다(Montgomery, 1989).

지배효과는 앞서 설명한 동일선호도 직선의 개념과 연결해 이해할 수 있다. [그림 3-9]에서 보이듯이 A가 B를 지배하면, 어떤 기울기의 동일선호도 직선을 가정하여도 A가 B보다 더 선호된다. 예를 들어, 소비자가 가격과 품질, 이렇게 두 가지 속성만 고려하여 상품을 선택하는 경우를 가정해 보자. 만약 경쟁 제품보다 가격도 저렴하고 품질이 높은 제품이 있다면 이 제품은 모든 소비자들에 의해서 선택된다. 품질과 가격 중 어떤 것을 더 중요시하는가와 상관없이 비싸고 품질도 나쁜 상품을 좋아하는 소비자는 없기 때문이다. 이렇듯 만약 경쟁 상품들을 지배할 수 있다면 소비자의 취향이 구매에 영향을 미치지 않는다.

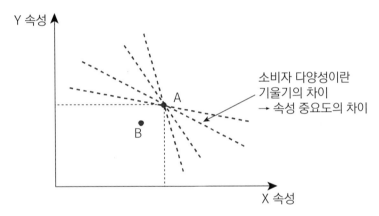

[그림 3-9] 지배관계의 두 대안과 소비자 다양성

단 두 개의 브랜드 사이에서 일어나는 지배관계와 별개로 세 개 이상의 브랜드 사이에서 발생할 수 있는 특별한 지배관계가 존재한다. 예를 들어, 어떤 특정한 대안에 의해서도 지배되지는 않았지만 두 개 대안의 상호작용에 의해서 지배되는 경우가 있다. 시장에서 지배된 대안이 되었다는 것은 반드시 어느 특정한 하나의 경쟁자에 의해서 지배되었음을 의미하는 것은 아니다. [그림 3-10]에 나타난 것과 같이 브랜드 B는 브랜드 A에 의해서 지배된 것도 아니고, 그렇다고 브랜드 C에 의해서 지배된 것도 아니다. 그러나 어떤 소비자도 B를 선택하지는 않는다. 그 이유는 어떤 소비자도 B를 선택할 이유가 없기 때문이다. X속성을 중시하는 소비자는 C를 선택하고, Y속성을 중시하는 소비자는 A를 선택하기 때문이다. 두 속성에 대한 중요도가 비슷하여 A와 B를 동일하게 선호하는 소비자조차 그 둘보다 더 선호도가 떨어지는 B를 선택할 이유는 없다. 이렇게 특정한 하나의 대안이 아니라 여러 개 경쟁 대안의 상호작용에 의해서 지배되는 현상을 원지성(2016)은 '두 대안(A, C)이 공동으로(jointly) B를 지배한다'라고 불렀다(5장 참조).

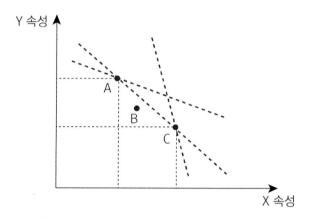

[그림 3-10] 두 개의 경쟁자(A와 C)의 결합에 의해서 지배된 대안(B)

Luce의 선택모형에 따르면, 브랜드에 대한 선호도가 높을수록 선택확률은 높아진다(Luce, 1959). 그러나 경쟁자보다 선호도가 낮은 경우는 다시 두 가지 경우로 구분되는데, 경쟁자에 의해서 지배된 경우와 지배되지 않은 경우이다. 경쟁자에 의해 지배된 대안은 선호도 수준에 상관없이 선택될 확률이 0이다. 이상 논의된 사례에서처럼 2개가 아니라 그 이상 숫자의 속성을 고려하는 경우로 확장해도 동일한 시사점이 도출된다. 즉, 지배된 상품이 선택될 확률이 0이다. 그러나 소비자들이 고려하는 속성수가 많아질수록 모든 속성에서 경쟁 상품을 지배하는 것은 매우 어려워질 것이다. 그러므로 특정 속성에서라도 경쟁자와 비교한 우위를 차지할 수 있게 될 가능성이 높다. 이렇게 자사 상품과 경쟁사 상품 간에서 속성 간 트레이드오프(trade-off)가 존재할 때는 시장을 세분화하고, 자사의 강점을 좋아해 주는 소비자들을 표적으로 선정해야 할 것이다. 그러나 매우 드문 경우이기는 하지만 고려하는 속성의 수가 매우 적고, 모든 속성에서 경쟁자와 비슷하면서 한 개의 속성에서만이라도 경쟁자보다 우월한 전략을 사용할 수 있다면 시장세분화 과정 없이 전체 시장을 지배하는 브랜드가 될 수 있다. 흔히 대량마케팅(mass marketing)보다 시장세분화에 기초한 표적시장 마케팅이 더 효과적인 전략으로 받아들여진다. 그러나 우리가 아는 많은 기업들이 명시적인 시장세분화 과정을 거치지 않고도 높은 성과를 거두었음을 볼 수 있다. 세계의 메모리 반도체 시장을 지배하는 삼성, 스마트폰 시장을 지배하는 애플(Apple), 유통시장을 지배하는 아마존(Amazon), 매체 시장을 지배한 구글(Google)의 유튜브(Youtube)와 같은 서비스는 시장세분화를 통해 특정 고객집단을 표적시장으로 선정한 이후 마케팅을 하지 않는다. 이들은 성공할 수 있었던 것은 가격과 품질, 다양성 등 소비자가 중시하는 거의 모든 속성에서 경쟁자보다 우월한 제품 혹은 서비스를 제공했기 때문이다.

2) 브랜드 포지셔닝의 원리

마케팅 개념에서 가장 중요시하는 것은 시장 조사를 통해 고객의 욕구를 파악하고 이에 기초하여 고객을 만족시켜 장기적으로 이윤을 추구하는 것이다. 그러나 고객이나 시장에 대한 이해도는 조금 떨어지지만 철저한 경쟁자 분석에 기초하여 경쟁 브랜드보다 더 뛰어난 제품을 제공하는 데 초점을 맞추는 전략으로 시장에서 좋은 성과를 거두는 기업들도 존재한다. 이러한 현상 역시 지배의 개념을 통해 이해할 수 있다. 모든 속성에서 경쟁자와 비교하여 더 뛰어날 수만 있다면 소비자 취향의 다양성에 대한 고려 없이도 시장의 지배적 기업으로 올라설 수 있다. 경쟁자 지향성(competitor orientation)은 고객 지향성(customer orientation)과 함께 마케팅 개념을 구성하는 중요한 요소이기도 하며(Narver & Slater, 1990), 강력한 경쟁자 지향성만으로 높은 시장성과를 달성하는 기업들도 존재한다. 이러한 지배의 강력한 힘을 활용하기 위해서 많은 기업들이 경쟁자 제품보다 우월하고 저렴한 제품을 제공하기 위해 연구개발

(R&D)과 기술혁신에 많은 시간과 자원을 투자하고 있다.

경쟁사의 모든 속성을 모방하고, 추가적인 자사만의 강점을 제시함을 통해서 경쟁자를 지배할 수 있다. 자사의 약점은 경쟁자와 거의 차이가 나지 않는 것으로 인식시키고 강점을 부각하는 전략으로 소비자의 마음속에서 이러한 지배관계를 만들어 내기 위해 노력하기도 한다. 경쟁자를 지배하는 것이 뛰어난 시장성과로 이어지듯이 그 반대로 경쟁자에게 지배되는 것은 자사 브랜드에는 매우 치명적이다. 마케팅 전략의 최우선 전략은 우선 경쟁자로부터 지배되는 것을 피하는 것이다. 경쟁자를 지배할 수 있다면 그것은 최선의 전략일 것이나 많은 경우 그것은 매우 어려운 경우가 많다. 많은 브랜드들에는 경쟁자로부터 지배되는 것을 피하는 것이 우선적인 전략적 대안이 된다. 그 어떤 상황에서도 경쟁자로부터 지배되는 것은 피해야 한다.

시장에서 그 어떤 소비자들에게도 선택되지 못하고 사라지는 브랜드들의 공통점은 경쟁자에 의해서 지배된 대안이라는 점이다. 자사 브랜드가 경쟁자에 의해서 지배되는 경우를 보유 속성의 관점에서도 이해할 수도 있다(Tversky, 1972). 경쟁사 브랜드가 자사 브랜드의 모든 속성을 가지고 있으면서 추가적으로 자사에게 없는 속성을 가지고 있다면 이 역시 자사 브랜드가 지배되었다고 한다. 이 경우 역시 자사 브랜드는 시장에서 생존하기 어렵다. 스마트폰이 대중화된 이후 MP3 플레이어, 휴대용 게임기, 디지털 카메라 시장이 사라진 것은 지배현상을 이해할 수 있는 좋은 예이다. 다른 온라인 매장에서 판매하는 모든 상품을 구매할 수 있는 쇼핑 사이트가 있는데, 그곳에서 다른 매장에서 살 수 없는 것들까지 구매할 수 있다면 오직 그 사이트만 남고 나머지는 사라질 것이다. 아마존과 같은 플랫폼 업체들은 이러한 전략을 추구하고 있다. 이렇게 경쟁 브랜드들의 모든 특성을 포함하는 상품이나 서비스를 통해 시장의 지배자로 올라설 수 있다. 결국 시장은 경쟁자를 지배하려는 기업과 그러한 기업의 지배를 피하여 생존하려는 기업으로 나뉘게 된다(원지성, 2011).

브랜드 간 유사성과 브랜드 간 지배관계는 서로 깊이 관련되어 있다. 선호도에 차이가 있는 두 브랜드 간 지각된 유사성이 높아질수록 둘 간의 관계는 지배관계로 변화된다(Won, 2007). 그러므로 두 대안 간 유사성이 높아질수록 선호도가 조금이라도 높은 대안 쪽으로 선택이 집중된다. 이러한 선호도와 유사성의 상호작용을 Won(2007)은 '비대칭적 유사성 효과(asymmetric similarity effect)'라고 불렀다. 이러한 현상은 왜 선도자 브랜드와 추종자 브랜드의 포지셔닝이 달라져야 하는지를 설명해 준다. 선도자 브랜드는 추종자와 비교해서 전반적 선호도에서 우위를 가지는 브랜드라고 가정할 수 있다. 비록 약간의 선호 우위로라도 경쟁 대안을 지배하게 된다면 지배된 경쟁 대안의 선택가능성을 0으로 만든다(김상용 외, 2022). 그러므로 선도자는 추종자와의 유사성을 높이는 것이 좋고, 추종자는 선도자와 유사성을 낮추는 것이 좋다. 선도자는 범주 내 다른 대안들과의 유사성을 강조하여 추종자들과 자신을 하나로 묶으려는 범주 포지셔닝(category positioning)을 하고, 추종자 브랜드가 선도자와 직접 경쟁을 피하고 차별화된 시장을 개척해야 한다고 하는 것은 모두 이러한 원리에서 비롯된다(Ries & Trout, 2001).

두 경쟁 대안들 간 지각된 유사성이 높아진다는 것은 소비자들이 두 대안을 직접적으로 비교해서 평가하는 상황이 됨을 의미한다. 선도자와의 직접 비교에서 열위에 있는 추종자는 최대한 선도자와 자신을 차별화하기 위해 노력해야 하는 것이다(원지성, 2014, 2011). 이것을 비유사화(dissimilarization) 과정으로 부를 수 있다. Seven-up의 Uncola 전략을 비롯한 많은 추종자 브랜드의 포지셔닝 전략은 선도자와의 유사성을 낮추려는 시도로 이해할 수 있다. 포지셔닝이 중요한 이유는 대부분의 브랜드들은 시장에서 자신만의 경쟁적 입지를 확보하지 못하면 생존할 수 없기 때문이다. 포지셔닝이란 곧 생존이며 차별화인 것이다. 시장에서 생존하기 위해서는 경쟁자들에 의해서 지배되지 않아야 하며, 지배되지 않았다면 곧 자신만의 차별화에 성공했음을 의미한다. 만약 경쟁자에 의해서 지배된다면 어떤 방법으로 시장세분화와 표적시장 선정을 하더라도 시장에서 생존하기 어렵기 때문이다. 소비자의 취향이 다양한 시장일수록 자사만의 틈새시장을 찾기가 더 쉽고, 시장세분화가 더 효과적인 전략이 될 수 있다. 반대로 소비자의 취향이 동질적이거나, 매우 소수의 속성만 고려되는 시장에서는 시장세분화의 효과가 떨어질 수 있다.

소비자 취향의 다양성을 가정했을 때, 결국 어떤 브랜드가 시장에서 생존하게 되는가를 앞서 소개한 다속성 선호도 모형과 그에 기초한 2차원 평면 그래프를 통해 이해해 보자. 시장에 존재하는 다양한 소비자 취향을 가정할 때, 시장에서 생존하는 브랜드들을 개념적으로 나타내면 〈그림 3-11〉과 같다. 그림에서 점선으로 나타난 곡선은 효율적 경계(efficient frontier) 혹은 수익 프론티어(profit frontier) 등의 용어로 불린다(Hauser & Shugan, 1983; Montgomery, 2012). 효율적 경계 위에 위치한 브랜드들, 즉 효율적 브랜드들만 시장에서 생존하게 된다. 앞에서 소비자 취향의 다양성은 기울기가 서로 다른 수많은 동일선호도 직선의 존재로 나타낼 수 있음을 설명하였다. 수많은 브랜드 중 자신을 가장 선호하는 소비자가 존재하는 브랜드들만 효율적 경계에 위치하게 되고, 이들 브랜드만 생존하게 된다. 확률적 효용극대화 원리에 근거하여 왜 효율적 경계선 상의 브랜드만 생존하게 되는지에 대한 설명은 Hauser와 Shugan (1983), 원지성(2016) 등의 연구에 자세히 논의되어 있다(Hauser & Shugan의 모형에 대한 간단한 설명은 〈부록 1〉에 첨부). 시장에서 포지셔닝에 성공하였

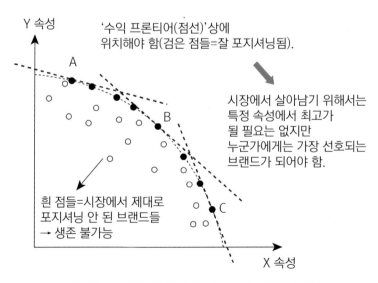

[그림 3-11] 생존하는 브랜드는 검은 점으로 표시됨

음은 곧 효율적 브랜드 중 하나가 되었음을 의미한다. 포지셔닝과 브랜드 생존의 기본 원리를 요약하자면, 시장에 존재하는 다양한 취향을 가진 소비자(집단)들 중 어느 한 집단에게는 가장 선호되는 브랜드가 되어야 시장에서 살아남을 수 있다. 이것은 소비자 취향의 분포와 자사 및 경쟁 브랜드들의 위치에 의해서 결정된다.

[그림 3-11]에서 보이는 그래프에서 점선으로 나타난 직선은 다양한 소비자의 취향을 반영한 동일선호도 직선이다. 기울기가 가파를수록 X 속성에 대한 중요도가 높은 소비자를 나타낸다. 생존 가능한 브랜드들은 검은색으로 표시했고, 생존하지 못하는 브랜드들은 흰 점으로 표시했다. 현실에서는 3개 이상의 속성을 고려하기 때문에 좀 더 복잡하게 그려지겠지만 기본 개념은 차원이 증가되어도 동일하다. 어떤 경쟁 대안에게라도 지배된 대안은 사라지게 된다. 그래프에서 검은색으로 표시된 생존 가능한 대안들은 각기 다른 수준의 속성별 만족도를 가지고 있다. 그러나 이들 모두는 한 가지 공통점을 공유한다. 바로 시장 내 누군가에게는 가장 선호되는 브랜드라는 것이다. 그래프에서 검은색 점들은 음수의 기울기를 가진 직선들 중 어느 하나의 관점에서 볼 때는 선호도가 가장 높은 점이다. 경쟁자로부터 지배당하지 않기 위해서는 자신만의 강점을 가져야 한다. 그러나 위 그래프를 통해서 알 수 있는 것은 특정 속성에서 가장 뛰어나야만 생존할 수 있는 것은 아니라는 것이다. 물론 검은 점들 중 A 혹은 C로 표시된 브랜드처럼 특정 속성에서 최고가 된다면 생존 가능하지만 그렇지 못한 경우라도 시장 내에 누군가에게는 가장 선호되는 브랜드가 되면 생존 가능하다. 예를 들어, 중앙에 위치한 브랜드 B는 X 속성이나 Y 속성, 둘 중 어느 면에서도 최고는 아니지만 두 속성 모두를 비슷하게 중요시하는 소비자들에게 가장 선호되는 대안이다. 그렇기에 B는 생존할 수 있을 뿐 아니라 경우에 따라 가장 높은 시장점유율을 차지할 수도 있다.

브랜드가 시장에서 효과적으로 포지셔닝되었는가 그렇지 않은가는 결국 브랜드가 시장에서 생존할 수 있느냐 없느냐의 문제로 귀결된다. 이 연구의 도입부에서도 소개되었듯이 포지셔닝에 대한 논의의 출발점은 자사 브랜드를 어떤 속성과 연결하는가이다. 그러나 포지셔닝의 본질은 속성이나 편익의 관점이 아닌 고객의 관점에서만 정의될 수 있다. 포지셔닝의 핵심은 시장 내에서 누군가에게는 가장 선호되는 브랜드가 되어야 한다는 것이다. 표적고객을 명확하게 이해하고 그들이 가장 선호할 수 있는 상품을 제공하면 시장에서 자신만의 포지션을 구축한 것이고, 생존할 수 있다. 소비자들의 욕구나 취향이 다양한 시장일수록 소비자 취향의 분포와 표적고객에 대한 명확한 이해, 그리고 자사 브랜드의 강점에 대한 이해 없이는 효과적인 포지셔닝 전략을 개발할 수 없다.

5 시사점 및 결론

마케팅 전략에서 포지셔닝이 차지하는 비중이 매우 큰 만큼 이에 대한 다양한 관점에 존재한다. 포지셔닝 개념의 창시자인 Trout와 Ries는 자사가 시장에서 차지하는 경쟁적 위상(competitive position)이 시장선도자(market leader)인가 추종자(challenger, follower)인가에 따라 포지셔닝 전략이 달라져야 함을 강조하였다(Ries & Trout, 2001, 2006). 첫 번째 포지셔닝 전략이 선도자가 활용할 수 있는 포지셔닝 전략이다. 시장 선도자 브랜드는 일반적으로 최초의 브랜드, 즉 특정 제품 범주를 창조함으로써 범주와 동일시되는 브랜드이다. 이렇게 범주를 대표하는 1등 브랜드로 자리 잡은 경우에는 굳이 경쟁자와 비교하거나, 자신만의 차별점을 강조하기보다는 범주가 제공하는 대표적인 혜택을 강조하는 포지셔닝을 활용할 수 있다. 선도자 브랜드는 자신이 특정 범주를 창조한 '원조' 혹은 '진품'임을 강조함으로써 선도자로서의 입지를 굳건히 할 수 있다. 이러한 소위 범주 포지셔닝에 성공하면 소비자들은 특정 범주를 생각할 때 가장 먼저 머리에 떠오르는 브랜드가 되기 때문에 인지도와 선호도,

선택확률이 크게 높아진다. 일단 선도자로 인식된 브랜드는 굳이 경쟁자와 비교하지 말고 범주 자체의 수요를 키우는 데 초점을 맞추는 것이 좋다. 그러나 이 전략은 오직 해당 범주에서 1등 브랜드, 시장선도자 브랜드만이 사용할 수 있다. 이러한 범주 포지셔닝에 성공하게 되면 브랜드명이 범주를 대표하는 일반명사처럼 사용되기도 하는데, 코카콜라, 제록스(Xerox), 에프킬라, 크리넥스(Kleenex) 등이 이에 해당한다.

두 번째 포지셔닝 전략은 추종자가 활용할 수 있는 포지셔닝 전략이다. 추종자 브랜드는 선도자가 소비자의 머릿속에서 차지한 포지션을 차지하기 어렵기 때문에, 이보다는 선도자와 차별화된 자신만의 공간을 만들어 내야 한다. 고전적 사례인 7Up이 Un-cola 광고 전략과 같이 강력한 경쟁자와는 구별되는 자신만의 강점을 강조함으로써 기존 범주 내에서 자신만의 하위범주(시장)를 만들어 내는 포지셔닝이 효과적이다. 선도자와의 유사성을 낮추는 것이 추종자 포지셔닝의 핵심인데, 추종자는 소비자의 머릿속에서 강력한 선도자와 가능하면 거리를 두어 직접적으로 비교되는 것을 피해야 한다(Won 2007). 전통적인 포지셔닝 이론에 따르면 강력한 선도자와의 정면승부, 즉 직접비교에서는 추종자가 이길 가능성이 매우 낮다. 혁신적인 상품으로 새로운 제품 범주를 창조한 선도자는 후발진입자와 비교해 높은 인지도와 선호도, 그리고 선택 확률을 갖게 된다는 '선도자(개척자) 우위(pioneering advantage)' 현상은 시장을 지배하는 가장 중요한 법칙 중 하나이다(Carpenter & Nakamoto, 1989).

Trout와 Ries는 추종자는 선도자로 올라서는 것이 매우 어렵다는 것을 기본적인 전제로 하면서도, 혹은 후발진입자가 선도자의 위치로 올라설 수 있는 세 번째 포지셔닝 전략도 제안하였다. 후발진입자가 선도자를 왕좌에서 끌어내리기 위해 선도자의 기존 포지션을 새롭게 재정의해 버리는 전략을 선도자 재포지셔닝(re-postioning)전략이라고 지칭하였다. 이것은 주로 선도자 브랜드가 가진 치명적인 약점을 집요하게 공격하여 대중적 이미지를 추락시키는 방식으로 이루어진다. 현재 진통제 시장에서 점유율 1위 기업인 타이레놀(Tylenol)이 초기에 선도자 브랜드였던 아스피린(Aspirin)의 약점을 공격하여(인체에 유해한 특정 성분이 아스피린에 함유되어 있음을 지속적으로 홍보) 선도자 위치에서 끌어내린 사례가 있다. Trout와 Ries의 포지셔닝 전략을 정리하면, 선도자의 포지셔닝 전략, 추종자의 포지셔닝 전략, 그리고 선도자 재포지셔닝 전략이렇게 3가지가 있다.

Trout와 Ries는 우리 인간의 두뇌는 특정 범주 내에서 최초로 입력된 정보만기억하는 경향이 있어서 범주에 뒤늦게 진입한 브랜드가 개척자 브랜드가 차지한 위치를 탈환하는 것은 매우 어렵다고 주장하였다. 예를 들어, 스마트폰(smart phone)이라는 제품 범주를 처음 창조한 브랜드인 아이폰(iPhone)이 가지고 있는 개척자 브랜드 이미지와 범주 대표성을 뛰어넘는 새로운 브랜드가동일한 범주 내에서 등장하는 것은 매우 어려울 것이다. 트라우트와 리즈는소비자의 이러한 심리적 특성에 기초하여 시장에 최초로 진입하는 것, 혹은 시장을 처음 창조하는 것이 가장 좋은 포지셔닝 전략임을 강조하였다. 그러나시간적으로 먼저 시장에 진입했다는 것이 큰 이점이 되기는 하지만 그것만으로 지배적인 시장지위가 영원히 보장되는 것은 아니다. 우리는 특히 첨단기술제품 시장에서 기술혁신을 통해서 새롭게 선도자의 위치로 올라서는 브랜드의 사례를 흔히 볼 수 있다. 우리나라 삼성전자가 일본의 소니(SONY)를 뛰어넘은 사례나 구글(Google), 아마존(Amazon), 그리고 테슬라(Tesla)가 검색엔진, 소매점, 그리고 자동차 시장에서 기존 선도자를 뛰어넘은 사례는 후발 진입자가 무조건적으로 기존 선도자의 영역을 피해서 포지셔닝을 해야 하는것은 아님을 보여 준다. 이들은 모두 기술 혁신을 통한 정면승부로 기존 시장에서 강자를 뛰어넘었다(Golder & Tellis, 1993; Tellis & Golder, 2001). 이렇듯기존 선도자 브랜드를 압도할 수 있는 파괴적 혁신(disruptive innovation)을통해 점유율 1위 기업으로 올라서는 기업들이 많아진 것이 최근 나타나는 큰변화 중 하나임을 볼 때(Christensen, 2000), 선도자와의 정면승부는 기존의 세가지 포지셔닝에 추가될 수 있는 4번째 포지셔닝 전략으로 볼 수 있다.

이 연구의 분석에 따르면, 포지셔닝이란 자사 브랜드를 시장이라는 다속성공간(multi-attribute space)에서 '효율적 브랜드'로 자리 잡을 수 있도록 하는 것이다. 선도자 브랜드이건 추종자 브랜드이건 상관없이 이 조건을 충족시키는 것이 곧 성공적인 포지셔닝인 것이다. 만약 대부분의 포지셔닝 전략가들이 강조하듯 제품 중심적인 관점에서 포지셔닝을 바라본다면, 즉 흔히 활용하는 속성 포지셔닝에만 집착한다면 효율적 브랜드가 될 수 있는 많은 기회를 놓칠 수 있는 것이다. 예를 들어, 『모노클(Monocle)』이라는 잡지는 패션잡지인 『지큐(GQ)』와 경제지인 『이코노미스트(Economist)』를 결합한 내용을 원하는 고객의 존재를 파악해서 성공할 수 있었다. 『모노클』은 경제 기사 측면으로만 봐서는 『이코노미스트』보다 뒤떨어지며, 패션관련 기사 측면에서는 『지큐』보다 뒤떨어진다. 그러나 두 분야 모두에 관심 있는 독자들이 가장 선호하는 브랜드가 되었다. 이러한 사례에서 볼 수 있듯이 전통적 이론에서 설명하듯이 포지셔닝을 특정 속성 측면에서 논의되어서는 안 되며, 표적고객의 취향과 경쟁적 위상을 함께 고려하여 경쟁자들의 강점을 혼합할 수 있어야 한다. 이러한 최근 시장의 변화를 원리적으로 이해하기 위해서는 다속성 선호도 모형에 기초한 동일선호도 직선의 개념과 지배의 개념, 여러 경쟁 대안들에 의한 공동지배의 개념, 그리고 효율적 브랜드의 개념 등이 필요하다.

소위 효율적 브랜드가 되거나 현재 효율적 브랜드이면서 그 지위를 유지하며 점유율을 더 높이기 위해서는 현재 형성되어 있는 효율적 경계선을 뛰어넘는 제품을 개발하여야 한다. 이것은 오랜 기간의 R&D 활동을 통해 기존 상품들이 가진 기술적 한계를 뛰어넘음으로써 가능하다(Tellis & Golder, 2001). 그러므로 이러한 방식으로 포지셔닝을 정의해야만 포지셔닝이 일회성으로 끝나는 행위가 아니라 지속적 혁신의 의미를 담은 작업임을 이해할 수 있다. 또한 만약 자사 브랜드 점유율이 급속도로 하락하고 있다면 소비자의 취향도 분석해야 하지만 어떤 경쟁자가 자사를 지배하는 브랜드로 떠오르고 있는지를 이해할 수 있어야 한다. 이와 같이 특정 속성에서 경쟁자보다 우월하다든지, 효용이 높다든지 하는 개념은 포지셔닝의 개념을 이해하기에 충분하지 못함을 알 수 있다. 표적시장 집단의 특정과 경쟁자들의 위치에 따라 자사 브랜드의 생존이 결정되기 때문이다. 더 좋은 제품이 더 높은 점유율을 차지하는 것이 아니라 더 많은 사람들이 좋아하는 제품이 더 높은 점유율을 차지한다. 이 연구에서는 선택이론에서 출발하여 소비자 선호의 이질성을 설명하고 이를 포지셔닝 이론으로 통합하여 정리하였다. 표적시장 선정과 포지셔닝은 마케팅에서 가장 많이 연구되는 주제임에도 불구하고 선택모형과 연관지어 이들을 설명하는 연구는 많지 않았다. 이것은 마케팅과 소비자 행동에 대한 학계의 접근과 실무적인 접근 사이의 간극을 의미하는데, 이 연구는 이러한 괴리를 좁히는 데 있어서도 기여점이 있다고 볼 수 있다.

제 2 부

마케팅 전략과 기업 성과

제 4 장

가격탄력성과 생산비용에 기초한 대량마케팅과 표적시장 마케팅의 비교 분석

1 서론

    기업이 활용할 수 있는 마케팅 전략을 크게 두 가지로 구분하면 대량마케팅
(mass marketing)과 표적시장(혹은 세분시장) 마케팅(target marketing/segment
marketing)으로 나눌 수 있다(Kotler, 2002). 일반적으로 마케팅 전략이라고 하
면 표적시장 마케팅을 지칭하는 경우가 많으며, 표적시장 마케팅은 시장세분
화, 표적시장 선정, 그리고 포지셔닝의 3단계 과정으로 실행된다. 세분시장 마
케팅 전략을 더욱 세부적으로 구분하면, 전체 시장 내의 모든 세분시장에 대해
서 차별화된 제품/서비스를 제공하는 차별화(differentiation) 전략과 한 개 혹
은 소수의 특정 세분시장을 선별적으로 공략하는 집중화(focus) 전략으로 구분
할 수 있다. 또한 표적시장의 규모에 따라서 틈새시장 마케팅(niche marketing),
개인별 마케팅(individual marketing) 등으로 구분하기도 한다. Kotler(2002)를
비롯한 많은 학자가 대량마케팅 시대의 종말을 선언했으며, 오늘날 많은 기업
들이 시장세분화에 기초한 표적 마케팅에 집중하고 있다. 그러나 어떠한 환경
적 변화가 이러한 움직임을 가져왔으며, 또한 어떤 상황에서 표적시장 마케팅
이 효과적인지에 대해서 충분한 분석과 논의가 이루어지지 않아 왔다. 이 연
구에서는 어떤 상황에서 대량마케팅보다 표적시장 마케팅이 더 효과적인지
를 가격탄력성과 생산비용의 관점에서 분석해 보고자 한다. 또한 오늘날 어
떤 경영환경적인 변화가 기업들로 하여금 표적시장 마케팅 전략을 채택하도

록 만드는지에 대해서 논의하고자 한다. 표적시장 마케팅 전략이 Porter(1980, 1985)가 제시한 본원적 전략(generic strategies), 그리고 Anderson(2006)이 주장한 롱테일(Long Tail) 법칙 등과 어떤 관련성을 가지는지에 대해서도 논의하고자 한다. 본 연구에서 제시하는 통찰은 경영자들이 고객만족과 비용절감이라는 때로는 상충되는 두 가지 목표 가운데서 적절한 균형점을 찾는데 도움을 줄 수 있을 것이다.

　대량마케팅이란 전체 시장에 표준화된 제품이나 서비스를 제공하는 마케팅 전략을 의미한다. 대량마케팅 전략은 흔히 생산개념(production concept)(Keith, 1960) 혹은 대량생산(mass production) 개념과 동일시되는데, 이러한 전략에서는 생산비용 절감을 위해서 표준화된 제품을 대량생산하며, 이를 통해서 고객들에게 낮은 가격에 제품을 제공하는 것이 경쟁우위가 된다. 대량생산 및 이에 기초한 대량마케팅 전략은 흔히 세분시장 마케팅 전략과 비교해서 열등한 전략으로 묘사되는 경우가 많다. 이는 소비자의 욕구가 매우 다양화되고, 시장환경의 변화가 매우 빠르게 일어나고 있는 요즘의 시장 환경에서는 대량마케팅이 적합하지 않기 때문이다. 그러나 경영학 이론의 뿌리는 대량생산 및 규모의 경제(economies of scale)를 통한 비용 절감, 그리고 이에 기초한 박리다매(薄利多賣)식 이윤 추구로 볼 수 있다(Smith, 1776; Krugman, 1979). 규모의 경제를 통한 비용절감 효과는 생산량의 증가에 따른 단위당 평균 생산비용의 감소, 혹은 경험곡선(experience curve) 효과 등으로 설명한다. 이 연구에서는 전자의 원인에 기초하여 논의를 진행하겠다. 제품의 생산과정에서 발생하는 총비용(total cost: TC)은 고정비용(fixed cost: FC)과 가변비용(variable cost: VC)으로 나뉘어질 수 있다. 총비용은 생산량(quantity: Q)의 증가에 따라 다음과 같이 증가한다.

$$TC = FC + (VC \cdot Q) \qquad\qquad \text{(4-1)}$$

　평균비용(average cost: AC)은 총 비용을 생산량(Q)으로 나눈 값으로서 이는 생산량이 증가함에 따라 감소한다.

$$A\,C = \frac{TC}{Q} = \frac{FC}{Q} + VC \qquad\qquad \textbf{(4-2)}$$

표적시장 마케팅은 전체 시장을 동질적인 여러 개의 하위시장(세분시장)으로 구분하고 각각의 세분시장의 욕구에 맞게 차별화된 제품 및 마케팅 믹스를 제공하는 전략이다. 이 전략에 의해서 세분시장별 고객만족도는 높아지지만 규모의 경제의 효과가 크게 나타나지 않기 때문에 대량마케팅과 비교할 때 실행하는 데 더 높은 비용이 발생한다. 대량마케팅 전략은 Porter(1985)가 주장하는 비용우위 전략과 내용적으로 매우 유사하며, 표적시장 마케팅 전략은 차별화 혹은 집중화 전략과 유사한 개념으로 이해될 수 있다.

기업의 매출 혹은 수입(Revenue: R)은 가격(Price; P)과 판매량(Quantity: Q)에 의해서 결정된다.

$$R = P \cdot Q \qquad\qquad \textbf{(4-3)}$$

수입을 증가시키려면 가격 혹은 판매량을 증가시켜야 하는데, 일반적인 수요곡선에서 보이듯이 가격이 증가하면 판매량은 감소하고, 반대로 가격이 감소하면 판매량은 증가한다. 가격을 낮추면서 판매량을 증가시키는 전략이 대량생산/대량마케팅 전략으로 볼 수 있고, 반대로 가격을 높이면서 판매량을 감소시키는 전략은 표적시장 마케팅 전략으로 볼 수 있다. 높은 가격에서도 총판매량이 크게 줄어들지 않도록 유지하는 전략도 가능한데, 이는 Porter (1985)가 제시한 전략 구분에 따르면 차별화(differentiation) 전략으로 볼 수 있다. 차별화 전략 역시 표적시장 마케팅 전략의 일종으로 분류할 수 있다.

표적시장 마케팅은 시장세분화의 개념으로부터 출발하는데, 시장세분화 이론의 기초가 되는 가정은 소비자 욕구의 다양성 혹은 이질성(heterogeneity)

이다. 소비자 이질성은 문화나 관습의 차이, 다양성 추구 행태, 자신만의 개성 추구 성향, 사용자 욕구의 본질적 차이, 제품평가에서 발생하는 오류 등에 기인한다(Dutta, 1996; Smith, 1956). 소비자 이질성에 대한 수학적 접근의 출발점은 가격탄력성 이론으로 볼 수 있다. 소비자 이질성에 대한 언급은 경제학자 Marshall의 저서인 『경제학 원론(Principles of Economics)』(1920)에서 처음 등장하는데, 그는 모든 소비자들이 똑같은 가격탄력성을 갖지 않음을 언급하였다. 소비자 집단에 따라 각기 다른 수요곡선을 갖는다는 시각은 Pigou등의 경제학자들뿐 아니라 Perreault and McCarthy(2005) 등 많은 마케팅 학자에 의해서도 계승되었다. Chamberlain(1965) 역시 구매자 선호의 다양성에 의해서 여러 개의 다양한 형태의 수요곡선이 존재하게 된다는 점을 강조하였다. Chamberlain이 주장한 독점적 경쟁(monopolistic competition) 이론에서는 그 이전의 경제학자들과 달리 제품차별화에 대해서 긍정적인 시각을 가진다. Chamberlain은 고객의 욕구를 더 잘 충족시킬 수 있는 제품차별화를 통해서 소비자들의 가격탄력성이 낮아진다고 주장하였다. 마케팅적 관점에서 차별화의 개념을 처음 제시한 학자는 A. W. Shaw이다. Shaw(1912)는 『유통에서의 몇 가지 문제점들(Some Problems in Market Distribution)』이라는 저술에서 기업은 대량생산을 통한 저가격 전략 뿐 아니라 고부가가치 제품을 통한 고가격 전략, 혹은 차별화 전략을 구사하여 이윤을 추구할 수 있다고 주장하였다. 그는 제품개선, 고급 이미지, 편리한 포장, 품질에 대한 신뢰성 등 다양한 차별화 방법들에 대해서 설명하였다.

　마케팅 분야에서 시장세분화와 제품차별화에 대한 포괄적인 논의가 최초로 이루어진 것은 Smith(1956)에 의해서이다. Smith는 이제는(논문이 저술된 1950년대를 의미함) 제품차별화가 아니라 시장세분화 전략이 필요한 시대로 변화되고 있다고 주장하였다. 아이러니하게도 그는 제품차별화라는 용어를 대량마케팅을 지칭하는 데 활용하였다. 그는 실제로는 비용절감을 위해서 대량생산을 하면서 판매촉진을 위해서 다양한 제품을 제공하는 것처럼 위장하는 전략을 제품차별화라고 지칭하였다. 그는 대부분의 기업들이 광고 등의 수단을 통해서 인위적으로 소비자들의 수요를 왜곡시켜서 시장을 세분화시킨다는 의견을 가지고 있었는데 이는 Samuelson(1976) 혹은 Galbraith(1967)와 일치하는 시각이었다. 이와 반대로, 실제로 고객 욕구의 다양성을 파악하고, 그것을 더 잘 충족시키기 위한 차별화는 시장세분화라고 지칭하였다. 결론적으로 Smith는 대량생산/대량마케팅에서 세분시장 마케팅으로 패러다임이 전환되고 있음을 주장하였다. 시장 세분화와 제품차별화의 개념은 이후 Dickson and Ginter (1987)에 의해서 체계적으로 발전되었다. Smith(1956)는 1950년대 시장세분화 전략이 확산되는 배경으로 다음의 6가지를 제시하였다.

　첫째, 효율적인 최소생산량(minimum efficient production quantity)이 감소되고 있다. 이것은 고정비용의 감소에 의해 손익분기점이 낮아지는 산업계의 추세로 해석할 수 있다. 이러한 현상은 고정비용의 비중이 낮은 서비스 산업의 성장과도 관련이 있다. 이러한 추세는 50년이 지난 오늘날 정보통신기술의 발전으로 더욱 가속화되고 있다. Anderson(2006)은 이러한 추세를 롱테일(Long Tail) 법칙이라는 용어로 설명하고 있다. 둘째, 유통경로에서 비용절감을 위해서 셀프서비스가 널리 도입되고 있다. 이로 인해서 푸쉬(push)형태의 판촉전략이 어려워졌고, 고객만족을 통한 풀(pull)전략이 중요해졌다. 충분한 촉진활동이 제공될 수 없는 상황에서는 고객들의 욕구를 더 잘 충족시킬 수 있는 제품만이 살아남게 된다. 셋째, 소비자의 경제력이 증가하면서 자신만의 독특한 욕구를 충족시키는 데 많은 돈을 지불하고자 하는 소비자들이 늘어났고, 자신의 개성을 표현하고자 하는 욕구가 더욱 커졌다. 이러한 사회적, 경제적 변화 역시 오늘날 더욱 심화되었다. 넷째, 경쟁이 심화되면서 다양한 제품들이 가장 큰 만족을 제공할 수 있는, 혹은 자신들이 가장 큰 경쟁력을 가지는 세분시장들로 배분된다. 다섯째, 대량생산으로 만족되지 못한 작은 규모 시장들을 추가적으로 개척하기 위한 수단으로 시장세분화 전략이 확산되고 있다.

　마지막으로 여섯째, 빠르게 변화하는 시장환경에서는 생산비 절감보다는 소비자의 욕구 변화와 경쟁상황에 민감하게 대응하는 것이 기업의 안정적 수익 유지에 더 큰 도움을 준다. 비용절감을 위해서 표준화와 대량생산에 집중하여 고객만족도가 떨어지면, 제품을 판매하기 위한 촉진비용은 오히려 증가하게 된다. 즉, 대량생산을 통한 생산비용의 절감 효과와 비교해서 마케팅 비용이 너무 커지면 대량생산의 매력도는 줄어든다. 총비용(TC)은 생산비용 (production cost)과 마케팅 비용(marketing cost: M)으로 나눌 수 있다(Kotler, 2002): $TC = FC + (VC \cdot Q) + M$. 마케팅 비용은 광고비 등 촉진비용과 유통비용 등을 포함하는데, 마케팅 비용에서도 어느 정도의 규모의 경제는 존재한다. 생산량의 커지면 그에 따라서 만족도가 떨어지기 때문에 판매촉진 비용 등 마케팅 비용이 증가되게 된다([그림 4-1] 참조). 그러므로 총비용을 계산하면 적정한 수준의 생산량이 비용을 최소화시킴을 알 수 있다. Smith(1956)에 따르면 대량생산/대량마케팅이 생산비용을 최소화시켜 주는 반면, 시장세분화 전략은 고객만족도를 극대화시켜 마케팅 비용을 최소화시킨다. 그는 시장 환경이 빠르게 변화하는 시대에는 규모의 경제나 비용 효율성보다는 소수의 고객이라도 그 욕구를 정확하게 충족시켜서 안정적인 수입을 확보하는 것이 더 효과적임을 주장하였다. 대량생산을 통한 규모의 경제를 통해 비용은 절감할 수 있지만 낮은 고객만족도 때문에 만약 판매량을 높은 수준으로 유지하려면 촉진비용이 크게 증가될 수 있다고 지적하였다.

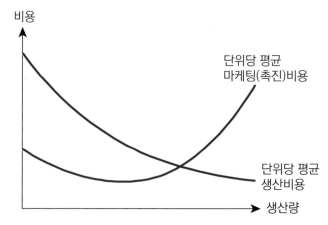

[그림 4-1] 생산량에 따른 비용의 변화(총비용=생산비용+마케팅 비용)

Smith(1956)의 논문은 몇 가지 한계점을 가진다. 첫째로, 그가 사용한 일부 용어들은 이전 및 이후의 연구들과 개념적으로 차이를 보인다. 그는 '제품 차별화'라는 용어를 대량생산과 같은 개념으로 사용하였다. 즉, 대량생산된 제품을 팔기 위해서 실제로는 존재하지 않는 차별점이 있는 것처럼 허위로 꾸며서 판매하는 것은 제품 차별화라고 정의하였다. 이와 반대로 시장세분화는 각기 다른 세분시장의 욕구에 맞게 제품을 기획하고 생산하는 일종의 머천다이징(merchandising) 개념으로 활용하였다. 그는 제품 차별화 전략을 촉진전략(promotional strategy)으로, 시장세분화 전략을 머천다이징 전략으로 묘사하고 있는데, 이러한 개념적 구분은 이후에 Porter(1980, 1985) 등의 학자가 제시한 차별화 전략과 개념적으로 일치하지 않는다. Shaw(1912)도 Porter와 같은 관점에서 (Smith의 논문에서는 시장세분화라고 표현된) 차별화는 인간의 욕구를 경쟁자보다 더 정확하게 충족시키는 것으로 보고, 이를 통해서 기존의 제품들보다 더 높은 가격을 받을 수 있게 된다고 주장한 바 있다. Smith(1956) 연구의 더 중요한 한계점은 대량마케팅이 촉진비용을 증가시키는 문제는 지적하였지만 시장세분화 전략을 통해 고객들의 가격탄력성을 낮춰서 더 높은 가격을 받을 수 있다는 점에 대해서 깊이 있게 논의하지 않았다는 점이다. 본 연구에서는 마케팅 비용 혹은 촉진비용의 관점에서보다는 가격탄력성과 생산비용의 관점에서 표적시장 마케팅과 대량마케팅을 좀 더 깊이 있게 수리적으로 분석하고자 한다.

마케팅 분야에서 논의되는 시장세분화의 개념은 고전경제학에서 주장하는 완전경쟁 이론보다는 Chamberlain(1965)이 제시한 독점적 경쟁이론과 내용적으로 일치한다. 전체 소비자들이 똑같은 품질의 제품을 가격에 기초하여 평가하는 것(완전경쟁시장)이 아니라 전체 시장이 다양한 특성을 가진 여러 개의 하위 시장으로 구조화 될 수 있다는 개념(독점적 경쟁시장)은 시장세분화 개념의 이론적 근거가 된다. 경제학에서 세분화 이론이 가격 탄력성 이론에서 시작되었다면 마케팅에서는 다속성태도모형(multi-attribute attitude model)에 기초한 세분화 이론이 발전되어져 왔다(Fishbein & Ajen, 1975). Haley(1968)는 마케팅에서 주로 실행되어 온 세분화 방법들이었던 인구통계적 세분화, 지리적 세분화, 행동적 세분화에 편익세분화(benefit segmentation)를 추가하며, 소비자가 중요시하는 편익을 중심으로 고객을 세분화하는 것의 중요성을 강조하였다. 편익세분화는 다속성 태도모형의 관점에서 속성 중요도에 의한 시장세분화이다. 다속성 접근은 경제학 분야에서는 Lancaster(1966, 1980), Rosen(1974) 등이 제시하였다. Hauser and Shugan(1983)은 기존의 확률적 효용 모형(random utility theory)를 다속성 선호도 모형과 결합하여 새로운 형태의 점유율 모형을 제시하였다. 실제 소비자들의 구매는 매우 많은 속성 차원에서 이루어지게 되는데, 속성의 차원이 커지면 Hauser and Shugan의 모형은 적용이 어렵다는 단점이 있다. 선택확률을 설명하기 위한 수리적 모형에서 소비자의 이질성은 매우 중요한 변수로 고려된다. 소비자 이질성은 제품 간 유사성과 더불어 효용기반한 점유율 모형의 한계점을 극복하는 매우 중요한 접근이다(Bordely, 2003). Smith(1956)의 연구에서는 세분화를 주로 비용적인 관점에서 분석하였으나 이후 연구들은 비용적인 부분에 대한 언급을 거의 하지 않고, 주로 다속성 선호도 모형에 기초하여 분석을 하였다. 그러나 Haley(1968)의 편익세분화 접근을 비롯한 다속성 선호도 모형 접근은 대량마케팅을 실행할 것인가 아니면 세분시장 마케팅을 실행할 것인가를 판단하는 데 필요한 통찰을 제시해 주지는 못한다. 본 연구에서는 Smith(1956) 연구의 관점을 계승하여 시장세분화에 대한 비용 및 가격탄력성 분석을 하고자 한다.

2 가격탄력성과 기업 이윤

시장세분화는 마케팅 전략수립에 있어서 필수적인 과정으로 받아들여지고 있다. 그러나 시장세분화를 할 것인가 아니면 전체 시장에 표준화된 제품을 제공하는 대량마케팅을 할 것인가는 이보다 선행되어 이루어져야 할 의사결정이다. 또한 시장세분화를 어느 정도 수준까지 세밀하게 할 것인가 역시 매우 중요한 의사결정 문제이다. 소비자 개개인에 대해서 차별화된 제품, 서비스, 혹은 메시지를 전달하는 개인별 마케팅 개념이 1990년대 이후 널리 퍼지게 되었는데(Peppers & Rogers, 1993), 이는 매우 진보된 개념의 마케팅 전략이지만 역시 높은 비용을 발생시킨다. 실제로 많은 학자들이 지나친 고객만족 추구로 인한 비용증가의 문제점을 제기하고 있다(Mariotti, 2008). 많은 고객관계관리(customer relationship marketing)(McKenna, 1991) 프로그램이 성공적으로 이루어지지 못하는 이유는 효과와 비교할 때 지나치게 많은 비용과 복잡성이 발생되고 있기 때문이다. 표적시장 마케팅 전략이냐 대량마케팅 전략이냐는 곧 고객만족을 우선적인 목표로 추구할 것인가 아니면 비용절감을 우선적 목표로 추구할 것인가를 선택하는 문제이다. 이와 관련하여 Peters(1982)는 규모의 경제나 비용적인 효율성만을 추구하는 경영은 더 이상 효과를 거두기 어렵다고 주장하였으며, 품질과 고객만족 중심의 경영을 강조하였다. 그러나 이러한 전략적 변화가 발생시키는 비용 증가가 어떤 경우에 합리화될 수 있을지에 대한 체계적인 설명은 부족했다. 특히 요즘과 같이 높은 인건비와 원자재 비용, 그리고 장기적으로 낮은 경제성장률에서는 생존을 위해서 비용절감에 더 초점을 둘 수밖에 없다. 특히 전 세계적인 경기불황은 소비자들을 더 가격탄력적으로 만들었고, 이에 따라 기업들은 비용절감에 더 초점을 두고 기업을 운영해야 하는 상황이 되었다. 제품 표준화와 대량생산을 통한 비용절감을 강조한 학자들도 다수 존재하는데, Levitt(1972)은 서비스 분야에도 제조업에서 널리 적용되던 대량생산 개념이 적용되어 효율성을 높여야 한다고 주장하였다. 고객만족과 비용절감이라는 두 가지 목표 사이에서 적절한 균형점을 찾는 것이 가장 중요한 마케터의 역할이 될 것이다.

복잡한 환경변화 속에서 시장세분화를 할 것인가 아니면 대량마케팅 전략으로 갈 것인가를 결정하기 위해서는 어떤 전략이 더 높은 이윤을 발생시키는가를 우선적으로 분석해야 한다. 이를 위해서는 소비자의 가격탄력성과 비용구조를 파악해야만 한다. 기업이 제품을 통해 얻을 수 있는 이윤(profit: Π)은 수입(R)에서 총비용(TC)을 뺀 값이다.

$$\Pi = R - TC$$
$$= (P \cdot Q) - (FC + VC \cdot Q) \tag{4-4}$$

위 식에서 P는 제품 가격, Q는 판매량, FC는 고정비용(fixed cost), 그리고 VC는 가변비용(variable cost)을 나타낸다. 생산량과 판매량은 같다고 가정하고, 이를 Q로 나타내자. 판매량이 한 단위 증가될 때마다 추가적으로 증가되는 이윤, 즉 공헌이익(contribution margin: CM)은 다음과 같이 구할 수 있다.

$$CM = \frac{\partial \Pi}{\partial Q} = P - VC \tag{4-5}$$

공헌이익은 가격에서 가변비용을 뺀 값이 되므로 식 (4-4)는 다음과 같이 바뀔 수 있다.

$$\Pi = (CM \cdot Q) - FC \tag{4-6}$$

판매량은 가격의 함수로 볼 수 있기 때문에 이윤은 다음과 같다.

$$\Pi = (P \cdot f(P)) - (FC + (VC \cdot f(P))) \tag{4-7}$$

최대의 수익을 발생시키는 가격을 결정하기 위해 $\frac{\partial \Pi}{\partial P}$ 를 구하면 다음과 같다.

$$\frac{\partial \Pi}{\partial P} = Q + (P \cdot \frac{\partial Q}{\partial P}) - (VC \cdot \frac{\partial Q}{\partial P}) \tag{4-8}$$

$$= Q + (\frac{P}{Q}\frac{\partial Q}{\partial P} \cdot Q) - (VC \cdot \frac{P}{Q}\frac{\partial Q}{\partial P}\frac{Q}{P})$$

$$= Q(1 + \epsilon - \frac{VC}{P} \cdot \epsilon)$$

$\frac{P}{Q}\frac{\partial Q}{\partial P}(= \frac{P}{Q}\frac{\Delta Q}{\Delta P})$는 가격탄력성($\epsilon$)을 의미하기 때문에 위의 식 (4-8)과 같이 변환시켜 나타낼 수 있다. 가격(P)이 증가함에 따라 판매량(Q)은 일반적으로 줄어들기 때문에 ϵ는 음수라고 가정한다. 참고로, 가격이 변화함에 따라 변화하는 수입과 총비용은 다음과 같다.

$$\frac{\partial R}{\partial P} = Q(1 + \epsilon); \; \frac{\partial TC}{\partial P} = Q \cdot \epsilon \cdot \frac{VC}{P}.$$

$\frac{\partial^2 \Pi}{\partial P^2} < 0$이므로, 이윤을 극대화시키는 최적가격($P^*$)은 다음의 등식을 만족시킨다.

$$\frac{\partial \Pi}{\partial P} = Q(1 + \epsilon(\frac{CM}{P^*})) = 0 \tag{4-9}$$

판매량이 항상 양수(+)라고 가정하면, 위 등식을 만족시키는 최적가격(P^*)은 다음의 등식을 만족시킨다.

$$|\epsilon| \cdot \frac{CM}{P^*} = 1 \tag{4-10}$$

위의 식 (4-10)을 풀어보면, 가장 높은 수익을 발생시키는 최적가격은 다음과 같다.

$$P^* = \frac{|\epsilon|}{|\epsilon|-1} VC \quad \text{혹은} \quad P^* = \frac{\epsilon}{\epsilon+1} VC \tag{4-11}$$

일반적으로 가격탄력성은 ϵ의 절대값 $|\epsilon|$을 의미한다. 본 연구에서도 용어의 혼란을 피하기 위해서 가격탄력성이 낮다고 하면 $|\epsilon|$값이 작은 것, 그러므로 ϵ값은 큰 것을 의미하고, 반대로 가격탄력성이 높다고 하면 $|\epsilon|$값이 큰 것, 혹은 ϵ값이 작은 것을 의미하는 것으로 한다. $|\epsilon| \leq 1$일 때는 가격이 높아지면 이윤은 항상 증가한다. 그러나 $|\epsilon| > 1$일 경우에는 가격이 최적가격(P^*)보다 낮을 때는 가격을 인상하고, 최적가격보다 높을 때는 가격을 인하해야 이윤이 증가한다. 다르게 표현하면, 만약 현재 상태에서 가격탄력성이 공헌이익률의 역수보다 낮다면 즉, $|\epsilon| < \dfrac{1}{\frac{CM}{P}}$ 이면, 가격을 높임으로써 이윤을 증대시킬 수 있다. 반대로, 가격탄력성이 공헌이익률의 역수보다 높다면, 즉 $|\epsilon| > \dfrac{1}{\frac{CM}{P}}$ 이면, 가격을 낮춰야 이윤이 증대된다. 식 (4-11)은 최적가격이 가변비용까지 낮아질 수 있음을 보여 준다. 미분계산을 통하여 가변비용과 가격의 상호작용 효과가 존재하며, 가격탄력성과 가격의 상호작용도 존재함을 알 수 있다.

$$\frac{\partial \Pi}{\partial P \partial VC} = Q\left(\frac{-\epsilon}{P}\right) > 0 \tag{4-12}$$

$$\frac{\partial \Pi}{\partial P \partial \epsilon} = Q\left(1 - \frac{VC}{P}\right) > 0 \tag{4-13}$$

식 (4-12)는 가변비용(VC)이 클수록 가격이 이윤에 미치는 영향력이 커짐을 의미한다. 즉, 가변 비용이 커질수록 가격을 올리는 것이 이윤을 더 크게 증가시킨다. 식 (4-13)은 가격탄력성이 낮아질수록 가격이 올라갈 때 이윤은 더 크게 증가함을 의미하는데, 이 수식은 마케팅 전략의 핵심을 담고 있다.

가격탄력성에 따라서 최적가격(P^*)이 어떻게 변화될 수 있는지를 설명하

기 위해서 가변비용(VC)이 5,000원인 경우를 예로 들어 그래프로 그리면 [그림 4-2]와 같다. (모든 그래프에서 X축(수평축)은 |ϵ|이 아닌 ϵ을 나타낸다. 그러므로 X축에서 오른쪽으로 갈수록 가격탄력성(|ϵ|)이 낮아짐을 의미한다.)

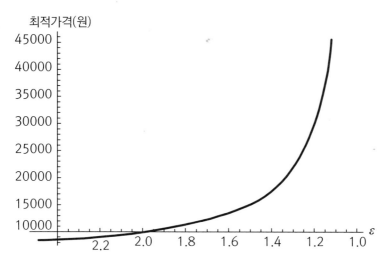

[그림 4-2] 가격탄력성(ϵ)과 최적가격(P^*) (VC=5,000원일 경우)

[그림 4-2]는 가격탄력성이 낮아질수록 기업입장에서는 소비자들에게 더 높은 가격에 제품을 판매할 수 있음을 의미한다. 가변비용이 5,000원인 경우에 가격탄력성(|ϵ|)이 1.5라면 15,000원에 판매하는 것이 최고의 수익을 달성하게 해준다. 그러나 가격탄력성이 1.3이라면 21,600원이 최적가격이 된다. 가격탄력성이 |ϵ|일 때, 판매량과 가격은 다음의 함수적 관계를 가진다(k>0) (Lilien and Rangaswamy, 2003; Dean, 1951).

$$Q = kP^\epsilon \qquad\qquad\qquad\qquad \textbf{(4-14)}$$

그러므로 최적가격(P^*)에서의 판매량(Q^*)과 이 때 발생하는 이윤($\varPi^*$)은 다음과 같다.

$$Q^* = k(\frac{|\epsilon|}{|\epsilon|-1}VC)^{\epsilon} \tag{4-15}$$

$$\Pi^* = P^* \cdot Q^* - (FC + VC \cdot Q^*) \tag{4-16}$$

$$= k(\frac{|\epsilon|}{|\epsilon|-1}VC)^{\epsilon+1} - FC - kVC(\frac{|\epsilon|}{|\epsilon|-1}VC)^{\epsilon}$$

$$= k(\frac{|\epsilon| \cdot VC}{|\epsilon|-1})^{\epsilon}(\frac{VC}{|\epsilon|-1}) - FC$$

$$= k\frac{|\epsilon|^{\epsilon} \cdot VC^{\epsilon+1}}{(|\epsilon|-1)^{\epsilon+1}} - FC$$

기업의 이윤은 고정비용과 가변비용, 그리고 가격탄력성에 의해 결정됨을 알 수 있다. 참고로, 식 (4-16)에서 $\frac{VC}{|\epsilon|-1}$ 는 최적가격에서의 공헌이익이다. 가격탄력성이 낮아짐에 따라서 공헌이익도 역시 증가됨을 알 수 있다. 최적가격에서 공헌이익이 차지하는 비중($\frac{CM^*}{P^*}$)은 $\frac{1}{|\epsilon|}$ 이며, 이 역시 가격탄력성이 감소함에 따라 커진다.

최적가격(P^*)에서의 이윤(Π^*), 혹은 최대 이윤은 소비자의 가격탄력성에 따라서 변화된다. $\epsilon < -1$을 만족시키는 ϵ에 대해서 $\frac{\partial \Pi^*}{\partial \epsilon}$는 다음의 부등식을 만족시킨다.

$$\frac{\partial \Pi^*}{\partial \epsilon} = (\frac{k}{1+\epsilon})(1+\frac{1}{\epsilon})^{-\epsilon}VC^{1+\epsilon}\ln(\frac{\epsilon+1}{\epsilon \cdot VC}) > 0 \tag{4-17}$$

가격탄력성($|\epsilon|$)이 낮아질수록 기업이 달성할 수 있는 최대 이윤은 항상 늘어난다. 그러나 최적가격이란 주어진 상황에서 가장 높은 이윤을 달성할 수 있는 가격일 뿐, 최적가격에서 이윤이 항상 양(+)의 값을 갖는 것은 아니다. 이윤이 양의 값이 되려면, $\frac{FC}{CM^*} < Q^*$, 혹은 $\frac{FC}{P^* \cdot Q^*} < \frac{CM^*}{P^*} = (1 - \frac{VC \cdot Q^*}{P^* \cdot Q^*})$ 조건이 충족되어야 한다. 고정비 대비 매출액 비율을 높이거나 공헌이익률을 높이는 것은 이윤을 창출하는 데 있어서 중요함을 알 수 있

다. 가격탄력성을 낮아지면 매출액과 공헌이익률이 모두 높아질 수 있다. 가격탄력성을 낮추는 것, 즉 가격을 올려도 수요가 크게 줄지 않는 상품을 제공하는 것은 높은 이윤을 달성하는 최선의 방법이다.

예를 들어 설명하면, 가격탄력성이 1.5이고, 가변비용이 5,000원이라면 가장 높은 수익을 내는 가격(P^*)은 15,000원이다(식(4–11) 참조). k가 1,000,000,000의 값을 가진다고 가정해보면(어떤 수를 가정해도 결과는 유사하다), 가격이 15,000원일 때 판매되는 제품의 수량(Q^*)은 약 544개이다. 이때 발생하는 수익을 계산하기 위해서는 고정비용을 알아야 한다. 고정비용이 천만 원(10,000,000원)이라고 가정하면, 이때 발생하는 수익은 약 −4,560,000원이다(식 (4–16) 참고). 즉, 이정도 수준의 가격탄력성과 비용구조를 가지고 있다면 최상의 가격전략으로도 수익을 내기 어려움을 의미한다. 가격탄력성이 어느 정도까지 낮아져야만 수익이 발생할 것인가? 같은 비용구조에서 탄력성과 수익 간의 관계의 그래프를 그려보면 다음과 같다.

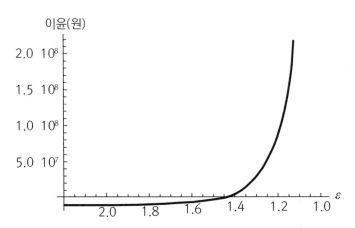

[그림 4-3] 가격탄력성(ϵ)과 최고 수익(Π^*)과의 관계
(FC=10,000,000원, VC=5,000원, k=1,000,000,000인 경우)

가격탄력성이 1.44 근처에서부터 이윤이 발생하기 시작한다. 가격탄력성이 낮아짐에 따라서 수익은 기하급수적으로 늘어남을 알 수 있다. 만약 가격

탄력성을 1.3까지 낮출 수 있다면 고정비용의 3배에 가까운 약 28,000,000원 정도의 수익을 얻을 수 있다. 반면, 가격탄력성이 일정수준 이상으로 높은 시장에서는 어떻게 가격을 책정하더라도 투자한 고정비용(천만 원)은 모두 손실이 된다. 이것은 기업이 수익을 발생시키기 위해서는 가격탄력성이 일정수준 이하로 낮아져야 함을 의미한다. 가격탄력성을 낮추는 것은 이윤추구라는 목표를 달성하기 위한 가장 기본적인 전제조건임을 알 수 있다. [그림 4-3]에서 보이듯이 일정수준 이상의 높은 가격탄력성에서는 투자한 모든 비용(고정비)는 손실이 됨을 알 수 있다. 고정비용이 줄어들수록 수익을 올리는 데 필요한 가격탄력성은 높아지기 때문에 수익을 올리기가 더 쉬워진다. 이 주제는 뒤에서 다시 언급하도록 하겠다. 이렇듯 가격탄력성을 낮추는 것은 기업의 수익에 항상 긍정적인 영향을 준다. 마케팅 활동의 초점은 결국 소비자의 가격탄력성을 낮추는 것이 되어야 한다.

가격탄력성에 따른 수익의 변화를 좀 더 자세히 이해하기 위해 가격탄력성의 변화에 따른 최적 판매량, 매출, 비용의 변화를 살펴보자. 먼저 식 (4-15)으로부터 탄력성에 따라 최적판매량(Q^*)은 어떻게 변화되는지 살펴보면 [그림 4-4]와 같다.

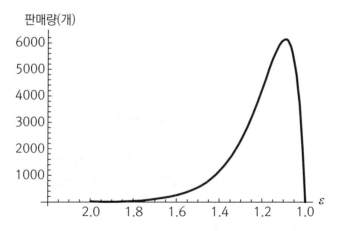

[그림 4-4] 가격탄력성(ϵ)과 최적가격에서의 판매량(Q^*)
(VC=5,000원, FC=10,000,000원, k=1,000,000,000인 경우)

가격탄력성이 1.5일 때 최적판매량(Q^*)은 544개이지만, 가격탄력성이 1.3으로 낮아지면 최적판매량은 약 2,300개로 증가한다. 이러한 판매량의 증가는 제품가격이 15,000원에서 21,600원으로 증가하였음에도 불구하고 발생한 것이다. 이는 가격탄력성을 낮추는 것이 얼마나 큰 효과를 가져오는지를 보여주고 있다. 가격이 높아지면 판매량이 일반적으로 감소하지만 위에서 보이는 바와 같이 가격탄력성을 낮추는 전략을 활용한다면 최적가격은 올라가면서 그 가격에서의 판매량 역시 증가되어 매출과 수익이 폭발적으로 증가될 수 있다. 이러한 전략의 사례로 고가격전략과 대중화를 한꺼번에 달성한 스타벅스(Starbucks)를 들 수 있을 것이다(Schultz & Gordon, 2011). 고품질을 통한 높은 고객만족은 높은 단위당 수익과 판매량이라는 두 가지 목표를 한꺼번에 달성할 수 있게 해준다. [그림 4-4]에서 보이듯이 가격탄력성이 낮아짐에 따라서 최적판매량은 증가하다가 일정수준이 지나면 다시 감소한다. Porter(1985)의 주장과 같이 작은 규모의 세분시장을 공략하는 집중화 전략은 고가격(차별화)뿐 아니라 저가격을 통해서도 가능하다는 것을 알 수 있다. 물론 고가격 집중화와 저가격 집중화 간의 수익 차이는 매우 크다. 규모의 경제가 사라짐에도 불구하고 가격탄력성이 낮아질수록 수익은 계속 증가되는 이유는 최적가격이 매우 높아질 수 있기 때문이다.

　　가격탄력성의 변화에 따라서 최적가격(P^*)에서의 매출액(R^*)과 총비용(TC^*)이 어떻게 변화되는지 살펴보면 다음과 같다(식 (4-1), (4-3), (4-11), (4-15) 참조).

$$R^* = k \left(\frac{|\epsilon|}{|\epsilon|-1} VC \right)^{\epsilon+1} \tag{4-18}$$

$$TC^* = FC + kVC \left(\frac{|\epsilon|}{|\epsilon|-1} VC \right)^{\epsilon} \tag{4-19}$$

　　가격탄력성이 낮아짐에 따라서 매출은 크게 늘어나는 반면, 비용은 일정수준까지는 증가하다가 다시 감소함을 알 수 있다. 이것은 판매량이 감소하기 때문이다.

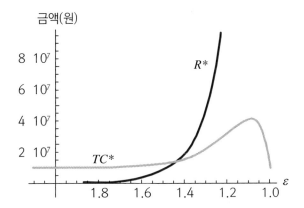

[그림 4-5] 가격탄력성(ϵ)과 최적가격에서의 매출(R^*)과 비용(TC^*)과의 관계
(VC=5,000원, FC=10,000,000원, k=1,000,000,000 인 경우)

최적가격(P^*)에서 단위당 평균생산비용(AC^*)은 다음과 같다(식 (4-2),
(4-15) 참조).

$$AC^* = VC + \frac{FC}{k(\frac{|\epsilon|}{|\epsilon|-1}VC)^\epsilon} \qquad \textbf{(4-20)}$$

[그림 4-2]에 나타난 최적가격을 최적 생산량에서의 평균비용과 함께 그래
프로 나타내면 다음과 같다.

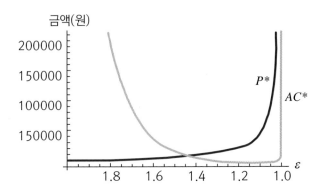

[그림 4-6] 최적가격(P^*)과 최적판매량(Q^*)에서의 평균비용(AC^*)
(VC=5,000원, FC=10,000,000원, k=1,000,000,000인 경우)

판매량이 일정수준 이상 증가되면 더 이상 규모의 경제를 통한 비용절감 효과는 크지 않음을 알 수 있다. [그림 4-4]와 [그림 4-6]을 보면 가격탄력성이 1.8에서 1.4로 줄어드는 시기에는 판매량이 크게 늘지는 않지만 평균비용의 감소는 매우 급격하게 이루어진다. 규모의 경제의 효과가 크게 나타나는 시기이다. 반면 가격탄력성이 1.4에서 1.2로 줄어드는 시기에는 판매량의 증가는 매우 큰 규모로 일어나지만 단위당 평균비용의 감소 효과는 미미하다. 이것은 시장이 확대되어 일정수준 이상의 규모에 다다랐다면 그 이후부터는 더 이상의 생산량 증가가 비용절감에 크게 기여하지 못함을 의미한다. 그 이후로는 가격탄력성을 낮추는 방향으로 경영 및 마케팅 전략을 수립해야 함을 시사한다. 20세기 경영학에서 일어난 가장 큰 변화는 경영의 초점이 양(quantity)에서 질(quality)로 옮겨 간 것이다. 이는 기업 경영의 초점이 더 이상 비용절감이 아니라 고객만족을 통한 가격탄력성 인하에 맞춰져야 함을 시사한다. 이러한 변화는 대부분의 제품 범주에서 시장이 포화되고(Kotler, 2002), 경쟁이 치열해지면서 발생한 자연스러운 변화이며, 또한 Drucker(1999), Peters(1982), Porter(1985), 그리고 Kotler(2002)와 같은 저명한 경영학자들 공통적으로 주장하는 내용이기도 하다.

　시장세분화 및 제품차별화 전략은 고객만족도를 높여서 가격탄력성을 낮추는 전략이다. 이상의 분석에 기초해 보면, 시장세분화 그리고 이와 동반된 차별화 전략의 매우 극적인 효과를 가져 올 수 있다. 차별화를 통해서 경쟁제품들과의 대체성이나 유사성이 낮아지면 선호도의 강도(strength of preference)가 높아져서 경쟁제품들 간의 가격교차탄력성이 낮아지는데(Mitra & Lynch, 1995; Porter, 1976), 이것이 차별화 전략의 본질이라고 할 수 있다. 본 연구의 분석에서는 자사제품의 가격에 대한 가격탄력성만을 고려하고 있으나 내용적으로는 경쟁제품과의 가격교차탄력성의 개념도 포함한다. 제품 범주의 총수요가 정해져 있고, 경쟁대안들이 서로의 수요를 빼앗아가는 상황에서는 경쟁제품들 간 가격교차탄력성이 낮다는 것은 곧 자사제품의 가격에 대한 탄력성도 낮음을 의미한다. 경쟁제품과의 유사성 혹은 대체성을 낮춤으로서 점유율을 높일 수 있음은 선호의 강도나 가격 탄력성 이외에 여러 다른 접근방법으로도 설명된다(Tversky, 1972). 품질을 높임으로서 경쟁사와 차별화하는 것의 중요성은 많은 학자 및 경영 컨설턴트에 의해서 강조되어 왔는데(Peters, 1982), 이것 역시 가격탄력성을 낮추는 전략으로 볼 수 있다. 마케팅 전략의 핵심개념인 포지셔닝 역시 소비자의 마음속에 가격 외적인 요인을 각인시킴으로써 가격탄력성을 낮추는 전략으로 이해될 수 있다. 소비자의 욕구를 파악하는 시장조사, 차별화된 제품 개발을 위한 R&D 활동, 그리고 품질 개선을 위한 활동들을 위해서 기업들이 매우 높은 비용을 지불하는 것은 이러한 관점에서 매우 중요하고, 정당화될 수 있을 것이다.

3 가격탄력성과 생산비용, 그리고 시장세분화 전략

가격탄력성이 낮추는 것이 가장 이상적인 전략이긴 하지만 소비자의 가격탄력성을 높이는 환경적 요인들도 존재할 뿐 아니라 그 외의 여러 가지 제약조건들 때문에 이러한 전략이 항상 가능한 것은 아니다. 기업이 여러 세분시장에 맞춤화된 제품/서비스를 제공하는 차별화 전략을 활용한다면 높은 고객만족도를 통해서 가격탄력성을 낮출 수 있고, 이로 인해 최적가격은 인상될 것이다. 하지만 이러한 전략은 추가적인 비용을 발생시킨다. 이러한 추가적인 비용발생을 고려하여 차별화 전략이 언제 효과적인지 분석해야 한다. 이 부분에서는 가격인상이 판매량을 감소시키는 경우에 국한하여 차별화 전략의 효과성에 대해서 분석해 보고자 한다. 예를 들어, 전체 세분시장을 두 개의 세분시장, A와 B로 나누어서 각기 차별화된 제품을 제공한다고 가정하자. 이러한 경우 기존의 매출 PQ는 $P_A Q_A + P_B Q_B$로 나타낼 수 있다. 분석의 편의를 위해서 $Q_A = Q_B$, 그리고 $Q_A + Q_B = Q$라고 가정하고, 가격은 차별화 전략에 의해서 더 높아질 수 있다고 가정하자($P_A = P_B > P$; 여기에서 P_A와 P_B는 기존의 총판매량을 그대로 유지하면서 인상할 수 있는 최대한의 가격을 의미한다.) 또한 차별화를 통해서 비용은 기존의 고정비용만큼만 증가한다고 가정하자. 즉, 총 생산비용은 $FC + VC \cdot Q$에서 $2FC + VC \cdot Q$로 증가된다(FC와 VC는 모든 제품에 대해서 같다). 만약 n개의 세분시장에 대해서 모두 차별화된 제품을 제공한다면 고정비의 증가분(ΔFC)은 $(n-1)FC$와 같다. 두 개의 세분시장을 가정하는 경우, $P_A Q_A + P_B Q_B - PQ > \Delta FC = FC$를 충족시키면 시장세분화를 통한 제품차별화가 바람직하다. 이 때 두 제품의 가격을 똑같은 수준으로 증가시킬 수 있다고 가정하면($P_A = P_B = P'$), $P'Q - PQ = (\Delta P)Q > FC$를 충족시킬 때 차별화가 이윤을 증가시킨다. n개의 같은 규모의 시장(모든 j에 대해서 $Q_j = q$, 그리고 $\sum_{j=1}^{n} Q_j = Q$)에 대해서 제품을 차별화를 한다고 가정하면 다음의 부등식을 만족시킬 때 차별화 전략이 효과적이다.

$$\Delta P > \frac{\Delta FC}{Q} = (n-1)\frac{FC}{Q} \tag{4-21}$$

즉, 총고정비 증가분을 총판매량으로 나눈 액수 이상으로 가격이 인상될 수 있어야 한다.

이와 같이 차별화 전략이 과연 효과적인가를 결정하는데 중요하게 고려되어야 할 요소는 차별화를 통해 얼마나 가격을 올릴 수 있는가와 고정비용의 얼마나 증가되느냐이다. 가격을 얼마나 인상할 수 있는가는 가격탄력성에 달려 있고, 이것은 소비자의 욕구가 얼마나 이질적인가에 영향을 받는다. 세분화 및 차별화 전략이 대량마케팅 전략과 비슷한 수준의 수익과 판매량을 달성하기 위해서는 가격탄력성을 얼마나 낮춰야 하는지를 손익분기점의 개념을 통해서 분석해 보자. 만약 똑같은 수준의 손익분기점이 아니라 똑같은 수준의 수익을 발생시키는 가격탄력성을 계산한다면 일반적인 해를 도출하기가 어렵기 때문에 본 연구에서는 손익분기점을 기준으로 계산한 결과를 제시한다. 기업의 손익분기점(Q_{BEP})은 다음과 같이 계산된다.

$$Q_{BEP} = \frac{FC}{P-VC} = \frac{FC}{CM} \qquad \text{(4-22)}$$

최대의 이윤을 발생시키는 가격(P^*)을 기준으로 손익분기점을 구해 보면 다음과 같다.

$$Q_{BEP^*} = \frac{FC}{\dfrac{|\epsilon|}{|\epsilon|-1}VC - VC} \qquad \text{(4-23)}$$

$$= \frac{FC}{VC}(|\epsilon|-1)$$

식 (4-23)은 본 연구의 핵심을 담고 있다. 고정비와 가변비의 비율, 그리고 가격탄력성에 의해서 손익분기점(Q_{BEP^*})이 결정되고, 이에 따라 표적시장 마케팅과 대량마케팅 중 어느 쪽에 가까운 전략을 채택해야 하는지가 결정된다. 기업의 비용측면에서 볼 때 가변비용 대비 고정비의 비율이 높고, 시장 측면에서 볼 때 소비자의 가격탄력성이 높을수록 대량마케팅이 더 효과적인 전략이된다.

시장세분화 전략은 크게 두 가지 측면에서 변화를 가져온다. 첫째, 고객만족도를 높여서 가격탄력성을 낮춘다. 이것은 가격을 상승시킬 수 있는 여건을 만족시킨다. 둘째, 시장세분화는 비용을 증가시킨다. 시장세분화 전략은 이론적으로 세분시장의 개수에 비례하여 고정비를 증가시킨다. 고정비의 증가는 단위당 평균비용의 증가를 의미한다. 식 (4-23)에 기초하여 계산하여 보면, 전체시장을 두 개의 세분시장으로 나누어서 공략하는 경우에 고정비용이 증가하는데 똑같은 수준의 손익분기점을 갖기 위해서는 $|\epsilon|-1$이 절반으로 줄어야 한다. 세분화 전략을 통해서 가격 탄력성은 (두 세분시장 모두에 대해서) 다음과 같은 수준($|\epsilon'|$)으로 낮아질 수 있어야 한다.

$$|\epsilon|' \leq \frac{|\epsilon|+1}{2} \quad \text{(2개 세분시장의 경우)} \qquad\qquad \textbf{(4-24)}$$

(앞에서의 가정과 마찬가지로) 만약 전체 시장을 규모가 똑같은 n개의 세분시장으로 나눈다고 가정해보자. 모든 세분시장의 판매량이 똑같고, 세분시장별 판매량을 종합한 총 판매량을 Q라고 할 때, 세분시장 마케팅전략의 손익분기점이 대량마케팅 전략과 같아지기 위해서는 세분시장 마케팅을 통해서 달성해야 하는 가격탄력성은 다음과 같다.

$$|\epsilon|' \leq \frac{|\epsilon|+n-1}{n} \quad \text{(n개 세분시장의 경우)} \qquad\qquad \textbf{(4-25)}$$

세분화 전략을 통해서 위 공식에서 제시한 수준까지 가격탄력성을 감소시킬 수 없다면 기업은 대량마케팅 전략을 실행하거나 아니면 모든 세분시장이 아닌 특정한 한 개 혹은 소수의(n−1개 이하의) 세분시장에만 집중하여 제품을 제공하는 집중화 전략을 실행해야 한다. 그러나 현실적으로는 범위의 경제(economies of scope) 등을 고려할 때 대부분의 경우 그 정도까지 가격탄력성이 낮아질 필요는 없을 것이다.

Porter(1980, 1985)는 기업들이 활용할 수 있는 전략을 크게 3가지로 구분지었다. 비용우위전략(cost leadership), 차별화 전략(differentiation), 그리고 집중화 전략(focus)이다. 이들 세 가지 전략은 경쟁범위와 경쟁우위 원천이 무엇이냐의 두 가지 차원에 따라 아래와 같이 구분된다.

〈표 4-1〉 Porter(1980)의 본원적 전략

		경쟁우위 원천	
		낮음 비용	차별화
경쟁범위	넓은 표적시장	비용우위 전략	차별화 전략
	좁은 표적시장	집중화 전략	

기업 입장에서 비용적인 부담이 가장 큰 전략은 차별화 전략이다. 모든 세분시장에 대해서 차별화된 제품을 공급한다는 것은 증가된 세분시장만큼 고정비용이 증가됨을 의미한다. 실제로 이러한 수준의 높은 고정비 증가를 기업들이 감당하기 어렵기 때문에 기업들은 여러 세분 시장 중 한 개 혹은 몇 개의 세분시장만 골라서 진입하는 집중화 전략을 사용하게 된다. 고객의 이질성이 매우 높아서 세분화를 통한 틴력성 감소가 크게 일어날 수 있는 경우에만 차별화 전략을 활용할 수 있다. 고객 이질성이 높다는 것은 곧 그만큼 차별화된 제품으로 가격탄력성이 낮아질 수 있는 가능성이 높음을 의미하기 때문이다. 차별화 전략이 성공하기 위해서는 (높은 소비자 이질성에 기초하여) 가격탄력성을 낮출 수 있어야 하고, 또한 고정비용도 낮아야 한다. 모든 세분시장들에 대해서 가격탄력성을 낮춰서 차별화된 고가격의 제품을 판매한다면 이것은 차별화 전략이다. 고객 이질성과 총비용 중 고정비용의 비율이 전략을 선택하는 데 가장 중요하게 고려되어야 할 요소이다(〈표 4-2〉 참조). 대규모의 설비투자 등 고정비용이 크게 들어가지 않는 서비스 산업에서는 차별화 전략을 활용하기에 매우 유리하다. 반대로 고객 이질성이 낮고 고정비용이 크다면 비용우위 전략을 선택해야 한다. 이질성이 크고 고정비용도 크다면 집중화 전략을 선택해야 한다. 가격탄력성이 아주 낮은 경우에는 가격이 매우 높게 책정될 수 있고, 표적시장의 규모는 작지만 매우 수익성이 높은 사업을 유지할 수 있다. 이러한 전략을 집중화 전략으로 볼 수 있다. 전략 수립에 있어서 경쟁자의 전략도 매우 중요하게 고려되어야 할 것이다. 경쟁자들과 비교해서 자금력이 약한 기업은 대량마케팅이나 차별화보다는 집중화 전략을 구사할 수밖에 없다. 이질성이 낮고 고정비용도 낮다면 세 가지 전략 모두 다 가능하다. 이러한 상황은 경제학에서 가정하는 완전경쟁시장과 유사한 상황이며, 어떤 전략으로도 지속적 경쟁우위를 확보하기는 어렵다.

〈표 4-2〉 고정비용과 고객 이질성이 전략 선택에 미치는 영향

		고정비용	
		낮음	**높음**
고객 이질성 (heterogeneity)	높음	차별화 전략 (표적시장 마케팅)	집중화 전략 (표적시장 마케팅)
	낮음	3가지 전략 모두 가능	비용우위전략 (대량마케팅)

손익분기점의 관점에서 보면 고정비용이 낮아지는 것은 가격탄력성을 낮추는 전략과 같은 효과를 가진다(식 (4-22) 참조). 즉, 고정비용이 낮아지면 그만큼 작은 규모 시장을 통해서도 수익을 올릴 수 있다. 앞의 분석 사례에서, 다른 요소들은 모두 똑같고 고정비용만 10,000,000원에서 1/10 수준인 1,000,000원으로 급격히 낮아졌다고 가정해 보자. 이런 경우에는 이전과 비교해서 탄력성이 훨씬 높은 상황에서도 이윤이 발생할 수 있음을 알 수 있다([그림 4-3]과 [그림 4-7]을 비교).

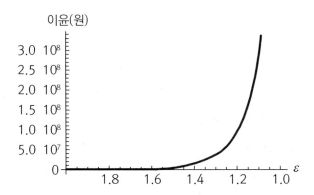

[그림 4-7] 가격탄력성(ϵ)과 최고 수익(Π^*)과의 관계
(FC=1,000,000원, VC=5,000원, k=1,000,000,000인 경우)

고정비용의 감소에 따른 수익성 증가를 롱테일 법칙과 연결시켜 생각할 수 있다. 롱테일 법칙을 주장한 Anderson(2006)은 정보기술이 대중화됨에 따라

생산과 유통비용이 낮아져서 독특한 욕구를 가진 다양한 소규모 하위시장들이 모두 수익성이 높은 시장으로 변화하고 있다고 주장하였다. 이러한 변화가 생긴 근본 동인으로 Anderson은 3가지를 제시하고 있다. 첫째, 생산도구의 대중화이다. 단편적인 예로, PC를 통해서 단편영화나 앨범을 제작할 수 있는 능력을 갖춘 사람이 수백만에 달하고 있다. 이것은 생산을 위한 고정비용의 극적인 감소를 의미하고, 이를 통해 손익분기점이 매우 낮아졌음을 의미한다. 이것은 아주 작은 세분시장도 수익성 있게 충족될 수 있음을 의미한다. 둘째, 유통비의 감소이다. 생산비가 낮아져도 유통비가 높다면 소규모 시장이 개척될 수 없다. 셋째는 광고 및 검색비용의 감소이다. 생산도구의 대중화로 생산자 수가 크게 늘어나더라도 이들을 소비자와 연결시켜 줄 수 있는 정보전달경로가 없다면 구매가 일어나지 않는다. 인터넷을 통하여 정보검색 비용이 매우 낮아졌기 때문에 이를 통해서 생산자와 소비자가 쉽게 만날 수 있게 되었다. 정보기술의 발달로 전 세계적으로 분산되어 있던 소규모 시장들이 하나로 묶이면서 일정수준 이상의 규모를 가진 시장으로 변모되는 것 역시 롱테일 법칙을 발생시키는 원인이 된다. 기업 이윤의 관점에서 볼 때 생산 고정비용의 감소는 가격탄력성의 감소와 같은 효과를 가진다. 요즘과 같이 고객 욕구의 다양성이 심화되는 상황에서 생산 및 유통 비용의 감소는 기업들로 하여금 시장세분화와 차별화 전략을 더욱 많이 활용하도록 만들 것이다. 이제는 소비자 욕구의 다양성보다 오히려 생산 및 유통, 그리고 정보전달 비용의 감소가 가장 중요한 경영환경의 변화로 등장하게 되었다. 그러므로 기업들은 이러한 기술적 변화가 제공하는 기회를 최대한 활용하려고 노력해야 할 것이다. 이러한 변화는 시장의 진입장벽을 낮춰서 소규모 기업들에게 이전과는 차원이 다른 수준의 많은 사업기회를 제공할 것이며, 또한 손익분기점을 낮춰서 규모가 작은 세분시장도 수익성 있는 시장으로 변환시킬 것이다. 고정비용의 감소가 특화된 제품/서비스로 달성된 낮은 가격탄력성과 결합한다면 기업들은 대량 맞춤화(mass customization) 전략을 활용할 수 있게 될 것이다. 고정비용 감소로 진입장벽이 낮아지고, 가변비용까지 낮아짐에 따라서 가격은 0에 가까워짐에 따라, 개별 기업들의 이윤이 줄어들게 되면 시장은 완전경쟁에 가까운 형태로 변하게 될 것이다. 이러한 변화는 높은 수준의 이윤이 지속적으로 유지되어야 하는 대기업들에 큰 위협으로 작용하게 될 것이다. Linux 운영체제(OS)가 Microsoft사에 위협이 되고, 카카오톡과 같은 소규모 업체가 SK텔레콤과 같은 대형통신사에게 위협이 될 수 있는 것은 이러한 경쟁환경의 변화를 반영하고 있는 것이다. 이러한 환경에서 규모가 큰 기업들이 생존하기 위해서는 더욱 강력한 브랜드 자산을 구축해야 할 것이다. 소규모의 신생기업들이 새로운 기능과 좋은 품질의 파괴적 혁신(destructive innovation)으로 시장을 잠식해 들어오더라도 대다수의 소비자들이 이들 제품에 대해서 느끼는 불확실성이 제거될 때까지는 상당한 시간이 필요하기 때문에 강력한 브랜드 자산을 구축해 놓은 기존 업체들은 신생기업의 공격에 대응할 수 있는 시간을 벌 수 있다.

앞의 〈표 4-2〉에서 고객의 다양성과 고정비용의 규모가 제품차별화 가능성에 영향을 주는 가장 중요한 요인들로 가정하였다. 제품차별화에 영향을 주는 요인은 크게 3가지로 정리해 볼 수 있다(Lancaster, 1975). 첫째는 소비자 욕구의 다양성(이질성), 둘째는 차별화 가능한 속성 수, 셋째는 규모의 경제 존재 여부이다. 차별화 가능한 속성의 수가 많은 것은 소비자 욕구가 다양해지기 위한 필요조건이다. 그러므로 소비자 욕구의 다양성은 차별화 가능 속성수의 개념을 내포하고 있다고 볼 수 있기에 위의 표와 같이 두 가지 차원으로 요약될 수 있다. 소비자 욕구가 동질적이며, 차별화 가능 속성수가 적고, 규모의 경제가 존재하지 않는 시장에서는 제품차별화는 매우 낮은 수준으로 이루어진다(Lancaster, 1975). 반대로 만약 규모의 경제가 발생하지 않는다면 매우 높은 수준의 차별화와 맞춤서비스가 가능하다. 이런 경우 어느 정도의 차별화가 발생하는가는 오직 소비자 욕구의 다양성에 달려있다. 규모의 경제와 소비자 이질성은 기업 전략을 형성하는 시장의 가장 큰 두 가지 힘이고, 이 두 가지 힘 중 어느 것이 더 강하냐에 따라서 기업의 전략이 결정된다. 시장 환경은 점점 세분화 전략을 향해 가고 있지만 여전히 세분화 전략은 비용에 대한 부담을 가중시키고 있다. 고객만족은 매우 중요하지만 고객만족이 그에 상응하는 가격인상이나 고객유지로 이어질 수 있을 때 효과가 있다. 이러한 긍정적 효과와 비교해서 지나치게 많은 비용을 발생시키는 만족 프로그램은 기업 이윤에 도움을 주지 못한다. 제품에 대한 소비자들의 욕구나 취향이 크게 다르지 않거나 소비자들이 가격에 매우 민감한 경우, 그리고 대규모의 설비투자가 필요한 경우 대량마케팅이 더 효과적일 것이다.

4 공헌이익에 의한 가격 결정법

최적가격을 결정하려면 가격탄력성을 알아야 한다. 그러나 현실적으로 가격탄력성을 정확히 아는 것은 어렵기 때문에 좀 더 현실적으로 가격전략을 실행할 수 있는 방법을 고려해 보아야 할 것이다. 간단하게 실행해 볼 수 있는 방법은 이윤을 증가시키기 위해서 현재 가격에서 가격을 올려야 하는가 혹은 내려야하는가를 대략적으로 예측해 보는 것이다. 현재 가격과 판매량을 P_1과 Q_1이라고 하고, 새로이 변화된 가격과 판매량을 P_2와 Q_2라고 하자. 현재의 이윤(Π_1)과 가격변화 이후의 이윤(Π_2)을 다음과 같이 나타낼 수 있다.

$$\Pi_1 = P_1 \cdot Q_1 - (FC + VC \cdot Q_1) \tag{4-26}$$
$$\Pi_2 = P_2 \cdot Q_2 - (FC + VC \cdot Q_2)$$

예를 들어, 가격을 20% 올렸을 경우($P_2 = 1.2P_1$), 판매량이 얼마나 줄어들어야 같은 수준의 이윤이 유지되는가를 알아보기 위해서는 아래의 식에서 x를 구하면 된다.

$$P_1 \cdot Q_1 - (FC + VC \cdot Q_1) \tag{4-27}$$
$$= P_2 \cdot Q_2 - (FC + VC \cdot Q_2)$$
$$= 1.2P_1 \cdot (1+x)Q_1 - (FC + VC \cdot (1+x)Q_1)$$

이 식에서 $(1+x)Q_1 = Q_2$이다. CM_1은 이전의 공헌이익을, CM_2은 변화된 공헌이익을 나타낸다면 x는 다음과 같이 구해진다.

$$x = \frac{(P_1 - VC) - (1.2P_1 - VC)}{1.2P_1 - VC} \tag{4-28}$$
$$= \frac{CM_1 - CM_2}{CM_2}$$

식 (4−28)뿐 아니라 식 (4−6)에서 보이듯이 가격인상으로 증가된 공헌이익의 비율만큼 판매량 비율이 감소되면 이윤은 똑같이 유지된다. 예를 들어, 아래의 표와 같이 가격이 변화한다고 가정해 보자.

〈표 4-3〉 가격 결정에 있어서 비용의 역할: 가변비용(VC)이 가격(P)의 60%인 경우

현재(원)		20%의 가격	
		감소(원)	증가(원)
가격	P_1	$0.8P_1$	$1.2P_1$
가변비용(VC)	$0.6P_1$	$0.6P_1$	$0.6P_1$
공헌이익(CM)	$0.4P_1$	$0.2P_1$	$0.6P_1$

가변비용이 원래 가격의 60%인 경우를 가정해 보자. 가격인상이나 인하에 상관없이 가변비용은 일정하게 유지한다고 가정하자. 가격이 20% 줄어든다면, 이익을 이전과 같은 수준으로 유지하려면 판매량이 몇 % 증가되어야 하는가를 앞의 공식으로 계산해 보면 판매량은 다음과 같이 100% 증가되어야 한다.

$$x = \frac{(0.4P_1 - 0.2P_1)}{0.2P_1} = 100\%$$

가격을 20%증가시켰을 때 이윤이 감소하지 않으려면 어느 정도까지 판매량의 감소를 감당할 수 있을지는 다음과 같이 계산된다.

$$x = \frac{(0.4P_1 - 0.6P_1)}{0.6P_1} = -33.3\%$$

가격을 20% 증가시켜서 판매량이 감소하더라도 33.3% 이상만 줄지 않으면 오히려 이익이라는 의미이다. 가변비용이 원래 가격의 20%인 경우를 똑같은 방식으로 계산해 보면, 20%의 가격인하 시에 과거와 같은 수준의 이윤을 내기 위해서는 판매량이 33.3% 증가되어야 하지만, 반대로 20%의 가격인상의 경우, 이윤의 감소를 피하려면 20%의 판매량 감소밖에는 감당할 수 없다. 10%의 가격인하에 대한 판매량 변화는 14.3%이고, 10% 가격인상에 대해서는 -11.1%이다. 가변비용의 비중이 커질수록 가격이 변화할 때 똑같은 수준의 수익을 발생시키는 판매량의 변화는 더 커진다. 식 (4-12)에서 가변비용이 높으면 가격이 이윤에 미치는 영향력이 커진다는 것을 보인 바 있다. 공헌이익의 증감과 판매량의 증감을 비교하여 수익성의 변화를 파악할 수 있다. 가격을 올리거나 낮추었을 때 위와 같은 계산에 의해서 이윤이 더 증가하지 않는다면 현재 시점이 최적가격이다. 앞선 분석에서는 가격탄력성이 고정되어 있다고 가정하였기 때문에 가격탄력성이 1보다 작으면 이론적으로 가격을 무한대로 올릴 수 있다. 그러나 현실에서는 가격을 인상하다 보면 가격탄력성이 조금씩 높아져서 1보다 커지게 되고 어느 시점에는 인상을 멈춰야 하는 최적가격에 도달하게 될 것이라 예상할 수 있다.

5 결론

　시장세분화에 기초한 표적시장 마케팅 전략은 현재에도 널리 활용되고 있을 뿐 아니라 앞으로도 더욱 확산되어 적용될 것이다. 소비자 욕구의 다양성 증가, 일부 계층의 가처분 소득 증가 그리고 고정비용의 감소 등 다양한 요인이 이러한 움직임을 가속화시키고 있다. 가격탄력성은 매우 고전적인 개념이지만 여전히 중요하고 의미 있는 개념이다. 이 연구는 분석을 통해서 가격탄력성을 낮추는 것은 항상 높은 이윤을 가져옴을 보였다. 가격탄력성을 낮추는 전략 중 가장 대표적인 방법이 시장세분화와 이를 통한 차별화 전략이다. 물론 세분화를 하지 않고 전체 소비자들을 대상으로 똑같은 제품을 제공하면서 품질을 개선하는 것도 가격탄력성을 낮추는 좋은 방법이다. 그러나 소비자의 욕구가 점점 더 다양화됨에 따라서 시장세분화와 차별화 전략을 통하지 않고서는 높은 수준의 고객만족을 달성하기는 점점 더 어려워질 것이다. 기업들은 이러한 시대의 변화를 이해하고 이에 맞게 전략을 변화시켜야 할 것이고, 더욱 차별화된 제품을 시장에 제공하여야 할 것이다. 그러나 한편으로는 전 세계적인 경기침체로 소비자의 가격탄력성이 높아짐에 따라 가격인상 전략은 더 이상 큰 효과를 발휘하기 어려울 수 있다. 소비자의 가격탄력성 변화와 함께 생산도구의 대중화로 인한 고정비용의 감소는 경영환경을 변화시키는 가장 큰 힘으로 작용할 것이다. 정보통신의 발달에 의한 생산비용과 유통비용, 광고와 검색비용의 감소, 그리고 디지털 재화의 증가 등에 의해서 기업의 고정비용 부담이 감소하고 있고, 이것은 큰 가격인상 없이 세분화 및 차별화 전략을 가능하게 만들어주고 있다. 경영자들은 가격탄력성과 고정비용의 변화가 그들의 전략선택에 어떤 영향을 미치는지를 이해해야 할 것이다. 이제 경영자들은 더 높은 고객만족을 달성시키려는 노력과 함께 발전된 IT 기술을 최대한 활용하여 생산, 유통, 광고비용을 최소화하여 고도의 세분화전략을 구사하는데 주력해야 할 것이다. 고도의 세분화가 낮은 가격에서 이루어지는 대량 맞춤화는 모든 기업들이 궁극적으로 추구해야할 전략적 지향점이 될 것이다. 그러나 세분화와 차별화라는 거대한 흐름 속에서도 항상 비용에 대한 철저한 고려가 있어야 한다는 것이 본 연구의 핵심적 주장이다. 높은 고객만족과 비용절감이라는 두 가지 목표를 모두 달성하는 것은 여전히 어려운 과제이며, 이 둘 사이에서 적절한 균형점을 찾아야 하는 경영자들은 점점 더 어려운 전략적 의사결정에 당면하고 있다.

  시장세분화는 마케팅 전략에서 가장 중요한 개념임에도 불구하고 시장세분화 전략이 과연 효과적인가에 대한 사전적인 분석은 매우 어렵다. 그렇기 때문에 많은 경우 마케터는 직감에 의존하여 결정한다. 이 연구에서는 세분화 전략의 효과성에 대한 이론적 분석을 제안하였다. 시장 세분화 전략의 효과성을 파악하기 위해서는 시장세분화 이후 탄력성의 변화와 공헌이익의 변화, 그리고 각각의 세분시장에서의 판매량을 알아야 한다. 이러한 분석에 기초하여 경영자들은 세분화 전략이 반드시 만병통치약이 아님을 또한 알아야 할 것이다. 경영자들은 경우에 따라서 비용우위 전략을 추구할 필요성도 있다. 21세기에 접어든 요즘의 경영환경에서도 대량생산과 규모의 경제는 여전히 강력한 힘을 발휘하고 있다. Levitt(1960) 그리고 Tellis와 Golder(2001) 등 역시 규모의 경제와 대량마케팅의 힘을 강조하고 있다. Levitt 교수는 유명한 "마케팅 근시안(Marketing Myopia)"이란 글을 통해서 기업 경영자의 입장에서 보면 가격이 낮아지면 수요가 증가되는 것이 아니라 수요가 증가되면 가격이 낮아지게 된다는 역설적인 주장을 하였다. 이러한 수요증가와 가격인하의 선순환이 대규모의 시장을 개척할 수 있게 만들어 준다는 것을 제시하였다. 대량생산과 대량마케팅으로 성공한 기업을 설명하기 위해서, 포드(Ford)사의 모델T와 같은 오래전 사례를 언급할 필요는 없다. 반도체, TV, 스마트폰 등으로 세계시장을 석권한 우리나라의 삼성전자와 같은 기업 뿐 아니라, 그리고 미국의 인텔(Intel), 마이크로소프트(Microsoft), 월마트(Walmart), 맥도날드(McDonalds), 스타벅스(Starbucks), 질레트(Gillette), 제록스(Xerox) 등의 성공한 기업들이 활용한 전략은 표적시장 마케팅이 아니라 오히려 대량마케팅 전략에 가깝다(Tellis

& Golder, 2001 참조). 월마트와 같은 대형유통업체뿐 아니라 맥도날드와 스타벅스와 같은 기업들도 생산, 및 물류와 재고 등의 업무에서 대량화 및 효율화를 통한 비용절감에 기업의 역량을 집중하고 있다. 일본의 패션업체인 유니클로(Uniqlo)는 대량생산에 의한 가격 절감이 핵심적인 경쟁우위임에도 불구하고 겉으로 보기에는 매우 다양한 제품을 통한 차별화 전략을 구사하는 기업으로 비춰지고 있다. 소비자 욕구의 다양화뿐 아니라 기업들 간의 경쟁의 심화와 소비자의 협상력 증가로 인해서 가격인하에 대한 시장의 압력이 커지고 있는 요즘과 같은 상황에서 대량화와 차별화가 결합된 대량 맞춤화는 성공을 위한 필수적인 전략이 될 것이다. 정보기술 및 생산기술의 발전은 이 두 가지 목표를 동시에 달성하는 것을 가능하게 해줄 것이다.

　기업이 효과적인 마케팅 전략을 수립하기 위해서는 자사의 비용구조와 고객의 가격탄력성을 모두 파악해야 한다. 본 연구에서는 가격탄력성을 낮추는 것이 기업의 이윤에 항상 긍정적인 영향을 미친다는 것을 명시적으로 보였다. 마케팅은 전통적으로 품질, 디자인 등 가격 외적인 요인들과 시장 세분화를 중요시해 왔다. 그러나 시장 세분화에 따른 비용증가에 대해서도 큰 관심을 기울이지 않았다. 이는 마케팅의 초점이 생산의 효율성이나 비용절감보다는 차별화와 고객만족을 더 중시해 왔기 때문이다. 그러나 표적시장 마케팅과 대량 마케팅 중에 어느 것이 더 우월한 전략이라고 단정해서 말하기는 어렵다. 대량마케팅에서 표적시장 마케팅으로 옮겨가는 거대한 흐름을 거스를 수 없을 것이지만, 각자의 사업이 당면한 상황에서 어느 전략이 더 효과적일지에 대한 철저한 분석과 고민은 필요할 것이다. 특히 자사제품의 비용구조에 대한 이해는 성공적인 마케팅 전략수립을 위해서 꼭 필요할 것이다. 가격탄력성과 비용에 기초한 전략의 타당성 분석은 그동안 마케팅 분야에서 오히려 간과되어 온 부분이기에 본 연구의 가치가 있다고 하겠다. Kotler(2002)에 따르면 마케팅의 본질은 '수요 관리(demand management)'이다. 마케팅 활동은 크게 두 가지 방식으로 수요에 영향을 주는 것으로 요약할 수 있다. 첫째는 광고 등을 통해 수요를 자극하여 상품이 더 많이 구매되도록 만드는 것이고, 둘째는 수요의 가격탄력성을 낮춰서 더 높은 가격을 받을 수 있도록 하는 것이다. 수요곡선으로 설명하면, 전자는 수요곡선을 오른쪽으로 이동시키는 것이고, 후자는 수요곡선의 기울기를 가파르게 만드는 것이다. 이 연구는 마케팅 활동의 핵심은 후자에 있다고 가정하고, 이에 초점을 두고 논의를 진행하였다.

제 5 장

지배확률과 생존확률이 브랜드의 시장점유율에 미치는 영향

1 서론

시장점유율을 높이는 것은 마케팅 활동의 중요한 목표 중 하나이다. 시장점유율 혹은 선택확률을 결정하는 요인들은 곧 소비자의 구매의사결정에 영향을 주며, 이러한 요인들을 파악하기 위하여 다양한 관점의 많은 연구가 이루어져 왔다. 제품의 지각된 효용뿐 아니라 광고 및 판매촉진 등 다양한 마케팅 활동, 고객충성도, 그리고 시장진입 시점 등 다양한 요인이 시장점유율 혹은 선택확률에 영향을 준다(Carpenter & Nakamoto, 1989; Guadagni & Little, 1984; McFadden, 1973; Urban et al., 1990). 그 외에도 선택집합의 구성(Huber, Payne, & Puto, 1982; Simonson, 1989; Tversky & Simonson, 1993), 비교되는 경쟁 대안(Hsee & Leclerc, 1998), 그리고 기억으로부터의 인출용이성(accessibility) (Nedungadi, 1990) 등 다양한 상황적 요인도 선택확률에 영향을 미치게 된다.

매우 다양한 요인이 시장점유율에 영향을 미치지만 가장 단순화된 원칙으로 제시되는 점유율 법칙은 다음과 같다. 여러 가지 마케팅 활동의 영향력은 궁극적으로 하나의 척도, 즉 지각된 효용(가치) 혹은 매력도(attractiveness)로 요약될 수 있고, 이러한 효용이 증가함에 따라서 시장점유율도 증가한다(Bell, Keeney, & Little, 1975; Luce, 1959). Bell, Keeney와 Little(1975)이 제시한 시장점유율 이론(market share theorem)에 따르면, ① 대안의 매력도는 비음수(nonnegative)이며, ② 매력도가 0인 대안의 점유율은 0이며, ③ 같은 수준의 매력도를 가진 대안들은 같은 수준의 시장점유율을 차지하며, ④ 특정 대안의 점유율은 경쟁 대안들 중 어떤 대안의 매력도가 증가하더라도 똑같은 영향을 받는다. 이들 가정에서 유도된 점유율 공식은 Luce(1959)의 점유율 모형이나 다항로짓 모형(McFadden, 1973)의 형태와 일치한다.

그러나 이러한 법칙에 기초한 선택모형들이 설명하지 못하는 현상들이 시장에서 흔히 발생한다. 몇 가지 예를 들면, 첫째, 틈새시장 전략의 효과성이다. 전체시장 내에는 수많은 세분시장들이 존재한다. 어떤 브랜드는 규모가 크고 경쟁이 치열한 세분시장에 진입하여 생존하지 못하고 소멸되는 반면, 또 다른 어떤 브랜드는 비교적 경쟁이 적은 세분시장, 혹은 틈새시장에 진입하여 작지만 일정한 수준의 점유율을 차지하면서 생존한다. 그러나 틈새시장에서 생존한 브랜드의 효용이 주류시장(mainstream market)에서 생존하지 못한 브랜드의 효용보다 항상 더 높다고 단정하기는 어렵다. 둘째, 다항로짓 모형을 비롯하여 널리 활용되는 선택모형들은 일정 수준의 효용을 가진 대안에 대해서는 항상 양의 점유율을 예측한다. 즉, 효용에 기반한 대부분의 점유율 모형에 따르면 시장에 진입하는 모든 대안은 (효용이 0이 아닌 이상) 일정 수준의 점유율을 차지하며 생존해야 한다. 그러나 대부분의 시장에서 생존하는 브랜드는 전체 진입 브랜드 중 소수에 불과하다(A. C. Nielson 보고서, 1999). 이러한 관점에서 보면 기존에 널리 활용되는 선택모형은 생존자들을 위한 모형일 뿐, 생존 여부조차 불투명한 신규진입 브랜드들에게 유용한 시사점을 제공하지 못한다. 또한 점유율 법칙에 따르면 경쟁 대안의 매력도가 증가되는 상황에서는, 어떤 경쟁 대안이나 자사 대안의 점유율에 똑같은 영향을 미쳐야 한다. 그러나 자사 대안과 다른 세분시장에 속한 경쟁 대안의 품질이 좋아지는 것보다 같은 세분시장 내의 경쟁 제품의 품질이 좋아지는 것이 자사 대안에 더 큰 피해를 줄 것이다. 이러한 예들에 비추어 볼 때, 기존의 시장점유율 법칙과는 다른 새로운 접근방법을 통한 시장점유율 분석이 필요하다고 결론지을 수 있다.

본 연구에서는 기존의 점유율 법칙의 한계점을 보완하기 위하여 생존확률(survival probability)이라는 새로운 개념을 제안한다. 생존확률이란 브랜드가 시장에 진입한 이후 경쟁에서 살아남아 일정 수준의 점유율을 확보할 확률로 정의한다. 확률적 효용극대화 이론(random utility maximization)(Marschak, 1960)에 기초하여 대안들 간의 지배확률이라는 개념을 제시하고, 이로부터 생존확률을 도출하여 시장점유율(혹은 선택확률) 계산에 활용하는 방법을 제안한다. 이 연구에서는 소비자의 선호 불확실성이 매우 높은 상황, 특히 속성 중요도에 대한 불확실성이 높은 상황을 가정한다(Simonson, 1989). 또한 전체 시장은 여러 개의 세분시장으로 나뉘어 있고, 세분시장은 크기에 비례하여 진입하는 경쟁 대안들의 수도 증가한다고 가정한다. 이러한 가정에 기초한 분석을 통하여 결론적으로 세분시장 내에서 평가되는 효용이 모두 같더라도 시장 전체의 차원에서 보면 대안들 간 점유율의 차이가 발생할 수 있음을 보이고자 한다.

시장점유율 법칙으로 설명되지 못하는 유사성 효과(similarity effect), 유인효과(attraction effect) 등의 맥락효과를 반영하기 위해서 많은 이론들이 이미 제시되었으나(Huber, Payne, & Puto, 1982; Simonson, 1989; Tversky, 1972) 이 연구들에서 역시 생존확률의 개념이나 소비자 선호의 불확실성 및 세분시장의 개념이 반영되지 못하였다. 이 연구에서는 마케팅 전략의 핵심 개념들 중 하나인 표적시장 선정 문제가 시장점유율과 어떤 관련성을 가지는지를 보이고, 오늘날과 같이 소비자의 선호(속성 중요도)가 매우 다양하고, 속성값에 대한 지각된 불확실성이 높은 상황에서의 기업이 어떻게 마케팅 전략을 수립해야 하는지에 대한 시사점을 제공하고자 한다. 이러한 상황에서는 기존 연구들이 강조해 온 선택확률이나 시장점유율의 개념보다는 경쟁자를 지배할 확률이나 생존확률에 초점을 맞춰야 함을 제안한다. 이어지는 부분에서는 확률적 효용극대화 모형을 소개하고, 지배확률과 생존확률의 개념을 제시하고자 한다.

2 확률적 효용극대화 모형과 다속성 선호도 모형, 그리고 지배확률

지배(dominance)라는 개념은 선택 이론에서 매우 중요한 위치를 차지해 왔으며(Robinson & Hurley, 1999), 대안들 간의 지배관계가 소비자 선택에 어떤 영향을 미치는가에 대해서 많은 연구가 이루어져 왔다(Huber et al., 1982; Montgomery, 1983). 대안 A가 대안 B를 지배한다는(dominate) 것은 A가 모든 속성에서 B보다 우월함을 의미한다(Cascetta & Papola, 2009; Tversky & Kahneman, 1986). Huber 등(1982)은 비대칭적으로 지배된(asymmetrically dominated) 대안의 진입이 지배하는 대안의 점유율을 체계적으로 증가시킴을 보였다. 만약 선택집합에 오직 두 개의 대안만이 존재한다면, 하나의 대안이 다른 대안을 지배할 때, 지배하는 대안을 선택할 확률은 이론적으로 1이 된다(Huber & Sewall, 1978). 대안이 선택될 확률과 그 대안이 다른 대안을 지배할 확률과의 관련성을 체계적으로 분석하기 위해 다음과 같이 네 개의 사건을 구분해 보자. A_C는 A대안이 선택되는 것(choice), A_S는 A가 생존하는 것(survival), A_D는 A가 선택집합 내 다른 대안들을 지배하는 것(dominance), 그리고 A_{Da}는 선택집합 내 다른 대안들에 의해서 A가 지배되는 것을(being dominated) 의미한다. 선택집합 T에서 대안 A를 선택할 확률을 $P_T(A_C)$라고 하자(표기상의 단순함을 위해서 이를 $P_T(A)$라고 하자). 확률적 효용극대화 이론에 따르면 A를 선택할 확률은 다음과 같다(Marschak, 1960; McFadden, 1973).

$$P_T(A) = \Pr(u_A > u_j, \text{ for all } j \in T) \tag{5-1}$$

A의 효용(u_A)은 다시 확정적(deterministic) 부분(v_A)과 확률적(random) 부분(ϵ_A)으로 분리된다.

$$u_A = v_A + \epsilon_A \tag{5-2}$$

다속성 선호도 모형을 확률적 효용극대화 모형에 적용하여(Fishbein & Ajzen, 1975; Hauser & Shugan, 1983; Lancaster, 1966), 소비자들이 두 개의 속성(x와 y)에 기초하여 대안을 평가한다고 가정하면 대안 A의 효용은 다음과 같이 나타내진다.

$$u_A = w_x x_A + w_y y_A \tag{5-3}$$

w_x와 w_y는 소비자가 속성 중요도를 나타내고($w_x, w_y > 0$), x_A와 y_A는 각각 속성 x와 속성 y에 대한 대안 A의 값을 나타낸다. 속성 중요도와 속성 수준 값들 모두 불확실성은 포함한 확률변수로 볼 수 있다. 선택집합에 오직 두 개의 대안만 존재한다고 가정하면(T={A, B}), 대안 A를 선택할 확률은 다음과 같이 정의된다.

$$P_T(A) = \Pr(w_x x_A + w_y y_A > w_x x_B + w_y y_B) \tag{5-4}$$

$x_A - x_B$는 줄여서 x_δ로, $y_A - y_B$는 y_δ로 나타내면 A의 선택확률은 다음과 같다(Tversky, 1969; Tversky & Simonson, 1993 참조). 표현상의 단순함을 위해서 이후의 모든 확률 표현에서 아래첨자 T를 생략하도록 하겠다.

$$
\begin{aligned}
P(A) &= \Pr(w_x(x_A - x_B) + w_y(y_A - y_B) > 0) \\
&= \Pr(w_x x_\delta + w_y y_\delta > 0) \\
&= \Pr\left(y_\delta > -\frac{w_x}{w_y} x_\delta\right)
\end{aligned}
\tag{5-5}
$$

[그림 5-1]과 같이 x_δ와 y_δ의 분포가 원으로 표현된다면, P(A)는 원 안에서

빗금 친 부분의 비율이다.

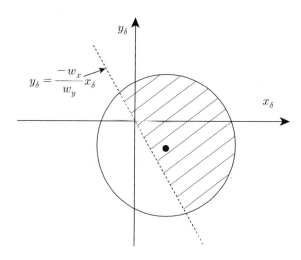

[그림 5-1] x_δ와 y_δ의 분포와 대안 A를 선택할 확률(빗금 친 부분의 비율)

이제 지배확률(dominance probability)과 생존확률(survival probability)에 대해서 논의해 보자. $P(A_D)$는 대안 A가 선택집합 내에 다른 대안들 모두를 지배할 확률을, $P(A_{Dd})$는 다른 대안들에 의해서(다른 대안들 중 하나 이상에 의해서) A가 지배될 확률을 나타낸다고 정의하자.

$$P(A_D) = P(x_A > x_j \text{ and } y_A > y_j, \text{ for } all\ j \in T) \tag{5-6}$$

$$P(A_{Dd}) = P(x_A < x_j \text{ and } y_A < y_j, \text{ for } any\ j \in T) \tag{5-7}$$

선택집합에 오직 두 개의 대안만이 존재할 경우, A가 B를 지배할 확률 $P(A_D)$를 $P(A \gg B)$로 표기하자.

$$
\begin{aligned}
P(A \gg B) &\equiv \Pr(x_\delta > 0 \text{ and } y_\delta > 0) \\
&= \Pr(y_\delta > 0 \,|\, x_\delta > 0)\Pr(x_\delta > 0) \\
&= \Pr(\frac{y_\delta}{x_\delta} > 0 \,|\, x_\delta > 0)\Pr(x_\delta > 0)
\end{aligned}
\tag{5-8}
$$

속성 중요도는 항상 양수($w_x, w_y > 0$)라고 가정하였기 때문에, x_δ와 y_δ가 양수값을 가진다면 속성 중요도 값에 상관없이 P(A)는 항상 1이 된다(식 (5-5) 참조). x_δ와 y_δ가 모두 양수(positive)라는 것은 대안 A가 대안 B를 지배함을 (dominate) 의미한다([그림 5-1]에서 1사분면에 나타나는 빗금 친 부분).

$$P(A|A_D) = 1 \tag{5-9}$$

생존확률에 대해서 논의해 보자. $P(A_S)$는 대안 A가 시장에서 생존할 확률을 의미하는데 이 확률은 A대안이 선택될 확률이 0보다 클 확률로 정의하자.

$$P(A_S) = \Pr(P(A) \neq 0) \tag{5-10}$$

소비자의 이질성이 극단적인 상황, 즉 속성 중요도 w_x, w_y가 0보다 큰 어떤 값도 가질 수 있는 상황이라면, A가 B를 완전하게 지배하지 않는 한 B는 항상 0 이상의 점유율을 차지할 수 있다(Simonson, 1989, p. 161). 즉, 어떤 대안의 전반적인 매력도가 매우 낮더라도 특정 속성에서 경쟁자보다 뛰어난 면이 있다면 그 속성을 매우 중요시하는 소비자에 의해서 선택될 수 있음을 의미한다. 그러므로 소비자 선호의 다양성이 매우 높은 시장에서는 경쟁 대안에 의해서 지배되지만 않으면, 즉 대안들 간 속성에서 트레이드오프(trade-off) 관계만 존재한다면 생존은 가능하다.

$$P(A|A_{Dd}) = \Pr(u_A > u_B | x_\delta < 0 \text{ and } y_\delta < 0) = 0 \tag{5-11}$$

이러한 논리에 의해 소비자 이질성이 매우 높은 시장에서 생존확률은 지배확률과 직접적으로 관련된다. 대안 A가 시장에서 살아남을 확률(survival probability), $P(A_S)$는 다음과 같이 정의될 수 있다.

$$P(A_S) = 1 - P(A_{Dd}) \qquad\qquad \text{(5-12)}$$

기존에 널리 활용되는 선택모형들은 시장 내의 모든 대안들이 생존한다고 가정한다. 그러한 가정을 명시적으로 드러내지는 않더라도 적어도 생존한 대안들의 점유율에만 초점을 맞추고 있다. 기존의 연구들에서는 대안들이 생존할 확률에 대해서는 관심을 갖지 못했기 때문에 시장에서 생존할 수 있을지 여부조차 불투명한 기업들, 특히 시장에 새로이 진입하고자 하는 기업들에게 대해서 의미 있는 마케팅적인 시사점을 제시해 주지 못하였다. 물론 생존이라는 개념을 시장점유율이 0보다 크다는 의미로 국한할 수는 없다. 매출이 발생하더라도 충분한 수익성이 보장되지 않으면 사업을 지속하기 어려울 것이다. 그러나 이 연구에서는 생존의 개념을 점유율에 대해 국한하여 정의하고자 한다. 이어지는 절에서는 지배확률과 선택확률, 그리고 생존확률의 관련성과 차이점에 대해서 자세히 논의하고자 한다.

3 | 지배확률, 생존확률, 그리고 선택확률

대안들 간의 지배관계를 확률적 효용극대화 모형에 포함시키려는 시도가 없었던 것은 아니었으나(Cascetta & Papola, 2009; Huber & Sewall, 1978), 확률적 효용극대화에 기초한 대부분의 모형들은 대안들 간의 지배관계가 점유율에 미치는 영향을 간과해 왔다. 이제 지배확률과 선택확률, 그리고 생존확률의 관계에 대해서 살펴보자. 소비자가 지각하는 불확실성에는 두 가지 종류가 있다. 한 가지는 속성 수준(x_δ와 y_δ)에 대한 불확실성이고, 다른 하나는 속성 중요도(w_x와 w_y)에 대한 불확실성이다(Simonson, 1989). 동시에 이 두 가지의 영향을 분석할 수는 없으므로, 우선 속성 중요도($\frac{w_x}{w_y}$)가 고정되어 있다고 가정하고, 속성 수준이 확률적이라고 가정하고 분석하도록 하자. 식 (5-5)로부터 다음이 유도될 수 있다.

$$\text{만약 } x_\delta > 0 \text{이면, } P(A) = \Pr(\frac{-y_\delta}{x_\delta} < \frac{w_x}{w_y}), \text{ 그리고}$$

$$\text{만약 } x_\delta < 0 \text{이면, } P(A) = \Pr(\frac{-y_\delta}{x_\delta} > \frac{w_x}{w_y}).$$

그러므로 대안 A를 선택할 확률은 다음과 같이 두 부분으로 나누어 나타낼 수 있다.

$$P(A) = \Pr(\frac{-y_\delta}{x_\delta} < \frac{w_x}{w_y} \mid x_\delta > 0)\Pr(x_\delta > 0) \tag{5-13}$$
$$+ \Pr(\frac{-y_\delta}{x_\delta} > \frac{w_x}{w_y} \mid x_\delta < 0)\Pr(x_\delta < 0)$$

속성값 x와 y는 연속확률본포를 따른다고 가정하자(Hauser & Simmie, 1981; Carpenter, 1989). 식 (5-13)에서 선택확률을 구성하는 두 부분 중 앞부분은 또다시 두 부분으로 나뉠 수 있다.

$$\Pr(\frac{-y_\delta}{x_\delta} < \frac{w_x}{w_y} \mid x_\delta > 0)\Pr(x_\delta > 0) \tag{5-14}$$
$$= \Pr(\frac{-y_\delta}{x_\delta} < 0 \mid x_\delta > 0)\Pr(x_\delta > 0)$$
$$+ \Pr(0 < \frac{-y_\delta}{x_\delta} < \frac{w_x}{w_y} \mid x_\delta > 0)\Pr(x_\delta > 0)$$

첫 번째 부분 $\Pr(\frac{-y_\delta}{x_\delta} < 0 \mid x_\delta > 0)\Pr(x_\delta > 0)$이 나타내는 것은 A가 B를

지배할 확률이다(식 (5-8) 참조). 참고로 $\Pr(\dfrac{-y_\delta}{x_\delta}<0)$은 A 혹은 B가 서로 상대대안을 지배할 확률을 나타낸다.

$$\Pr(\frac{-y_\delta}{x_\delta}<0)=P(A\gg B)+P(B\gg A) \qquad\text{(5-15)}$$

반대로 속성 간 트레이드오프 관계가 존재할 확률은 $\Pr(\dfrac{-y_\delta}{x_\delta}>0)$ 이다. 식 (5-14)에서 두 번째 부분은 A가 B를 지배하지는 않지만(속성 간 트레이드오프 관계 존재함) A의 효용이 B보다 클 확률을 의미한다. 결과적으로 A를 선택할 확률은 다음과 같은 세 부분으로 나뉜다(식 (5-13), (5-14)로부터 유도).

$$P(A)=\Pr(\frac{-y_\delta}{x_\delta}<0\,|\,x_\delta>0)\Pr(x_\delta>0) \qquad\text{(5-16)}$$
$$+\Pr(0<\frac{-y_\delta}{x_\delta}<\frac{w_x}{w_y}\,|\,x_\delta>0)\Pr(x_\delta>0)$$
$$+\Pr(\frac{-y_\delta}{x_\delta}>\frac{w_x}{w_y}\,|\,x_\delta<0)\Pr(x_\delta<0)$$

세 부분으로 분리된 A의 선택확률(식 5-16)에서 첫 번째 부분의 확률은 [그림 5-1]에서 1사분면(오른쪽 위), 두 번째 부분은 4사분면(오른쪽 아래), 그리고 세 번째 부분은 2사분면(왼쪽 위)에서 각각 빗금 친 부분의 비율을 나타낸다. 1사분면과 3사분면은 두 대안이 서로 지배관계에 있는 영역이고, 2사분면과 4사분면은 대안들이 트레이드오프 관계에 있는 영역이다. 즉, A를 선택할 확률은 A가 B를 지배할 확률과 지배하지는 않지만 B보다 효용이 높을 확률로 나뉠 수 있다. 기존의 많은 선택 모형들이 대안들이 서로 트레이드오프 관계에 있는 상황만 가정하고 있는데(Hauser & Shugan, 1983; McFadden, 1973), 이러한 상황에서 A의 선택확률은 식 (5-16)에서 두 번째와 세 번째 부분만으로 구성될 것이다. A가 선택될 확률은 A가 B를 지배할 확률(첫 번째 부분)과 A가

B를 지배하지는 않지만 효용이 높을 확률(두 번째, 세 번째 부분)의 결합이다.

A가 B를 지배하는 경우에는 A의 선택확률이 소비자의 속성 중요도에 의해서 영향을 받지 않는다. 그러나 A와 B가 서로 트레이드오프 관계에 있을 때에는 속성 중요도에 의해서 영향을 받는다. 속성 중요도가 매우 다양하게 분포되어 있는 상황을 가정하면 경쟁 대안에 의해서 지배만 되지 않는다면 일정 수준의 점유율은 차지할 수 있다. 예를 들어, $\ln \frac{w_x}{w_y}$가 정규분포를 따른다고 가정하는 경우가 이에 해당할 것이다. 앞에서 정의했듯이 특정 대안의 생존확률은 경쟁 대안에 의해 지배되지 않을 확률이다.

$$P(A_S) = 1 - P(B \gg A) \qquad \text{(5-17)}$$
$$= P(A \gg B) + \Pr\left(\frac{-y_\delta}{x_\delta} > 0\right)$$

경쟁자의 입장에서 보면 소비자 선호에 무관하게 경쟁자의 생존을 막는 방법은 경쟁자를 지배하는 방법이다. 경쟁자를 지배하는 대안은 소비자 선호의 이질성과 무관하게 항상 점유율은 1이 되기 때문이다. 소비자 선호에 대한 불확실성이 매우 높거나 혹은 소비자 선호에 대한 정보가 전혀 없는 기업이 실패하지 않기 위해서는 경쟁자를 지배하는 전략에 의존할 수밖에 없다. 자신의 선호에 대한 불확실성이 높을수록 소비자의 지배하는 대안에 대한 선호가 높아지는 것도(Montgomery, 1989) 이러한 이유에서이다.

지배확률과 선택확률, 생존확률은 [그림 5-2]와 같은 관계로 간단히 설명할 수 있다. 경쟁자를 지배할 확률보다는 선택될 확률이 높고, 선택될 확률보다는 생존할 확률이 높다.

$$P(A_S|A) = 1 \qquad \text{(5-18)}$$
$$P(A|A \gg B) = 1 \qquad \text{(5-19)}$$

경쟁 제품을 지배한다는 것은 선택되기 위한 충분조건이며, 선택되었다는

것은 생존하기 위한 충분조건이다. 반대로 생존하는 것은 선택되기 위한 필요
조건이며, 마찬가지로 선택된다는 것은 지배되기 위한 필요조건이다.

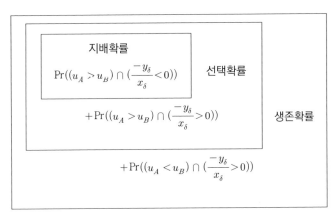

[그림 5-2] 지배확률($P(A \gg B)$), 선택확률($P(A)$), 그리고 생존확률($P(A_S)$)

    마케팅 목표는 매우 다양하게 수립될 수 있다. 매출이나 수익을 높이는 것
도 중요하지만 시장점유율을 높이는 것 역시 매우 중요한 목표가 될 것이다.
가장 이상적인 목표는 모든 측면에서 경쟁 제품보다 우월한 제품을 제공하는
것, 즉 경쟁 대안들을 지배하는 것이다. 그것은 곧 점유율 100%를 차지함을 의
미하고, 시장을 독점함을 의미하기 때문이다. 만약 모든 경쟁자를 완벽하게
지배할 수 있다면 소비자 욕구의 다양성을 파악할 필요도 없어진다. 그러나
소비자 욕구가 다양하여 여러 개의 세분시장으로 분화된 시장에서 모든 경쟁
자를 지배하는 것은 현실적으로 불가능하다. 차선책으로 활용할 수 있는 전략
은 소비자의 선호를 파악하여 매력도가 높고 경쟁력을 확보할 수 있는 표적시
장을 찾아내서 점유율을 극대화시키는 것이다. 그러나 기업이 활용할 수 있는
최후의 전략은 경쟁자 지배도 아니고, 점유율 극대화도 아닌 단순한 '생존'이
다. 시장에서 생존가능성, $P(A_S)$를 극대화하는 전략은 (기대) 시장점유율(선
택확률; $P(A)$)을 극대화하는 전략과 다르다. 이어지는 절에서는 세분시장의
규모가 커짐에 따라 진입하는 경쟁자들의 수가 증가하고, 세분시장마다 생존

확률이 다르다고 가정하면, 대안들의 효용이 같더라도 점유율에서 차이가 발생할 수 있음에 대해서 논의하도록 하겠다.

4 생존확률이 경쟁 대안들의 점유율 분포에 미치는 영향

세분시장의 규모가 클수록 더욱 매력적인 시장이기 때문에 더 많은 경쟁자들이 모여들 것이다(Lorange, 1975). 세분시장에 진입하는 경쟁자들의 수는 세분시장의 크기에 비례한다고 가정하면 어느 세분시장에서든지 한 개의 대안이 차지하는 시장의 규모는 거의 비슷해질 것이고, 전체 시장 내에서의 모든 대안들의 점유율도 비슷해질 것이라고 기대할 수 있다. 그러나 이것은 모든 대안이 다 생존한다고 가정하거나, 모든 세분시장에서 대안들이 생존할 확률이 같다고 가정했을 경우에만 성립한다. 만약 생존확률이 세분시장마다 다르다면 모든 대안들의 효용이 같더라도 대안들마다 점유율은 달라질 것이다. 여러 개의 세분시장들 중에 더 규모가 크고 매력적인 시장에 더 많은 경쟁자들이 모이게 될 것이고, 그것이 낮은 생존확률로 이어진다면, 생존한 대안의 점유율은 더욱 커지게 될 것이다. 예를 들어, 전체 시장에 두 개의 하위시장(세분시장)이 존재하고 둘 중 하나가 다른 하나에 비해서 10배의 크기를 가졌다고 가정하자. 시장이 완벽하게 구조화되어서, 서로 다른 하위시장 간에는 경쟁이 일어나지 않는다고 가정하자. 오직 하나의 대안만 존재하는 세분시장에서 생존확률은 1이 될 것이다. 이보다 10배 큰 세분시장에 진입한 10개의 경쟁자가 모두가 생존한다면 대안들 간 점유율의 차이가 크게 발생하지 않을 것이다. 그러나 10개 중 2~3개만 생존하게 된다면 생존 대안들은 상대적으로 높은 점유율을 차지함으로서 대안들 간 점유율의 차이가 발생할 것이다.

먼저, 유사한 두 개의 대안 간에 선택확률과 생존확률에 대해서 살펴보자.

대안 A와 B의 속성값들이 모두 확률분포를 따르고, 확정적 부분과 확률적 부분으로 구분된다고 가정하자.

$$x_A = \bar{x}_A + \epsilon_{x_A}, \quad x_B = \bar{x}_B + \epsilon_{x_B}$$

$$y_A = \bar{y}_A + \epsilon_{y_A}, \quad y_B = \bar{y}_B + \epsilon_{y_B}$$

위 식에서 $\bar{x}_A$와 $\bar{y}_A$는 확정적인 부분이고, ϵ_{x_A}와 ϵ_{y_A}은 확률적 부분이다 (대안 B의 경우도 마찬가지). ϵ_x와 ϵ_y는 독립적인 확률 변수로서 각각 $\epsilon_{x_A} - \epsilon_{x_B}$와 $\epsilon_{y_A} - \epsilon_{y_B}$를 나타낸다. ϵ_x와 ϵ_y는 평균을 중심으로 대칭적인 확률분포를 나타낸다고 가정하자. 세분시장 내의 모든 대안들은 유사성이 매우 높다고 가정하자. $\bar{x}_A = \bar{x}_B$ ($\bar{x}_\delta = 0$)이고, $\bar{y}_A = \bar{y}_B$ ($\bar{y}_\delta = 0$)인 경우에 모든 분산이 0보다 크다면, 소비자 이질성이 높은 상황에서 다음과 같은 결과가 유도된다([그림 5-1] 참조).

$$P(A) = \Pr\left(w_x\epsilon_x + w_y\epsilon_y > 0\right) = \frac{1}{2} = P(B)$$

$$P(A \gg B) = P(B \gg A) = \frac{1}{4},$$

$$P(A_S) = P(B_S) = \frac{3}{4},$$

$$P(A|A_S) = P(B|B_S) = \frac{2}{3}$$

이러한 결과는 확률적 효용극대화 가정과 속성값 차이의 분포가 대칭적인 분포를 따른다는 가정하에서의 결과이다. 속성값 평균이 같은 경우가 아니라도 분산이 매우 큰 경우는 평균이 선택확률에 미치는 영향력이 미약하게 되고, 위와 같은 결과가 유도된다. 전체 시장에 오직 두 개의 세분시장만 존재하고, 한 개의 세분시장은 그 규모가 다른 세분시장에 비해서 두 배라고 가정하자.

같은 세분시장 내의 소비자들은 선호구조가 평균적으로는 매우 유사하고, 세분시장 내 모든 대안들은 유사한 수준의 속성값을 가지고 있다고 가정하자. 그리고 높은 불확실성이 존재하는 시장으로서 속성 지각에 대한 불확실성도 매우 높고, 소비자 선호도 넓게 퍼진 형태로 분포되어 있다고 가정하자. 이런 시장의 소비자 선호도 분포를 예를 들어 나타내면 [그림 5-4]와 같다.

위의 가정에 기초하면, 전체시장에 총 3개의 경쟁 대안들이 있을 때 셋 중 둘은 큰 세분시장으로 진입하고, 다른 하나는 작은 세분시장으로 진입할 것이다. 작은 시장에 진입한 대안은 경쟁 대안이 없기 때문에 생존확률은 1이고, 그 세분시장 내에서의 점유율은 100%이다(전체 시장에서의 점유율은 $\frac{1}{3}$일 것이다). 큰 세분시장에서 둘 중 한 개의 대안의 입장에서 생존확률은 $\frac{3}{4}$이다. 특정 세분시장에서 생존대안의 수의 기댓값은 시장에 진입하는 대안들의 수에 생존확률을 곱한 값이다. 그러므로 큰 세분시장에서 기대되는 생존자 수는 $2 \times \frac{3}{4} = 1.5$이다(실제로 1.5개의 대안이 생존할 수는 없고, 이 값은 수학적으로 계산된 기댓값이다). 작은 세분시장의 크기가 1이라고 하면 큰 세분시장의 크기는 2이기 때문에 큰 시장에서 생존한 대안에 의해 점유되는 시장의 규모는 평균 $\frac{2}{1.5} = 1.33$이다.

만약 가장 작은 세분시장의 세 배의 크기를 가진 세분시장이 또 하나 존재하고 이 시장에 세 개의 경쟁 대안이 진입하여 서로 경쟁한다고 가정해 보자. 어떤 한 대안이 경쟁 대안 둘 중 어느 하나에게라도 지배될 확률은 $\frac{1}{4} + \frac{1}{4} - \frac{1}{16} = \frac{7}{16}$이다($\frac{1}{16}$은 경쟁 대안 둘 모두에게 지배될 확률이다). 그렇다면 생존확률은 $\frac{9}{16} = 0.56$이고, 기대되는 생존자 수는 1.68이다. 그리고 생존자가 차지하는 시장규모는 가장 작은 세분시장의 1.79배이다. 만약 가장 작은 세분시장과 비교해서 네 배 더 큰 세분시장이 있고, 이 시장에 네 개의 경쟁 대안들이 진입한다면 특정한 대안의 생존확률은 $(\frac{1}{4} \times 3) - (\frac{1}{16} \times 3) + \frac{1}{64} = \frac{37}{64}$이다. 그러므로 생존확률은 $1 - \frac{37}{64} = 0.42$이고, 기대되는 생존자 수는 1.68이다. 그리고 생존자가 차지하게 될 시장규모는 가장 작은 시장의 2.38배이다. 일반적으로 만약 세분시장의 규모가 가장 작은 세분시장의 n배이고, 그에 따라 n개의 경쟁 대안들이 경쟁한다면, 특정 대안이 지배될 확률은 다음과 같다.

$$P(A_{Dd}) = \frac{1}{4}\binom{n-1}{1} - \frac{1}{4^2}\binom{n-1}{2} + \frac{1}{4^3}\binom{n-1}{3} - \frac{1}{4^4}\binom{n-1}{4} \cdots \frac{1}{4^{n-1}}\binom{n-1}{n-1}$$

$$= \sum_{i=1}^{n-1}\left[(-1)^{i-1} \cdot \frac{1}{4^i} \cdot \binom{n-1}{i}\right] \qquad \textbf{(5-20)}$$

$P(A_S) = 1 - P(A_{Dd})$ 이기 때문에 생존확률도 구할 수 있다. 표로 나타내면 다음과 같다.

〈표 5-1〉 세분시장 내 경쟁 대안 수와 생존확률

대안 수	경쟁 대안에 의해 지배될 확률	생존확률	평균 생존자 수	생존자 점유 시장 규모
1	0	1	1	1
2	$\frac{1}{4} = 0.25$	$\frac{3}{4} = 0.75$	1.5	1.33
3	$\frac{7}{16} = 0.44$	$\frac{9}{16} = 0.56$	1.68	1.79
4	$\frac{37}{64} = 0.58$	$\frac{27}{64} = 0.42$	1.68	2.38
5	$\frac{175}{256} = 0.68$	$\frac{81}{256} = 0.32$	1.6	3.13

선택집합(세분시장)에 n개의 유사한 경쟁 대안들이 존재한다면 그중 어떤 한 대안의 관점에서 보면 생존할 확률은 $\frac{3^{n-1}}{4^{n-1}}$ 이다. 그러므로 세분시장에 경쟁자 수가 많을수록, 세분시장 내 대안들의 각각의 생존확률은 낮아진다. 만약 세분시장에 진입하는 경쟁자 수가 세분시장의 크기에 비례한다면, 세분시장의 규모가 클수록 생존한 대안이 차지하는 점유율을 더 커질 것이다. n개의 유사한 대안이 존재하는 세분시장에서 생존자 한 개가 차지하는 시장의 규모는 가장 작은 세분시장의 $\frac{4^{n-1}}{3^{n-1}}$ 배가 될 것이다. 그러므로 모든 경쟁 대안들이

세분시장에 관계없이 같은 시장점유율을 기대하고 시장으로 진입하지만 실제로는 더 큰 세분시장의 경쟁 대안들이 더 높은 점유율을 차지하게 된다.

Tversky(1972)의 속성별 제거모형에 의하면, 세분시장 내에 유사성이 높은 대안들은 많다면 그들은 서로 점유율을 나누어 가지게 된다. 만약 시장규모와 경쟁자 수가 비례한다면 한 개 대안의 점유율은 일정하게 유지될 것이다. 그러나 Tversky(1972)의 연구를 비롯한 많은 기존 연구들에서 유사한 대안들이 많아지면 지배되어 생존하지 못하는 대안들도 증가될 수 있다는 점을 언급하지 못했다. 진입하는 대안들이 모두 생존하지 못하고, 생존한 소수만 점유율을 차지한다면 생존자의 점유율은 규모가 큰 세분시장일수록 더욱 커질 것이다. 기존에 맥락효과를 다루는 모형에서도 생존확률의 개념을 포함하지 못하였고, 세분시장의 규모가 다르다는 것을 고려하지 못하였다.

좀 더 엄격한 이론적 분석을 위해서 하나의 대안에 의해서가 아니라 두 개 이상의 경쟁 대안들에 의해서 지배되는 공동지배(joint dominance)의 개념을 고려해 보자(Hauser & Shugan, 1983). 예를 들어, 선택집합에 3개의 경쟁 대안이 존재한다고 가정해 보자. 초점 대안(대안 A)가 다른 두 대안들(B, C) 중 어떤 하나의 대안에 의해서도 지배되지 않았지만 두 대안에 의해서 공동으로 지

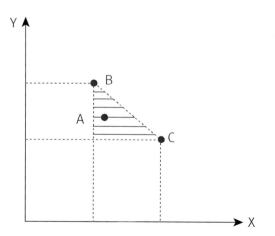

[그림 5-3] 대안 A가 B 혹은 C에 의해서 지배되지는 않았지만
B와 C에 의해서 공동지배 된 경우

배될 수 있다([그림 5-3]).

만약 대안 A가 앞의 그림에서 빗금 친 삼각형 영역 안에 위치한다면 대안 B에 의해서 지배된 것도 아니고, C에 의해서 지배된 것도 아니지만 A는 어떤 상황에서도 소비자로부터 선택될 수 없다. 소위 효율적인 경계(efficient frontier)상에 존재하지 않는 대안은 선택될 수 없다(Hauser & Simmie, 1981; Hauser & Shugan, 1983). A가 B와 C에 의해 공동지배를 받을 확률을 $P(BC \gg A)$라고 하면, $P(BC \gg A)$는 다음과 같이 계산될 수 있다(〈부록 3〉 참조).

$$P(BC \gg A) = \frac{1}{32} \tag{5-21}$$

$$\begin{aligned} P(A_{Dd}) &= P(B \gg A \text{ or } C \gg A) + P(BC \gg A) \\ &= \frac{1}{32} + \frac{7}{16} = \frac{15}{32} \end{aligned} \tag{5-22}$$

그러므로 $P(A_S) = 1 - \frac{15}{32} = \frac{17}{32} \approx 0.53$. 매우 높은 유사성을 가진(속성값이 거의 같은) 두 경쟁 대안들 중에서 특정한 한 대안이 생존할 확률은 0.53이다. 그리고 생존한 대안이 차지하게 될 점유율은 아무런 경쟁이 없는 가장 작은 세분시장에 진입한 대안의 점유율보다 $\frac{32}{17} \approx 1.88$배 크다.

이론적으로, 만약 n개의 경쟁 대안들이 세분시장에 존재한다면, 생존확률의 일반식은 다음과 같다(〈부록 3〉 참조).

$$P(A_S) = (\frac{3}{4})^{n-1} - L \tag{5-23}$$

앞의 식에서 n<3이면 L=0이고, $n \geq 3$이면, $L = \sum_{m=1}^{k} [(-1)^{m-1} \cdot \frac{\binom{k}{m}}{32^m}]$인데, 여기서 k는 초점 대안을 공동지배할 수 있는 경쟁자 쌍의 가능한 모든 조합의 수를 나타낸다. 즉, $k = \binom{n-1}{2}$이다. 만약 n=3이면 k=1, n=4이면 k=3, 만약 n=5이면, k=6, 만약 n=6이면 k=10 등이다. 만약 세분시장에 다섯 개의 경쟁 대안이 존재한다면 생존확률은 0.15이다.

이와 같이 세분시장의 규모에 상관없이 세분시장 내 경쟁자 수가 많아질수록 생존확률은 낮아진다. 생존자 수가 줄어듦에 따라서 생존한 대안이 차지하는 점유율은 상대적으로 커지게 된다. 그러나 어떤 세분시장이건 상관없이 생존한 대안이 얻게 되는 시장점유율에 생존확률을 곱한 값은 모든 대안들에 대해서 일정하다. 베이즈 법칙을 적용하면 전체시장 내의 모든 대안 i에 대해서 자신이 속한 세분시장 j에서 선택될 확률 $P_j(i)$는 다음과 같다.

$$P_j(i) = P_j(i|i_S)P_j(i_S) = k(\text{상수}) \ (\text{모든 i와 j에 대해서}) \qquad \textbf{(5-24)}$$

주류시장을 공략하는 기업들은 낮은 생존확률을 당면하게 되는데, 그럼에도 불구하고 만약 생존한다면 높은 점유율을 차지하게 되는 것이다. 그러므로 세분시장들의 규모가 모두 같지 않고 세분시장에 진입하는 대안들의 수가 세분시장의 크기에 비례한다면 대안들 간 점유율의 차이는 피할 수 없다.

전통적으로 선택모형은 대안들의 효용이 선택확률에 미치는 영향에 초점을 맞추어 왔다. 그러나 현실적으로는 각기 다른 세분시장의 효용을 비교하는 것도 큰 의미가 없다. 절대적인 수준에서 효용이 낮은 대안도 작은 틈새시장에서 살아남는 반면, 높은 효용의 제품도 더 강력한 경쟁자가 가까이 있기 때문에 시장에서 퇴출될 수 있다. 간단한 수치적인 예를 들어 보자. 두 개의 세분시장이 존재하는데, 한 개의 세분시장(세분시장 1)에서 소비자들의 속성 중요도는 $w_x = 0.7$, $w_y = 0.3$이고, 다른 세분시장(세분시장 2)에서 $w_x = 0.2$, $w_y = 0.8$이다(이것은 평균값이고 이를 중심으로 분산을 또한 가진다). 세분시장 1의 크기는 세분시장 2의 두 배라고 가정하자. 세분시장 내에서 소비자들의 선호는 매우 동질적이라고 가정하자. 전체 시장에서 평균을 계산하면(더 큰 시장에 두 배의 가중치를 두어 계산하면) $w_x = 0.53$, $w_y = 0.47$이다. 두 개의 경쟁 대안이 존재하고, 이들을 각각 A와 B라고 지칭하자. A대안은 둘 중 더 큰 세분시장을 표적으로 하고, B는 작은 세분시장을 표적시장으로 선정하였다. 더 큰 세분시장을 공략하는 브랜드 A의 속성값은 $x_A = 8$, $y_A = 6$이며, 작은 세분시장을 공략하는 대안 B의 속성값은 $x_B = 5$, $y_B = 8$이다. 다속성 선호모형에 의하면 대안 A의 매력도는 세분시장 1에서 7.4($=0.7 \times 8 + 0.3 \times 6$)이며, 대안 B의 매력도 역시 세분시장 2에서 7.4($=0.2 \times 5 + 0.8 \times 8$)이다. 두 대안의 매력도는 같지만 A시장의 규모가 더 크기 때문에 A의 점유율은 66.7%가 될 것이며, 대안 B의 점유율은 33.3%가 될 것이다. 이런 상황에서 새로운 경쟁자가 존재한다면 그 경쟁자는 너 큰 세분시장에 진입하고자 할 것이다. 왜냐하면 모든 기업들은 기대점유율을 극대화한다고 가정할 수 있기 때문이다. 그렇다면 모든 대안의 점유율은 33.3%로 같아질 것인가. 그러나 규모가 큰 시장에서는 생존확률이 낮아지기 때문에 생존한 대안의 점유율은 높아지게 된다. 만약 시장이 구조화되어 있지 않고 위의 속성 중요도를 평균한 값을 통해 전체적인 선호도를 계산하면 A의 선호도는 7.06이고, B의 선호도는 6.41이다. Luce 모형에 따르면 A의 점유율은 52%, B의 점유율은 48%가 된다. 세분시장의 개념과 함께 생존확률을 통한 접근법이 점유율 분포에 대한 새로운 관점을 제시해 줄 수 있다.

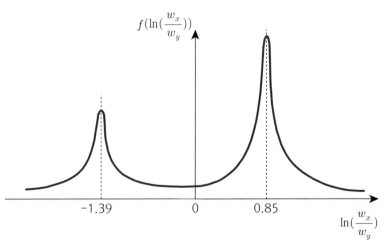

[그림 5-4] 가상적인 소비자 이질성 분포

5　마케팅 시사점

　　마케팅 전략 수립에 있어서 대두되는 가장 중요한 문제 중 하나는 표적시장 선정이다. 그럼에도 불구하고 표적시장 선정이 시장점유율과 어떤 관련성을 갖고 있는지에 대한 체계적인 연구들은 많지 않다. 특히 규모가 큰 세분시장과 규모가 작은 시장에 진입하는 전략이 서로 어떤 차이점을 가지는지에 대한 충분한 비교 연구가 이루어지지 않았다. Tellis와 Golder(2002)는 그동안 널리 받아들여져 오던 선도자 이점(pioneering advantage) 이론을 부정하면서, 장기적인 시장지배력에 가장 큰 영향을 미치는 요인은 진입시점이 아니라 대량소비시장을 충족시키겠다는 최고경영자의 비전(vision)이고, 이를 지속적으로 추진할 의지(will)라고 결론지었다. 그들은 점유율을 높이기 위해서는 규모가 큰 세분시장을 목표로 하는 것이 첫 번째 과제임을 제시하고 있다. 이러한 주장은 가장 높은 시장점유율을 차지하고자 하는 기업은 가장 규모가 큰 세분시장으로 진입해야 한다는 이 연구의 시사점과 일치한다. 다수의 고객이 집중되어 있는 대량소비시장을 공략하는 것은 매우 위험한 전략이지만, 지속적 혁신 노력으로 이 세분시장을 차지하여 엄청난 규모의 매출과 이익이 발생되면, 규모의 경제를 통한 비용절감과 높은 수익의 재투자로 장기적인 시장지배력을 유지할 수 있다고 주장하였다. 규모가 큰 세분시장과 작은 세분시장의 차이점에 대해서 이 연구에서는 생존확률의 개념을 도입하여 설명한다. 규모가 큰 시장일수록 경쟁은 더 치열해지기 때문에 생존확률은 낮아지지만, 만약 생존하게 된다면 높은 수준의 점유율을 차지할 수 있다. 대량 소비시장을 표적으로 하는 경쟁자가 지속적인 혁신으로 품질을 개선하고 가격을 인하하여 경쟁자를 지배하게 되면 순식간에 매출이 급상승하게 되는 사례가 많은 것은(Tellis & Golder, 2002) 이러한 시장 특성을 의미하는 것으로 볼 수 있다.

　　규모가 큰 주류 시장에서 충분한 경쟁력을 가질 수 있음에도 기업의 목표에 따라서 의도적으로 작은 세분시장을 표적으로 정할 수도 있다. 애플사의 매킨토시 컴퓨터의 사례를 들 수 있을 것이다. 1980년대 IBM PC와 애플의 매킨토시 PC를 비교하면, 소비자들은 IBM이 속도나 호환성 등의 측면에서 뛰어나지만 안정성 및 그래픽 기능 등의 측면에서는 매킨토시가 더 뛰어나다고 평가하였다. IBM PC는 내부구조를 공개하여 어느 기업에서라도 호환되는 컴퓨터를 만들게 하였지만 애플사의 매킨토시 컴퓨터는 자사 이외에는 어떤 기업도 같은 컴퓨터를 만들지 못하도록 하였다. 호환성과 가격을 중시하는 주류 시장을 점령한 것은 IBM이었다. 매킨토시 컴퓨터는 IBM과 비교해서 성능이 떨어진 것이 아니라, 다만 주류 시장을 표적으로 정하기 않았기 때문에 점유율이 낮았던 것이다. 애플이 주류시장을 표적으로 정했다면 호환성 등 다른 요인들을 중요시했을 것이다. IBM이 점령했던 주류시장은 역시 위험이 매우 높은 시장으로서 IBM의 뒤를 이어 Compaq, 그리고 Dell로 이 시장의 지배자가 변화되었다. 그러나 매킨토시는 그보다 작은 세분시장에서 상대적으로 높은 고객충성도를 유지하고 있다. 최근 스마트폰 시장에서도 아이폰과 안드로이드 OS를 활용하는 다른 업체들의 스마트폰의 경쟁이 치열하다. 호환성을 중시하는 대중들의 특성을 감안할 때(Moore, 1991) 아이폰이 주류시장을 지속적으로 점령할 수 있을지는 의문을 제기해 볼 수 있을 것이다. 그러나 장기적인 충성고객을 확보하는 데에는 아이폰과 같은 전략이 더 효과적일 것이다.

시장세분화, 표적시장 선정, 차별화, 그리고 틈새시장 전략 등이 모두 마케팅 전략을 구성하는 핵심 개념들이다. 이러한 개념들은 주류 시장에 진입하여 강력한 경쟁자와 직접 부딪히는 것은 그다지 효과적인 전략이 아님을 시사하고 있다. 반면, 실제로 시장의 지배자로 떠오른 기업들은 시장세분화 및 표적 마케팅 전략을 사용하지 않고 대량소비시장을 겨냥하는 마케팅 전략을 사용하였다(Tellis & Golder, 2002). 물론 이러한 두 가지 전략은 어떤 전략이 더 좋은 전략이라고 단정지을 수는 없고, 두 전략 모두 장점과 단점이 존재한다. 주류 시장은 수많은 경쟁자들이 모이기 때문에 생존은 어렵지만 만약 생존하게 되면 큰 보상을 얻게 되는 고위험/고수익(저점유율) 세분시장이고, 반대로 틈새시장 혹은 작은 규모의 세분시장은 저위험/저수익(저점유율) 세분시장이다.

기업이 고위험/고수익 전략을 추구하느냐, 아니면 저위험/저수익 전략을 추구하느냐의 문제는 결국 마케팅 전략의 초점을 시장지배에 맞출 것인가 아니면 생존에 맞출 것인가의 문제이다. 불확실성이 더욱 높아지게 될 미래의 시장에서 기업은 단순히 점유율을 극대화시키는 것이 아니라, 경쟁자를 지배하는 데 초점을 맞출 것인가, 아니면 경쟁자와 차별화하여 생존하는 데 초점을 맞출 것인가를 결정해야 할 것이다. 기업은 자사와 경쟁사의 자원, 장/단점, 목표, 사업 포트폴리오 등을 철저히 분석하여 어떤 전략을 선택할 것인지를 결정해야 할 것이다. 기업의 자원이 충분하고 다양한 사업분야에 진출하고 있어서 위험을 줄이고 있다면 고위험/고수익 시장을 표적으로 정할 수 있을 것이다. 또한 경쟁업체를 압도할 수 있는 제품기술이나 생산기술을 보유하고 있다면 주류시장으로 진입하는 것이 좋을 것이다. 또한 경쟁업체보다 빨리 시장 기회를 파악하였으며 시장선점으로 규모의 경제를 달성할 수 있는 시장이라면 주류시장으로 진입하는 것이 적합할 것이다. 그러나 높은 수준의 위험을 감당하기에 기업의 자원이 매우 제한적이라면, 위험이 낮고 생존 가능성이 높은 시장을 표적으로 정하는 것이 바람직할 것이다. 인터넷과 같은 새로운 매체의 등장은 이러한 틈새시장 전략의 효과성을 더욱 높여 주었다(Anderson, 2006). 그러나 시장 지배 전략이 반드시 자원이 많은 기업만이 실행할 수 있는 전략은 아니다. 자원의 제약을 극복하고 경쟁자를 지배하는 방법은 타사와의 전략적 제휴를 활용하는 것이다. 핸드폰 업체가 패션 업체와 제휴하여 디자인 측면이 강화된 핸드폰을 제공하는 예가 될 것이다.

전략 선택에 있어서 시장환경 역시 중요한 영향요인이 될 것이다. 점유율을 극대화하는 데 있어서는 시장 내 모든 경쟁자를 지배하는 것이 가장 이상적일 것이지만, 그것은 현실적으로 매우 어려운 목표이다. 특히 차별화 가능한 차원(속성)의 수가 매우 많은 제품 시장에서는 지배 전략의 활용은 거의 불가능하다. 품질뿐 아니라 내구성, 가격, 디자인, 이미지, 유통 편의성 등 차별화의 차원이 매우 다양하다면 지배가 아닌 생존 전략을 사용하는 기업에게는 더 유리한 환경이 된다. 강력한 경쟁자에 의해 지배되는 것을 피할 수 있는 방법이 많기 때문이다. 소비자의 욕구가 동질적인 시장, 예를 들어 반도체 시장에서는 지배전략을 추구하게 될 것이고, 욕구의 다양성이 큰 패션시장의 경우에는 생존에 초점을 두는 기업들이 많아질 것이라고 예측할 수 있다. 지배보다는 생존전략을 추구하는 기업에게 있어서 소비자의 욕구를 정확하게 파악하는 것이 더 중요하기 때문에 시장조사의 역할이 더욱 커질 것이다. 그 외에도 최고경영자가 주류시장 지배에 대해서 어느 정도 야망을 가지고 있는가(Hamel & Prahalad, 1989; Tellis & Golder, 2002), 그리고 자사의 경쟁우위에 대해서 얼마나 확신을 가지고 있는가 역시 전략 선택에 영향을 줄 것이다.

6 결론 및 한계점

이 연구는 몇 가지 가정에 기초한 확률적 효용극대화 모형을 활용하여 시장 내 경쟁 대안들 간의 점유율 차이가 발생하는 이유에 대한 새로운 접근을 제시하였다. 이 연구는 이론적 분석으로서 분석을 위해 시장을 단순화한 몇 가지 가정에 기초하고 있다. 그러나 활용된 가정들, 예를 들어 다속성 선호도 모형이나 속성 중요도에 따른 시장세분화, 그리고 세분시장 규모의 차이, 세분시장 규모에 비례하는 경쟁자 수 등의 가정은 현실적인 시장상황에 기초한 것이다. 이들 가정에 기초하면, 선호도의 차이가 없더라도 점유율 차이가 발생함을 보였다. 그리고 기업 입장에서는 어느 세분시장에 진입할 것인가가 점유율에 중요한 영향을 미치는 것을 보일 수 있다. 다속성 선호도 모형으로 확률적 효용극대화 모형을 확장하면 지배효과를 설명할 수 있었고, 높은 선호 불확실성을 가정하면 지배확률로부터 생존확률의 개념을 도출해 낼 수 있다.

생존확률의 개념을 도입하여 점유율을 설명하고자 한 것이 기존 연구들과 다른 이 연구의 공헌점이다. 생존의 개념이 매우 중요함에도 불구하고 기존의 연구들에서는 생존확률에 대해서 그리 많은 관심을 기울이지 않았으며, 생존확률과 선택확률 혹은 시장점유율과의 관련성에 대해서도 언급하지 못하였다. 기존의 선택 모형은 생존한 대안들을 위한 모형이다. 그러므로 기존의 모형들은 생존 자체가 불투명한 기업이나 표적시장 선정을 위해 고민하는 기업들에게는 실제적인 시사점을 제공해 주지 못한다. 높은 점유율을 추구하는 것은 생존확률도 높이는 것과 같다고 생각하기 쉬우나, 이 연구의 분석을 통해서도 보여졌듯이 이 두 가지 개념은 약간의 차이점을 가지고 있다. 생존을 추구하는 기업은 강력한 경쟁자를 피하고, 규모가 작은 세분시장을 표적으로 삼아야 한다. 규모가 큰 시장과 규모가 작은 시장의 차이는 기대되는 점유율의 차이가 아니라 생존확률의 차이이다. 생존확률의 차이는 소비자 선호에 대한 불확실성이 높은 상황에서 경쟁자에 의해서 지배될 위험 정도의 차이이다. 손실회피 성향이 크고, 현상유지에 치중하는 기업들은 저위험/저수익 시장인 작은 규모의 세분시장에 특화된 제품/서비스를 제공하는 전략을 활용할 것이다. 많은 자원을 보유하고 있는 기업은 여러 개의 시장에서 위험이 높은 사업을 진행할 수 있기 때문에 그만큼 점유율이 높은 사업을 유지할 수 있다. 오늘날과 같이 경쟁이 치열하고 그에 따라 제품차별화가 더욱 어려워졌으며, 소비자 욕구도 다양한 시장환경에서 이 연구가 제공하는 시사점은 더욱 의미가 크다. 이러한 상황에서는 단순히 점유율을 높이겠다는 접근보다는 지배전략으로 갈 것인가, 생존전략으로 갈 것인가를 결정해야 할 것이다. 특히 소비자의 욕구가 매우 다양한 시장일수록 생존 자체는 더욱 쉬워지는 경향이 나타날 수 있기 때문에, 단순한 선택확률을 높이는 전략과 생존확률을 높이는 전략이 명확히 구분되어야 할 것이다.

이 연구에서는 효용이 아니라 소비자 이질성과 세분시장 내 생존확률이 대안들 간 점유율 차이를 가져올 수 있는 중요한 원인이 될 수 있음을 보였다. 세분시장의 규모가 차이가 나기 때문에 생존확률이 달라지고 그로 인해서 점유율의 차이가 난다는 것이 본 연구의 설명이다. 결국 점유율에 영향을 미치는 중요한 요인은 어떤 세분시장에 진입하느냐 하는 기업 스스로의 선택이 큰 영향을 준다. Tellis와 Golder(2002)의 주장과도 같이 높은 시장 점유율을 차지하는 기업은 시장에 먼저 진입하는 기업이 아니라 조금 늦더라도 주류 시장에 진입하여 지속적인 혁신노력으로 경쟁자를 지배하는 기업이다. 이 연구는 이론적인 연구였으나 앞으로도 소비자 이질성과 경쟁강도, 그리고 생존확률 등이 점유율에 미치는 영향에 대한 실증적 연구가 뒤따라야 할 것이다.

제 6 장

기업의 마케팅 역량 분석에
기초한 주식투자법

1 서론

'어떻게 하면 주식투자를 통해 높은 수익을 거둘 수 있는가?'라는 질문은 '어떤 기업이 장기적으로 크게 성장하는가'와 본질적으로 동일한 질문이다. 현대 경영학의 창시자인 Peter Drucker에게 많은 영향을 준 경제학자인 Ludwig von Mises는 자유로운 시장경쟁이 전제되는 자본주의 사회에서는 소비자의 가치와 수요를 정확히 파악하고 상품을 기획하는 기업가, 대중에 가장 잘 봉사하는 기업가가 그에 상응하는 보상을 받게 된다고 하였다(Mises, 1966). 그는 이러한 이상적인 시장상황에서는 경제를 움직이는 최고 권력은 소비자가 갖게 된다고 주장하며 소비자 주권(consumer sovereignty)의 개념을 제창하였다. 기업의 가치는 결국 기업의 장기적 성장성에 의해서 결정되며, 이것은 기업이 시장의 수요를 정확하게 파악하고 그에 맞춰 자원을 배분할 역량을 가지고 있는가에 의해 결정된다. 그러므로 주식투자를 위한 기업을 선정함에 있어서도 소비자의 욕구와 수요를 가장 잘 충족시킬 수 있는 역량을 보유한 기업을 선정하는 것이 바람직한 접근방법이라고 할 수 있다. 주식투자에 대한 이러한 접근법을 이 연구에서는 '마케팅 역량 분석에 기초한 주식투자법'이라고 지칭하고, 이에 대해 자세히 논의하고자 한다.

전통적으로 마케팅 활동의 성과 측정을 위해 사용되어 온 지표로는 브랜드 인지도, 선호도, 고객만족도(Fornell, 1992) 등이 있고, 그 외에 매출, 영업이익,

당기순이익 등의 재무적 지표들이 있다. 이들 지표는 마케팅의 단기적인 효과를 측정하는데 주로 사용되는 것들이었다. 그러나 마케팅 활동의 효과는 소비자의 마음속에 누적되어 장기적으로 나타나는 경우가 많다. 이러한 장기적인 누적효과를 총체적으로 반영하는 지표는 곧 그 기업의 시장가치 혹은 주주가치(shareholder value)이다(Gruca & Rego, 2005; Naver & Slater, 1990; Srivatava, Shervani, & Fahey, 1998). 기업의 시장가치는 그 기업의 내재가치를 반영하는데, 내재가치는 미래에 발생시킬 것으로 예상되는 모든 순이익(현금흐름)을 현재가치로 환산한 값으로 개념화할 수 있다(Rappaport, 1986). 뛰어난 제품과 탁월한 마케팅으로 높은 브랜드 자산이 형성되고 많은 충성고객이 확보되면, 이로 인해 지속적으로 안정적인 현금흐름이 발생할 수 있기 때문에 기업가치는 높아질 것이다. 그러므로 내재가치의 개념 안에는 고객충성도, 고객생애가치(customer lifetime value), 브랜드자산 등의 개념이 반영되어 있다(Aaker 1992; Anderson, Fornell, & Mazvancheryl, 2004; Berger & Nasr, 1998; Rust, Lemon, & Zeithaml, 2004).

주식투자 방식의 발전과정에 대한 논의에서 가장 중요하게 거론되는 인물 중 한 명은 Benjamin Graham이다. Graham은 1930~1940년대에 기업이 보유한 순자산과 현금흐름 창출능력에 비해서 지나치게 낮은 가격에 거래되고 있는 소위 '가치주'에 투자해야 한다는 주장을 폈다(Graham, 2005, 2008). 이후 1950~1960년대에 Philip Fisher는 Graham 방식의 한계를 지적하며, 저평가된 주식에 투자하기보다는 성장 잠재력이 높은 기업에 투자해야 한다는, 소위 '성장주' 투자 전략을 제안하였다(Fisher, 2003). Fisher는 매출이 성장하며 영업이익률이 높은 기업, 그리고 탁월한 마케팅, 연구개발(R&D), 생산, 그리고 재무 역량을 갖춘 기업에 투자해야 한다고 주장하였다. Drucker(1954)는 기업의 궁극적 목적은 고객을 창조하는 것이라고 하였는데, Fisher는 이러한 시장 창조 과정을 이끌어 가는 마케팅이 기업의 중추적 활동이라 보았다. 그는 소비자의 욕구와 수요를 정확하게 파악하고 이에 빠르게 대응하여 매출을 증가시킬 수 있는 역량이 뛰어난 기업, 그리고 습관적으로 자사 브랜드를 구매하는 충성고객기반이 확립되어 있는 기업에 투자해야 한다고 주장하였다. 마케팅 활동이 어떻게 기업가치를 높이는가에 대해서 학계에서는 1990년대 이후 본격적으로 연구가 이루어진 점을 고려하면(Gruca & Rego, 2005; Rust et al., 2004; Srivatava, Shervani, & Fahey, 1998), Fisher의 통찰력은 시대를 앞서간 것이었다.

Fisher는 정량적(quantitative) 분석도 활용하였지만 주로 정성적인(qualitative) 분석을 통해서 기업의 성장 가능성을 평가하였다. 그는 1930년대부터 자신이 확립한 투자법을 활용해 높은 수익률을 달성하였고, 1958년 출간된『Common Stocks and Uncommon Profit』이라는 제목의 저서를 통해 그의 투자법을 공개하여 유명해졌다. 유명한 투자자인 Warren Buffet 역시 Fisher의 접근법을 추종하여 투자 기업 선정에 있어서 높은 성장 잠재력과, 브랜드 가치, 마케팅 역량, 시장지배력 등을 중요하게 평가하는 것으로 알려져 있다(Hagstrom, 2013). 예를 들어, 현재 Warren Buffet의 주식 포트폴리오 중 가장 높은 비중을 차지하는 것은 애플(Apple)사이다. 애플(Apple)은 주가수익비율(PER)이 20배 이상으로서 전통적 기준에서 '가치주'로 볼 수 없지만, 높은 고객충성도와 전세계 1위의 브랜드 자산가치를 가지고 있는 기업이다. 본 연구에서는 Philip Fisher 등의 투자자들이 채택한 이러한 접근방법을 마케팅 분야에서 이루어진 관련 연구들과 연관지어 해석 및 정리하고 관련된 시사점을 제안하고자 한다. 이 연구의 구성은 다음과 같다. 이어지는 문헌고찰은 크게 두 부분으로 구성되어 있는데, 첫 번째 부분에서는 시장기반자산(market-based assets)과 기업가치의 관련성에 대한 연구들을 소개하고, 두 번째 부분에서는 주식투자에 활용되는 다양한 접근방법들을 요약하여 소개한다. 이어서 '마케팅적 관점에서 접근한 주식투자법'에 대한 자세한 논의가 이루어진다. Philip Fisher의 투자법을 마케팅 분야의 관련 연구들과 연결 지어 정리하였으며, 이를 보완하기 위해 기대투자수익률 극대화에 대한 수학적 분석을 추가하여 앞의 논의를 보완하였다. 이후 결론 부분에서는 이 연구의 시사점을 제시하였다.

2   문헌고찰

1) 시장기반 자산과 기업가치

신고전주의(neoclassical) 경제학에서는 특정 기간(연, 분기) 동안의 이윤 극대화를 기업의 목표로 가정해 왔다. 그러나 이러한 목표설정이 단기적인 관점에서 이윤을 바라보게 만들기 때문에 최고경영자에게 적절한 의사결정 기준을 제공해 주지 못한다는 한계점이 지적되었다. 이러한 단기적 관점의 목표설정을 대체하는 새로운 목표로 제시된 것이 주주가치(shareholder value) 혹은 기업가치의 극대화이다(Copeland & Weston, 1979; Fama & Miller, 1972). 기업의 시장가치는 단기적으로는 주식에 대한 수요와 공급에 따라 변동하지만, 장기적으로는 기업의 본질적인 가치, 혹은 내재가치를 반영하여 움직인다. 기업의 내재가치는 미래 발생할 모든 현금흐름을 순현재가치(net present value)로 환산한 값으로 개념화할 수 있다(Rappaport, 1986). 이는 배당주의 현재가치 계산을 위해 John Bur Williams(1956)가 제시한 모형을 적용한 것이다. 기업의 내재가치를 V라고 하면, 매년 발생하는 현금흐름(cash flow; CF_t)에 할인율(r)을 적용하여 다음과 같이 계산할 수 있다.

$$V = \sum_{t=0}^{\infty} \frac{CF_t}{(1+r)^t} \qquad \text{(6-1)}$$

기업가치 극대화를 목표로 정하는 것은 이윤 추구에 대한 장기적인 관점을 갖는다는 것을 의미한다. 전통적으로 마케팅 활동의 효과 역시 매출, 이윤, 시장점유율 등의 단기적인 지표를 통해 측정된 경우가 많았다. 1980년대 이후 마케팅을 바라보는 관점에서 중요한 변화가 일어났는데, 그중 하나는 마케팅 활동이 일회성 판매나 단기적인 매출 증대가 아니라 고객 및 이해관계자들과의 장기적인 관계 형성과 유지에 초점을 맞춰야 한다는 시각의 확산이다 (Dwyer et al., 1987; Hunt & Morgan, 1995). 고객과의 장기적 관계 유지는 높은 수준의 고객만족도를 달성하고, 반복적 구매를 발생시킬 수 있는 강력한 브랜드 자산(brand equity)의 구축과도 관련된다(Fornell, 1992; Keller, 1993; Park et al., 1986). 오랜 기간 누적된 마케팅 활동의 결과로 형성된 고객 관계와 협력업체 관계, 그리고 브랜드 자산 등을 중요한 무형적 자산으로 보는 시각이 대두되었는데(Barney, 1986, 1991; Dierickx & Cool, 1989; Wernerfelt, 1984) 이러한 무형자산은 시장기반 자산(market-based asset)으로 불리기도 한다. 관련 연구들에 따르면 시장기반자산을 통해 얻어진 경쟁우위가 장기적으로 뛰어난 재무적 성과로 이어지고 궁극적으로 기업의 주주가치를 높이게 된다 (Anderson et al., 2004; Srivatava et al., 1998). 예를 들어, 높은 브랜드 가치와 많은 충성고객층이 확보되어 있다면 시장환경의 급격한 변화가 가져오는 충격을 최소화하며 높은 수준의 현금흐름이 지속적으로 유지될 수 있다.

Srivatava 등(1998)은 탁월한 마케팅 활동은 다음의 4가지 경로를 통해서 기업가치를 높이게 된다고 정리하였다. 첫째는 마케팅 활동이 현금흐름의 발생을 가속화시킬 수 있다는 것이다. 이것은 마케팅 활동을 통해서 미래에 발생할 현금흐름(이익)이 시간적으로 좀 더 앞당겨진 시점에서 발생될 수 있음을 의미한다. 동일한 양의 현금흐름이라도 발생 시점이 앞당겨지면 현재가치로 환산할 때 더 낮은 할인율이 적용되기에 이러한 효과로 기업가치는 높아질 수 있다. 신제품 출시 후 브랜드 인지도와 시장점유율이 상승하는 데는 시간이 필요한데(Talukdar et al., 2002), 효과적인 광고나 마케팅 활동을 통해서 이러한 인지도 및 판매량 상승 속도가 원래 예상보다 빨라질 수 있다. 두 번째 경로는 예상되는 현금흐름보다 더 많은 양의 현금흐름이 발생되도록 하는 것이다. 매출이나 수익의 증가 등 일반적인 마케팅 활동의 목표가 이에 해당한다. 셋째는, 마케팅 활동을 통해 미래 발생할 현금흐름의 변동성(volatility)이 감소할 수 있다. 현금흐름이 평균적으로는 비슷한 두 기업의 경우라도 수익의 변동성이 큰 경우보다 낮은 경우 현재가치는 더욱 높아진다. 예상 수익에 대한 불확실성이 낮아지면 더 낮은 할인율을 적용해서 기업가치를 계산할 수 있기 때문이다. 매 기간 발생하는 수익의 등락폭을 줄여 안정성을 높이는데 마케팅 활동이 기여할 수 있다. 예를 들어, 견고한 충성고객기반을 확보한 기업의 경우 미래 발생할 현금흐름의 안정성은 더 높아진다(Smith, 1956). 마지막 네 번째 경로로는, 마케팅 활동을 통해 현금흐름의 잔존가치(residual value)를 높일 수 있다. 잔존가치란 어느 징도 예측이 가능한 기간을 넘어선 그 이후에 남겨진 기업가치를 현재가치로 환산한 것이다. 잔존가치 역시 충성고객 집단이 커지거나 브랜드 가치가 높아질수록 더 증가된다. 이 과정을 요약하면 〈표 6-1〉과 같다. 마케팅적 관점에서의 주식투자에 대해서 좀 더 자세히 논의하기에 앞서서 이어지는 부분에서는 주식투자에 활용되는 다양한 접근방법을 간략히 소개하고자 한다.

〈표 6-1〉 마케팅활동에 의한 주주가치 증가

마케팅 활동의 목표	구체적 과정
현금흐름 가속화	• 마케팅 활동에 대한 소비자의 반응을 더 빠르게 함 • 브랜드 사용(trial)을 앞당기고 구전효과가 더 빨리 발생하게 함 • (브랜드 확장 등을 통해) 신규 브랜드를 시장이 더 일찍 받아들이도록 함 • 전략적 제휴, 공동판촉(co-promotion)의 활용
현금흐름 증가	• 차별화된 브랜드를 통한 가격 프리미엄, 점유율 프리미엄 • 교차판매(cross-sell)를 통한 수익증대 효과 • 새로운 사용자 개발 • 낮은 판매 및 서비스 비용 • 운영자본(working capital)의 감소 • 브랜드 확장, 공동브랜딩(co-branding), 공동마케팅을 통한 매출 증대와 비용 감소
현금흐름 변동성 감소	• 고객 충성도를 높이고, (타 브랜드로의) 전환비용 높임 • 제품 중심에서 서비스 중심 판매로 전환 • 작업들을 통합하여 필요자본금을 감소시킴
잔존가치 증가	• 고객집단의 규모와 충성도를 증가시킴으로써 기업의 잔존가치 상승 • 고객기반을 확대하여 교차판매, 브랜드 확장, 상품 업그레이드를 통해 매출 상승

출처: Srivastava et al. (1998).

2) 주식투자에 대한 다양한 접근방법과 기업 내재가치 측정방법

　주식투자를 하는 데 있어서 활용할 수 있는 접근법은 매우 다양하며, 이들을 어떻게 분류할 수 있는가에 대한 통일된 시각은 존재하지 않는다. 서로 대비되는 두 가지 접근으로 구분하는 방식이 흔히 사용되는데, 예를 들면 가치투자와 성장투자, 기본적 분석과 기술적 분석, 능동적 투자와 수동적 투자, 하향식 투자와 상향식 투자 등의 구분이 그것이다(Brinson et al., 1986; Chan & Lakonishok, 2004; Fisher, 2003; Malkiel, 2003; Park & Irwin, 2007). 기존 문헌들의 내용을 종합해서 정리해 보면 투자에 대한 접근법은 크게 다음의 세 가지로 구분될 수 있다(Malkiel, 2019 참조). 첫째, 기본적 분석(fundamental analysis)에 기초한 가치주 투자법으로서, 이 접근법에서는 주로 정량적 분석에 기초한 기업의 내재가치 평가가 중시된다. 둘째, 기술적 분석(technical analysis)에 기초한 투자법으로서, 차트분석을 통해 주가와 거래량의 변동추세를 관찰하여 미래의 주가를 예측하는 방식이다. 이 접근은 모멘텀(momentum) 투자, 혹은 추세추종 투자라고도 불리며, 이론적으로는 투자자의 심리에 초점을 두는 행동재무학에 기초한다. 셋째, 효율적 시장(efficient market) 가설과 랜덤워크(random walk) 이론에 기초한 투자법으로서, 위험을 최소화하기 위해 시장 전체에 투자하는 인덱스 펀드(index fund) 투자법이다. 이 연구에서는 이 3가지 접근법에 기업의 성장성에 대한 정성적 분석(qualitative analysis)에 기초한 투자법을 추가하여 총 4가지로 분류하여 투자법을 정리해 보고자 한다. 이 연구의 주제인 '마케팅 역량 분석에 기초한 투자법'은 마지막 4번째 접근방법에 속한다. 이들 투자접근법에 대해 간단히 설명하면 다음과 같다.

　기본적 분석에 기초한 가치투자법　주식투자에 활용되는 다양한 접근방법 중 가장 대표적인 것으로 꼽을 수 있는 것은 기본적 분석(fundamental analysis)에 기초한 투자법이다. 이 접근법에서는 기업의 실적 지표들을 활용하여 기업의 내재가치를 추정하고, 추정된 가치에 비해 상당히 낮은 가격에 거래되는 주식에 투자함으로써 높은 수익을 거둘 수 있다고 가정한다. 이는 가격이 결국은 가치에 수렴한다고 보기 때문이다. 현재 시장가격이 기업의 내재가치와 비교해서 현저하게 낮은 주식을 '가치주'라고도 한다. 이 접근법을 개척한 인물은 Warren Buffet의 스승으로도 알려진 Benjamin Graham이다. Graham(2005)은 기업이 보유한 순자산(equity), 그리고 미래 현금흐름에 대한 예측치에 기초해서 기업의 내재가치를 계산할 수 있다고 제안하였다. 그는 특히 기업의 순유동자산(net current asset)보다도 시가총액이 낮은 기업을 매우 좋은 투자 대상으로 보았고, 그 두 수치의 차이를 '안전마진(safety margin)'이라고 불렀다.

기본적 분석에 기초한 투자법은 이후 지속적으로 발전하였는데, 기본적 분석에 주로 활용되는 정량적 지표들은 크게 3개 범주로 구분할 수 있다(〈표 6-2〉 참조). 첫째, 기업이 내재가치에 비해서 현재 얼마나 저평가되어 있는가, 즉 얼마나 낮은 가격에 거래되고 있는가를 보여 주는 '가치지표'이다. 대표적인 가치지표로는 시가총액을 당기순이익으로 나눈 PER(주가수익비율)이 있고, 그 외에도 PBR(주가순자산비율), PSR(주가매출비율) 등이 있다. 둘째, 기업이 얼마나 '돈을 잘 벌고 있는가'를 보여 주는 '수익성 지표'로서, ROE(자기자본수익률), ROA(총자산수익률), OPM(영업이익률), GPM(매출총이익률) 등이 이에 해당한다. 셋째, 기업이 얼마나 빠르게 성장하고 있는가를 보여 주는 '성장성 지표'로서 매출액증가율, 영업이익증가율, 순이익증가율 등이 이에 해당한다. 어떤 지표를 주로 사용할 것인가는 투자자에 따라 달라진다. 예를 들어, Warren Buffet은 ROE와 PFCR(가격자유현금흐름비율)을 중요하게 활용하였으며(Hagstrom, 2013), Philip Fisher는 수익성 지표로 OPM을, 그리고 성장률 지표로는 매출액증가율과 영업이익증가율을 중요하게 고려하였다. Greenblatt(2010)는 수익성 지표로는 ROC(자본수익률)를, 가치지표로는 EBIT/EV(이자 및 세전이익/기업가치)를 사용하였다.

〈표 6-2〉 투자종목 선정에 활용되는 대표적인 지표들

가치지표	수익성 지표	성장성 지표
• PER(주가수익비율) • PBR(주가순자산비율) • PSR(주가매출비율) • PCR(주가현금흐름비율) • PFCR(주가자유현금흐름비율) • NCAV(순유동자산가치) • EBIT/EV(이자 및 세전이익/기업가치)	• ROE(자기자본수익률) • ROA(총자산수익률) • ROIC(투하자본수익률) • ROC(자본수익률) • OPM(영업이익률) • NPM(순이익률) • GPM(매출총이익률) • GP/A(총자산대비매출총이익)	• 매출액증가율 • 매출총이익증가율 • 영업이익증가율 • 순이익증가율 • 자기자본수익률(ROE)증가율 • 영업이익률(OPM)증가율

　어떤 지표들을 기준으로 기업을 선정해서 투자했을 때 수익률이 높아지는지를 데이터를 통해 검증해 보고 그에 기초해서 투자하는 방법을 통칭해서 스마트베타(smart-beta) 전략이라고 한다(Antonacci, 2015). Fama와 French(1992)는 자본자산가격결정모형(capital asset pricing model: CAPM)을 보완한 모형을 통해서 저(low)PBR, 소형주 투자가 높은 수익률로 이어짐을 보였다. 그들은 후속 연구에서 ROE, 총자산증가율 등의 변수들을 추가하여 투자수익률에 대한 설명력을 더욱 높였다(Fama & French, 2015). Lakonishok 등(1994)은 저PER, 저PBR, 그리고 저PCR주식 모두 높은 투자수익률로 이어짐을 보인 바 있다. 그러나 활용된 데이터의 종류나 분석 시기 등에 따라 어떤 지표가 투자수익률과 유의한 관련성을 갖는지에 대한 결과가 달라지기 때문에 모든 상황에서 적용되는 스마트베타 전략이 존재하는가에 대해서는 의문이 제기되기도 한다(Israel & Morkowitz, 2013; Kothari et al., 1995). Greenblatt(2010)는 개인투자자들도 쉽게 정량지표들을 투자에 활용할 수 있는 방법을 소개하였는데, 그것은 ROC와 EBIT/EV를 기준으로 각각 기업들의 순위를 매기고, 두 개의 순위를 더한 값을 기준으로 상위 몇 등, 예를 들어 20~30위에 해당하는 주식에 투자하는 것이다.

　주식의 저평가 여부를 보다 정확하게 분석하기 위해서는 기업의 내재가치

를 추정할 수 있어야 한다. 기업의 내재가치는 기업활동에 의해서 발생할 미래의 현금흐름을 현재가치로 환산한 값으로 개념화할 수 있다(Graham, 2008). 이 연구에서는 기업가치(V)는 주당 가치(내재가치를 발행주식수로 나눈 값)로, 시장가격(P)은 주당가격(시가총액을 발행주식 수로 나눈 값)으로 정의한다. 기업의 내재가치에는 현금흐름뿐 아니라 기업이 보유한 순자산도 포함시킬 수 있고, 주당순이익(earnings per share: EPS)과 주당현금흐름을 동일하다고 가정하면 기업가치를 나타내는 식 (6-1)은 다음의 식 (6-2)와 같이 변형될 수 있다.

$$
\begin{aligned}
V &= BPS + \sum_{t=1}^{\infty} \frac{EPS}{(1+r)^t} \qquad\qquad \textbf{(6-2)} \\
&= BPS + \frac{EPS}{(1+r)^1} + \frac{EPS}{(1+r)^2} + \frac{EPS}{(1+r)^3} + \ldots \\
&= BPS + \frac{EPS}{r}
\end{aligned}
$$

식 (6-2)에서 EPS는 주당순이익(earnings per share)을, BPS는 주당순자산(book-value per share)을 나타낸다. 내재가치 계산에 활용하는 할인율(r)은 정해진 값은 없으며, 투자자에 따라서 활용하는 값이 달라질 수 있다. Warren Buffet의 경우는 장기국채 금리를 할인율로 활용하지만, 학계에서는 무위험 수익률에 주식 위험 프리미엄(equity risk premium)을 더한 값을 할인율로 활용해야 한다고 제안한다(Hagstrom, 2013). 일반적으로 8~15% 사이의 값이 할인율로 활용된다. 식 (6-1)에서는 현재시점(t=0)에서부터의 모든 현금흐름을 합산하여 내재가치를 계산한다. 그러나 현재 시점(t=0)에서 실현된 수익(EPS)은 순자산(BPS)에 포함시킬 수 있기 때문에 이후 시점(t=1)부터 발생하는 수익만을 할인율을 적용하여 합산하면 식 (6-2)와 같이 단순한 공식이 유도된다.

만약 일정 비율로 꾸준히 순이익이 증가되는 기업이 있다면 이런 기업의 내재가치는 훨씬 높아질 것이다. 동일한 비율로 EPS가 지속적으로 성장한다고 가정하고, 성장률(growth rate)을 g라고 하면, 기업의 주당 내재가치는 다음과 같다.

$$V = BPS + \sum_{t=1}^{\infty} \frac{EPS \cdot (1+g)^{t-1}}{(1+r)^t} \qquad \text{(6-3)}$$
$$= BPS + \frac{EPS}{(1+r)^1} + \frac{EPS(1+g)}{(1+r)^2} + \frac{EPS(1+g)^2}{(1+r)^3} + \dots$$
$$= BPS + \frac{EPS}{(r-g)}$$

기업의 내재가치는 BPS, EPS, r(할인율), 그리고 g(성장률)로 결정됨을 알 수 있다. 식(6-3)에서 EPS를 합산하는 부분의 첫 항이 $\frac{EPS}{(1+r)^1}$로 나타나는데, 일반적으로 다른 문헌들에서는 이 부분의 초항을 $\frac{EPS(1+g)}{(1+r)}$, 혹은 $\frac{EPS(1+g)^0}{(1+r)^0} = EPS$로 정하는 경우가 많다(Dorsey, 2004). 그러나 앞서 언급했듯 이미 실현된 이번 기(t=0)의 EPS는 BPS에 포함되는 것으로 계산하면 식(6-2)와 같이 수식이 단순화될 수 있다. 식 (6-3)에서 할인율(r)은 성장률(g)보다 항상 크다고 가정한다. 성장률이나 할인율이 약간만 달라져도 기업가치가 크게 변화되기 때문에 기업가치의 정확한 추정은 매우 어렵다는 데에 대다수의 투자자들이 동의한다. 그럼에도 불구하고 많은 투자자들이 기업의 내재가치를 추정하여 이를 활용해 투자하는 것이 그렇게 하지 않는 것보다 투자수익률을 높이고 위험을 줄이는 데 도움이 된다고 믿으며, 내재가치 추정을 기본적 분석에 기초한 가치투자의 핵심으로 본다(Hagstrom, 2013; Malkiel, 2019).

기술적 분석에 기초한 투자법과 모멘텀 효과   두 번째로 소개할 접근방법은 기술적 분석(technical analysis)에 기초한 투자법이다. 이 접근법은 주식 가격과 거래량의 변동 추세를 관찰하여 주가를 예측하고 이에 기초해서 투자하는 방법이다(Livermore, 2017; Lo et al., 2000; Loeb, 1996). 앞서 소개한 기본적 분석에서는 주식 가격이 단기적으로는 예측 불가능하지만 장기적으로는 기업의 내재가치에 수렴한다고 가정한다. 그러나 기술적 분석에서는 가격이 내재가치에 의해 결정되는 것이 아니라 주식에 대한 수요와 공급에 의해서 결정될 뿐이라고 본다. 즉, 주식 가격이 오르는 것은 단지 주식에 대한 매수세가 매도

세보다 강하기 때문이고, 가격이 내리는 것은 그 반대의 경우이기 때문이다. 아무리 뛰어난 투자자라도 주식에 대한 수요와 공급에 영향을 주는 무수히 많은 영향 요인을 완벽하게 수집하고 분석할 수는 없지만, 주식 가격은 그 모든 정보를 반영하여 움직인다. 그러므로 가격과 거래량의 변동 추세를 관찰하는 '차트분석(charting)'을 통해서 주식에 대한 수요와 공급을 파악하고, 미래의 주가를 예측할 수 있다고 본다.

　가격과 별도로 내재가치가 따로 존재하지 않는다고 보는 기술적 접근은 내재가치 분석을 중시하는 투자자들로부터 '투기' 혹은 '도박'이라는 비판을 받기도 한다. 그러나 기술적 분석은 기본적 분석보다 더 오랜 발전 역사를 가지고 있으며(Lefevre, 2010), 최근 기술적 지표들의 주가 예측력에 대한 실증적 연구도 이루어지고 있으며(Lo et al., 2000), 행동재무학 분야의 연구들에 의해서도 이러한 접근의 타당성에 대한 근거가 제시되고 있다(Antonacci, 2015). 과거의 가격변동 추세가 미래까지 상당 기간 지속된다는 모멘텀 효과(momentum effect)는 수많은 연구에 의해서 검증된 대표적인 현상이다(Fama & French, 2008; Jagadeesh & Titman, 1993, 2001). Schwert(2003)는 수익률에 영향을 주는 많은 변수들, 예를 들어 PBR, 시가총액 등에 대해서 연구했는데 모멘텀 효과 외에는 모두 영향력이 지속되지 않음을 보였다. 모멘텀 효과를 발생시키는 대표적인 요인은 투자자의 심리이다. 일반적인 재화는 가격이 오르면 수요가 감소한다. 그러나 주식과 같은 금융자산의 가격 상승은 미래의 기대가격을 높여 매수세를 강화시킴으로써 가격 상승을 가속화하는 긍정적인 피드백(positive feedback) 작용을 발생시킨다(DeLong et al., 1990; Shiller, 2006b). 이러한 효과에 의해서 가격이 한 번 상승 추세에 접어들면 더 이상 매수세가 없는 천장가격대에 이를 때까지 그 추세가 멈추지 않는다. 이처럼 투자자의 심리적 편향(bias)에 의해서 단기적으로 시장의 이례현상(anomalies), 예를 들어 주식 가격이 실제 가치에서 크게 이탈되는 현상 등이 발생할 수 있다(Ariely, 2009; Bernartzi & Thaler, 1995; Shiller, 2006a, 2006b). 이러한 시장의 특성 때문에 기술적 투자자들은 현재 시장이 상승추세인가 아니면 하락추세인가를 중요하게 고려한다.

　기술적 분석에서 활용되는 대표적인 보조수단에는 지지(support)선과 저항(resistance)선, 이동평균(moving average)선, 추세선, 캔들차트(candle chart) 등이 있다(Nison, 1994; Weinstein, 1988). 이동평균선은 일정기간 동안(50일, 30주 등) 주가의 평균값이 어떻게 변화되어 가는가를 보여 주는 선으로서 단기적 변동이 제거된 가격 변화의 추세를 보여 준다. 지지선이나 저항선, 그리고 박스권 등의 개념은 주가가 일정기간 동안 특정한 가격대 안에 머물게 될 수 있음을 시사하는데(Darvas, 2011), 이러한 현상은 행동경제학 이론으로 설명 가능하다. 프로스펙트 이론에 따르면, 사람들은 대안을 평가할 때 특정한 기준점을 활용해 상대평가를 하며, 그 기준점과 비교해서 이익보다 손실에 더 민감하게 반응한다(Kahneman & Tversky, 1979). 주식투자에 있어서 자신이 과거에 주식을 매수 혹은 매도한 가격은 이후 그 주식을 평가하고 매수 및 매도를 결정하는 기준점으로 작용하게 되는 경우가 많다. 대량거래자의 존재 등의 이유로 주식시장에서는 특정 가격대에 매수와 매도가 집중되는 일은 흔하게 발생한다. 특정 가격대에 매도하려고 기다리는 사람들이 많다면 그 가격대를 뚫고 가격이 오르기는 힘들고, 반대로 매수세가 집중되어 있는 가격대를 뚫고 가격이 하락하기는 어렵다. 이러한 이유로 주식 가격이 한동안 특정 가격 범위 안에서 등락을 반복할 수 있다. 주가가 그러한 가격 범위를 강하게 벗어난다면 그것은 매수세와 매도세의 균형이 깨졌음을 의미한다. 이러한 이유에서 많은 거래량을 동반하며 주가가 저항선이나 추세선을 상향 돌파했을 때는 좋은 매수 시점으로 본다(Weinstein, 1988)([그림 6-1] 참고).

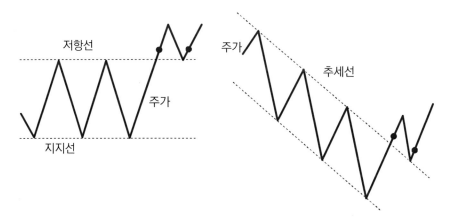

[그림 6-1] 기술적 분석에 의한 매수 시점(점으로 표시)

효율적 시장 가설과 투자에 대한 그 외의 접근방법들   시장은 효율적이라는 가정에 기초하여 특정 기업이 아닌 주식시장 전체에, 즉 모든 주식에 분산하여 투자하는 방법도 있다. 효율적 시장 가설(efficient market hypotheses)에 따르면, 시장의 모든 정보는 즉각적으로 주가에 반영되기 때문에(Fama, 1976; Samuelson, 1974), 재무제표 등을 통해 공개된 정보를 활용해서 저평가된 주식을 찾는 것은 불가능하다. 또한 단기적인 주가 변동은 무작위성을 갖기에 예측 불가능하다고 가정한다(Bachelier, 2006). 이러한 접근법에서 제안하는 가장 효과적인 투자법은 시장 내 모든 주식에 분산투자하는 방법, 즉 인덱스 펀드(index fund)에 투자하는 방법이다(Markowitz, 1952; Samuelson, 1974; Siegel, 2014). 인덱스 투자의 개념은 Vanguard Group의 설립자인 John Bogle에 의해서 유명해졌는데, 그는 1976년에 최초의 인덱스 펀드를 만들었다. 인덱스 펀드가 아니더라도 대략 30개 이상의 종목으로 포트폴리오를 구성하면 비체계적 위험의 대부분이 제거될 수 있음이 밝혀졌다(Malkiel, 2019). 자본자산가격결정모형(CAPM)에 의하면, 특정 투자대상의 기대수익률을 예측할 수 있는 유일한 변수는 투자 수익의 '위험' 혹은 '변동성'이다. 위험이 높을수록 기대수익률이 높아지기 때문에 주식은 채권보다 기대수익률이 높다. 인덱스 펀드의 형태로 주식시장 전체에 투자하면 저위험 투자자산인 채권과 비교해서 장기적으로 더 높은 수익을 안정적으로 거둘 수 있게 된다.

마지막으로 소개할 접근방법은 이 연구의 핵심주제이며, 이 역시 기업의 본질적 가치에 기초하여 투자하는 또 다른 방법이다. 그러나 앞서 소개한 정량적 지표에 기초한 기업평가가 아니라 기업의 경쟁우위와 장기적 성장 잠재력에 대한 정성적인 평가에 기초해서 투자하는 방법이다. 기업의 성장성을 예측할 수 있게 해 주는 단서들 중 상당 부분은 정량화하기 어려운 성격의 정보이다. 경영학 분야의 수많은 연구가 밝혀 놓은 기업 성장의 주요 요인은 경영자의 리더십과 비전, 조직문화, 기술적 우위, 브랜드, 그리고 마케팅이나 연구개발 역량 등 완벽하게 정량화하기는 어려운 특성을 가진다(Collins, 2001; Peters & Waterman, 1982). 그렇기 때문에 기업의 경쟁력과 역량에 대한 정성적 분석은 정량적 분석과 서로 보완적인 성격을 갖는다. 이러한 정성분석에 기초한 소위 '성장주' 투자법을 개척한 대표적인 인물로서 Philip Fisher가 있다. Fisher는 특히 마케팅 역량이 뛰어난 기업에 투자할 것을 강조하였는데 이에 대해서는 뒤에서 자세히 논의하도록 한다.

이제까지 소개한 주식투자에 활용될 수 있는 다양한 접근방법을 요약해서 〈표 6-3〉에 정리하였다. 〈표 6-3〉의 분류법은 기존 문헌들을 종합하여 본 연구에서 제시하는 분류일 뿐 학계에서 받아들여지는 통일된 분류법은 없다. 표에 나타난 투자법별 투자기한 역시 이 연구에서 활용하는 대략적인 구분일 뿐 절대적인 기준은 아니며, 문헌에 따라서, 그리고 투자자에 따라 기간에 대한 정의는 달라진다. 데이트레이딩(day trading)과 같은 초단기 투자 역시 가격 변동 추세에 기초한 투자이므로 이 연구에서는 단기투자에 포함시켰다. 투자 방법과 투자기간이 반드시 일치하지는 않는데, 〈표 6-3〉은 기간보다는 투자 방식의 차이에 기초한 분류이다. 각각의 투자접근법을 대표할 수 있는 투자자들을 표에 소개하였는데, 특정한 투자법으로 분류된 투자자일지라도 실제로는 여러 접근법을 혼합해서 사용하는 경우도 많다. 저명한 투자자인 Warren Buffet의 경우는 초기에는 정량적 분석에 기초한 투자법을 활용하다가 이후에는 장기적인 기업 경쟁력이나 브랜드 자산 등에 대한 평가를 중시하는 방식으

로 옮겨가는 모습을 보였으며, 또한 최근에는 인덱스 펀드 투자에 대한 긍정적
의견을 내놓기도 하였다.

〈표 6-3〉 주식투자에 대한 다양한 접근법(*표시된 부분이 이 연구의 주제)

투자기간	단기투자 (3개월 이하)	중기투자 (3개월~3년)	장기투자* (3~10년)	초장기투자 (10년 이상)
접근방법	기술적 분석	기본적 분석		인덱스(지수추종) 펀드 투자
		정량적 (quantitative) 분석	정성적 (qualitative) 분석	
분석내용	단기적 가격변동 추세와 수급	기업의 연/분기별 재무실적	기업의 역량과 성장 잠재력	다양한 자산군의 가격변동 추세
기본가정	• 주식 가격은 수급적 요인과 투자자의 심리적 요인에 의해 변동함.	• 주식 가격은 장기적으로 기업의 내재가치에 수렴함. • 스마트베타 전략	• 기업의 무형적 자산(기술, 브랜드, 리더십 등)이 기업의 장기적 성장의 원동력임.	• 효율적 시장가설 • 지속적 경제성장과 유동성 확장 • 분산투자를 통한 위험 회피
대표적인 투자자	Jesse Livermore, Gerald Loeb, Alexander Elder, Nicholas Darvas, William O'Neil, Stan Weinstein	Ben Graham, John Templeton, Walter Schloss, Seth Klarman, John Neff, Joel Greenblatt	Philip Fisher, Ken Fisher, Charlie Munger, Warren Buffet Peter Lynch, Peter Thiel	John C. Bogle, Andre Kostolany, Burton Malkiel, Larry Fink, Ray Dalio

이 연구에서 정리한 4가지 투자법 외에도 배당률이 높은 주식에 투자하는
'배당주 투자법', 현재 시장에서 외면받는 저평가 주식에 투자하는 '역발상투
자법(contrarian investment)', 배당률이 증가하는 주식에 투자하는 '배당성장주
투자법(dividend growth investing)' 등의 투자법이 존재한다(Arnott & Asness,
2003; Dreman, 1998; Lakonishok et al., 1994). 이 연구에서는 이들 접근방법은
넓은 의미에서 정량적 분석에 기초한 가치투자에 포함시킬 수 있다고 보고 별
개의 범주로 구분하지 않았다. 기업의 경쟁력에 대한 정성적 분석에 기초한
투자법에 대해서 나머지 3개의 접근법과 동등한 수준의 중요도를 부여하여 정

리한 것은 이 연구만의 차별화된 접근이라고 할 수 있다. 이어지는 부분에서는 기업에 대한 정성적 분석에 기초한 투자법의 개척한 Philip Fisher의 투자법을 정리하고, 이를 기존의 마케팅 이론과 접목하여 정리해 보도록 한다.

3 마케팅적 관점에서 접근한 주식투자법

1) Philip Fisher의 성장주 투자법

Philip Fisher는 저렴하게 거래되는 가치주에 투자하기보다는 적정가격에 거래되더라도 성장성이 높은 기업의 주식에 투자해야 한다고 주장했다. 그는 이러한 방식의 투자를 위해서 수치적 자료에 얽매이지 말고 정성적인 분석을 통해 기업의 역량과 성장 잠재력을 평가해야 한다고 주장하였다. 그는 20세기 초중반에 일어난 경영진의 역할 변화와 기업의 연구개발(R&D) 능력이 급성장하는 등의 변화를 간파하고, 경영진의 능력, 그리고 마케팅과 R&D 역량 등이 기업의 흥망을 좌우되는 시대가 될 것임을 예측하였다. 그는 특히 마케팅의 역할을 중시했는데, 변화하는 소비자의 욕구를 파악하고, 그에 맞는 신제품을 개발하여 지속적으로 매출을 증대시킬 수 있는 역량을 가진 기업에 투자함으로써 높은 투자 수익률을 거둘 수 있다고 보았다. Drucker(1954)는 기업의 가장 본질적인 2가지 기능은 마케팅과 혁신이라고 주장했는데, Fisher 역시 이와 유사한 관점으로 기업을 바라보았음을 알 수 있다.

1958년에 처음 출간된 Fisher의 저서 『Common Stocks and Uncommon Profits』에서 그는 성장 잠재력이 높은 기업을 발굴해 내는 자신만의 노하우를 공개하였다. 그가 기업을 평가하는 데 활용한 15가지 질문은 다음과 같다 (Fisher, 2003).

① 향후 몇 년간 매출액이 상당히 늘어날 수 있는 충분한 시장 잠재력을 가진 제품이나 서비스를 보유하고 있는가?

② 경영진은 현재 보유한 제품라인이 더 이상 성장하기 어려운 상황에 당면했을 때, 매출을 증대할 수 있는 신제품을 지속적으로 개발하고자 하는 의지를 가지고 있는가?

③ 기업의 연구개발(R&D) 노력은 회사 규모를 감안할 때 얼마나 효과적인가?

④ 평균 수준 이상의 판매(마케팅) 조직을 가지고 있는가?

⑤ 영업이익률은 충분히 거두고 있는가?

⑥ 영업이익률을 유지 혹은 개선하기 위해서 무엇을 하고 있는가?

⑦ 뛰어난 노사관계를 갖고 있는가?

⑧ 임원들 간에 좋은 관계가 유지되고 있는가?

⑨ 두터운 기업 경영진을 갖고 있는가?

⑩ 원가분석과 회계관리 능력은 얼마나 우수한가?

⑪ 이상 언급한 내용 외에도 경쟁업체들과 비교해서 얼마나 뛰어난 기업인가를 알려주는 중요한 단서가 있는가? 그것이 특정 산업에 국한되어 나타나는 특성이어도 된다.

⑫ 이익을 바라보는 시각이 단기적인가 아니면 장기적인가?

⑬ 성장에 필요한 자금 조달을 위해 가까운 장래에 증자를 해서, 이로 인해 현재의 주주 이익이 상당 부분 희석될 가능성은 없는가?

⑭ 경영진은 모든 것이 순조로울 때는 투자자들과 자유롭게 대화하지만, 문제가 발생하거나 실망스러운 일이 벌어졌을 때는 '입을 꾹 다물어 버리지' 않는가?

⑮ 도덕성에 대해서는 의심할 여지가 없는 경영진을 갖고 있는가?

이상의 15가지 질문에 대해서 간단히 설명하면 다음과 같다. 첫 번째와 두 번째 질문은 향후 수년간 매출이 증가할 수 있는 기업인지, 그리고 지속적인 신제품 출시가 가능한 기업인지에 대한 내용이다. 기업의 성장은 좋은 제품의 지속적인 출시를 통해서만 가능하다. 기업의 성장 가능성을 평가하기 위해서는 기업이 성장산업에 속해 있는가에 대한 통찰도 필요하다. 그러나 성장산업에 속해 있다고 해서 그 기업의 성장이 보장된 것은 아니다. Fisher는 단순히 운이 좋은 기업이 아닌 '능력이 있어서 운이 좋은 기업', 즉 자사만의 '핵심역량'을 활용하여 새로운 사업으로 확장해 갈 수 있는 기업을 높이 평가하였다. 기술적 투자자로 유명한 William O'Neil 역시 새로운 제품이나 서비스를 통해 매출과 이익이 급성장하는 시장 주도주에 투자해야 한다고 제안하였다(O'Neil, 2009). 성장을 위해 지속적으로 신제품을 출시할 수 있는 능력은 세 번째 질문의 주제인 연구개발(R&D) 역량과 연결된다. 그는 연구개발 역량의 탁월성뿐 아니라 생산이나 마케팅 등 타 부서와 연구개발 부서와의 유기적 협력관계도 중요하게 평가하였다. 또한 마케팅과 연구개발을 연결해 주는 다리 역할로서 마켓 리서치의 중요성도 강조하였다.

네 번째 질문에서 Fisher는 기업이 강력한 판매(마케팅) 조직을 보유하고 있는가를 묻고 있다. Fisher는 마케팅, R&D, 생산을 기업의 성공을 지탱하는 3개의 기둥으로 보았는데, 그중 마케팅을 특히 중요하게 보았다. 강력한 마케팅 조직의 뒷받침 없이 생산과 R&D 능력만으로는 한 번의 성공은 거둘 수 있을지라도 지속적인 성장은 어렵다고 말한다. 마케팅 활동의 중요성과 본질에 대해서 그는 다음과 같이 말하였다.

매출(판매)을 발생시키는 것은 무슨 사업에서건 가장 기본이 되는 단 하나의 활동이다. 매출이 없으면, 기업은 생존이 불가능하다. 고객들을 만족시켜 재구매하게 만들 수 있는가가 기업 성공을 평가하는 가장 첫 번째 기준이다.

위의 인용문을 통해서 우리는 그가 고객중심적이고, 시장지향적인 관점으로 기업을 바라보았음을 보여 준다.

Fisher의 투자법에서는 이익보다 매출을 더 중시함을 알 수 있는데 이는 그가 가진 고객 지향적 관점을 반영하는 것으로 해석할 수 있다. 기업이 얼마나 많은 고객만족을 창출했는가를 단적으로 보여 주는 것이 얼마나 많은 돈이 고객의 지갑에서 기업으로 흘러들어 왔는가, 즉 매출이다. Drucker(1954)는 고객을 창조하는 것이 기업의 가장 본질적인 목표라고 하였고, Kotler(2002)는 마케팅의 목적이 교환을 창출하는 것이라고 정의하였다. 기업이 얼마나 많은 고객 혹은 교환을 창출했는가 역시 이익보다는 매출에 더 정확히 반영된다. 매출의 중요성을 또 다른 관점에서 살펴볼 수도 있다. 제품수명주기 단계에서 대부분의 경우 매출증가는 순이익의 증가를 선행하기 때문에 매출증가는 이익증가를 예측할 수 있는 지표로서의 기능도 가진다(Anderson & Zeithaml, 1984; Kotler, 2002). 매출액은 급증하지만 아직 순이익이 크게 증가하지 않은 시점은 저평가된 주식을 매수할 수 있는 좋은 기회가 될 수 있다. Philip Fisher 의 투자법을 계승한 Ken Fisher 역시 매출을 중요하게 고려하여 매출과 비교해서 얼마나 기업이 저평가되었는가를 보는 PSR(price sales ratio)지표를 제안하기도 하였다. PSR과 매출성장률 모두 주가상승과 유의한 상관관계가 있음이 검증되었다(Fisher, 1991; O'Neil, 2009).

다섯 번째와 여섯 번째 질문은 매출액에서 영업이익이 차지하는 비율, 즉 영업이익률에 대한 질문들이다. 이 질문들은 영업이익률이 높은가, 그리고 영업이익률을 높이기 위해 어떤 노력을 기울이고 있는가를 묻는 것이다. 영업이익률은 Fisher가 중요하게 고려했던 몇 안 되는 정량지표 중 하나이며, 이 역시 그가 강조한 기업의 장기적 성장성과 관련이 있다. 그는 영업이익률이 낮은 기업은 경기불황 등 위기를 견뎌낼 힘이 약하고, 성장을 위한 자금의 내부적 조달이 어렵기 때문에 지속적 성장을 확신할 수 없다고 보았다. Fisher는 높은 영업이익률을 유지하기 위해서는 가격 결정력을 가져야 한다고 주장했는데, 이는 자사 제품에 대한 수요가 워낙 강력해서 가격을 높여도 수요가 유지되는 기업, 자사 제품에 대한 가격탄력성이 낮은 기업을 의미한다. 이것은 이후 논의하게 될 '경제적 해자'의 개념과도 연결된다. 그는 또한 경쟁자보다 더 효율적인 운영으로 비용을 절감하는 것 역시 영업이익률을 높이는 데 있어서 중요한 요소라고 보았다.

Fisher에 따르면 기업이 장기적으로 높은 영업이익률을 유지할 수 있는 방법은 크게 3가지이다. 첫째는 기술적(technological) 우위 확보이고, 둘째는 규모의 경제를 통한 원가우위 달성이며, 그리고 셋째는 소비자가 자사 브랜드를 반복구매하는 습관을 형성해 놓는 것, 즉 많은 충성고객들을 확보하는 것이다. 첫째는 R&D의 관점에서, 둘째는 생산의 관점에서, 그리고 셋째는 마케팅의 관점에서 바라본 것이다. Fisher는 마케팅의 중요성과 함께 생산의 효율성과 '규모의 경제'의 중요성도 강조하였으며, 이 둘 간의 관련성에 대해서도 명시하였다. 그는 규모의 경제 달성을 위해서는 충분한 수요를 창출할 수 있는 새로운 제품(서비스)을 시장에 '가장 먼저 출시'하고, 뛰어난 마케팅 활동과 애프터서비스(A/S), 지속적 품질개선, 및 광고 등을 통해 공격적으로 시장을 확장해야 한다고 주장하였다. 그는 경쟁자들보다 먼저 시장에 진입했다면 그 시장에서 1등이 되는 경쟁에서 한참 앞서 나간 것이라고 하였고, 반대로 강력한 경쟁업체가 이미 확고한 위치를 차지한 시장에서는 더 나은 신제품으로 진입하더라도 성공하기가 어렵다고 하였다. 그는 마케팅 분야에서 '선도자 우위(first-mover advantage)'(Kerin et al., 1992; Lieberman & Montgomery, 1988; Carpenter & Nakamoto, 1989)가 깊이 있게 연구되기 이전에 이미 시장 선점의 중요성을 깨닫고 있었다.

참고로, Ries와 Trout(2001)는 가장 효과적으로 브랜드를 포지셔닝하는 방법은 시장에 처음 진입하는 것, 즉 새로운 제품 범주를 창조하는 것이라고 주장한 바 있다. 시장을 선점하고 공격적인 시장확대로 대다수 사람들이 사용하는 브랜드로 자리 잡으면, '이 브랜드는 믿고 구매할 수 있다'라는 인식이 확산되어 아직 구매하지 않은 사람들도 그 흐름을 따라 그 브랜드를 구매하게 된다(Simonson, 1989). 이러한 선순환이 한 번 구축되면 후발진입 브랜드가 쉽게 빼앗을 수 없는 확고한 시장지배력이 확보된다. Philip Fisher뿐 아니라 Warren Buffet 역시 시장을 선점하여 지배적인 위치를 확보한 선도자 기업에 투자하는 것을 선호하였다. 시장 선점과 공격적 시장확장을 통해 지배적인 입지를 구축한 대표적인 기업인 Amazon의 창업자 Jeff Bezos가 1997년에 쓴 첫 번째 주주 서한에는 이러한 그의 경영철학이 담겨 있다. "시장 리더십(market leadership)은 높은 매출액, 높은 수익성, 더 빠른 자본 회전과 그에 상응하는 강한 투하자본 수익(ROIC)으로 변환될 수 있다. 우리의 결정은 일관되게 이 초점을 반영해 왔다."

Fisher는 높은 영업이익률을 달성하는 기업의 또 다른 특성으로서 자사 브랜드에 내한 소비자의 반복구매 습관을 형성해 놓은 점을 꼽았다. Fisher에 따르면 소비자의 반복구매 습관이 형성되려면, 첫째, 품질에 대한 신뢰를 얻어야 하고, 둘째, 자사 브랜드를 선택하는 것이 사회적으로 가장 바람직한 선택으로 인식되도록 만들어야 한다고 보았다. 품질에 대한 소비자의 높은 신뢰도란 품질에 대한 낮은 지각된 불확실성(perceived uncertainty)을 의미한다. 품질에 대한 높은 신뢰도는 불확실성이 높은 신규 브랜드로 고객이 이탈하지 못하도록 심리적 장벽을 형성한다(Won, 2016, 2011). 지각된 불확실성, 그리고 합리화가능성(justifiability)(Simonson, 1989) 등 이후 소비자 의사결정 분야에서 중요하게 연구된 개념들이 이미 Fisher의 투자법 속에 담겨 있었음을 알 수 있다.

Fisher는 기업 내부의 문제에도 관심을 기울였다. 그는 임직원들이 공정하게 평가받고 있는지, 자율성을 부여받고 자신의 능력을 최대한 발휘할 수 있는 분위기가 조성되어 있는지를 중요하게 보았다. 이는 일곱 번째와 여덟 번째 질문에 해당하는 내용이며, 조직문화, 동기부여, 리더십, 내부마케팅 등의 주제를 포괄한다(Rafiq & Ahmed, 2000). 그는 노사갈등이 불필요한 비용 발생으로 이어질 수 있다고 보았다. 기업은 결국 감정을 가진 인간들에 의해 움직이기 때문에 인간 존중의 문화를 바탕으로 하여 사람을 통해 생산성을 높여야 한다는 사상이 1980년대 이후 확산되었는데(Peters & Waterman, 1982), 이러한 사상이 이미 Fisher의 투자철학 속에도 담겨 있었다. 아홉 번째 질문에서는 장기적 성장을 위해서 기업의 리더가 내부적으로 양성될 수 있는 시스템을 갖추고 있는지를 묻고 있다. 기업가치가 크게 성장하는 데 있어서 최고경영자의 역할, 그리고 지속적인 경영진 양성이 얼마나 중요한가는 다른 연구들에서도 강조되고 있다(Collins, 2001). 그리고 열 번째 질문은 자원의 낭비를 최소화하며 효율적으로 조직이 운영되고 있는지에 대한 내용이다.

Fisher의 열다섯 개 질문 중 열한 번째 질문은 그의 투자접근에서 특히 중요한 의미를 갖는다. 이 질문을 통해 Fisher는 그 기업이 '경쟁업체보다 뛰어난 무언가를 가지고 있는가?'를 확인하고자 하였다. 이후 소개할 Fisher의 또 다른 저서에서 그는 이것을 '기업활동의 본질적 요소'라고 칭했으며, Michael Porter(1985)는 이것을 '경쟁우위'로, Warren Buffet은 '경제적 해자(economic moat)'로 지칭하였다(Hagstrom, 2013). 경제적 해자란 마치 중세시대에 성을 둘러싼 해자(연못)처럼 경쟁세력의 공격을 막아 내며 기업이 높은 수익률을 유지할 수 있도록 해 주는 보호 장벽을 의미한다. 경제적 해자는 기술적 우위, 브랜드 자산가치, 고객충성도, 규모의 경제, 네트워크 효과, 시장선점 등을 통해 얻을 수 있다(Dorsey, 2004; Wernerfelt, 1984). 이 질문은 앞서 소개한 다섯 번째와 여섯 번째 질문(영업이익률 관련 질문)과 연결되는데, 경제적 해자를 가진 기업만이 높은 영업이익률을 달성할 수 있다고 보았기 때문이다.

열두 번째 질문은 기업이 이윤 추구에 대해서 장기적인 관점을 가지고 있는가를 묻는 것인데, 장기적 수익성 추구는 시장지향적 혹은 고객지향적인 기업이 갖는 가장 대표적인 특성 중 하나이다(Day, 1994; Narver & Slater, 1990). 단기적 실적을 추구하기보다는 미래의 수익을 위한 무형적 자산을 쌓아 가고 있는가를 평가하는 항목이다. Fisher의 투자철학 속에는 충성고객이나 브랜드 자산과 같은 시장기반 자산(Srivastava et al., 1998)이 기업의 가치를 높여 준다는 개념이 담겨 있다. Fisher는 그 외에도 경영진의 능력과 비전 그리고 경영진의 도덕성과 주주에 대한 책임감 등을 중요하게 평가하였다(13, 14, 15번째 질문에 해당). 이들 질문은 최근 중요하게 대두되고 있는 ESG(environmetal, social, governance) 경영과도 연결되는 내용이다. 최근 ESG 경영, 즉 기업의 도덕성과 사회적 책임에 대한 관심은 과거 어느 때보다도 높아졌다. ESG 경영에서 높은 성과를 보이는 기업은 기업가치도 높게 평가된다는 연구 결과들에 비춰 볼 때(Fatemi et al., 2018), 어떤 기업이 장기적으로 성장하는가에 대한 Fisher

의 통찰은 오늘날에도 여전히 유효함을 알 수 있다.

이상 소개한 질문들에 기초한 기업선정을 통해서 Fisher가 탁월한 투자성과를 거둔 대표적인 사례로는 모토롤라(Motorola), 다우 케미칼(Dow Chemical), 텍사스 인스트루먼트(Texas Instrument), 디즈니(Disney) 등이 있다. 모토롤라는 그가 1955년에 투자하여 2004년에 사망할 때까지 보유한 기업으로도 알려져 있는데, 그는 모토롤라가 탁월한 R&D 역량을 보유했기 때문에 성장하는 통신 및 모바일폰 시장에서 주도권을 유지할 것으로 예측하였다. 다우 케미칼도 Fisher가 초기에 투자한 기업으로 유명한데, 그는 이 기업이 잘 분산된 제품 포트폴리오를 보유하고 있고, 지속적으로 신제품을 출시하는 역량이 뛰어나며, 탁월한 경영진을 보유하고 있기 때문에 지속적으로 성장할 것으로 예상하였다. Benjamin Graham은 Philip Fisher에 대해서 "훌륭한 기업이 실제로 어떻게 만들어지는가에 대해 완벽하게 이해한 인물"이라고 평가했다. Graham은 주식투자와 회계(accounting)를 연결한 인물이라면, Fisher는 주식투자와 경영전략을 연결한 인물로 볼 수 있다. 기업 평가를 위해 그가 활용한 15가지 질문은 서로 독립적인 내용처럼 보이지만 실제로 이들은 매우 밀접하게 관련되어 있다. Fisher의 15가지 질문의 관련성을 [그림 6-2]와 같이 도식해 볼 수 있다.

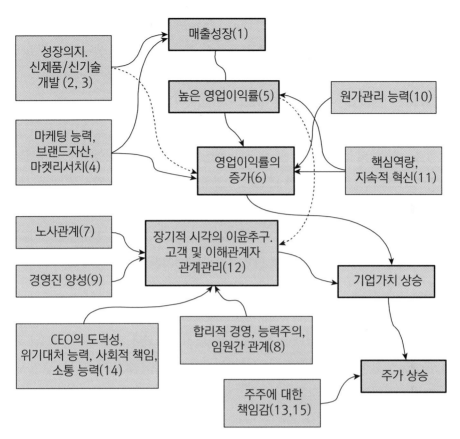

[그림 6-2] Fisher의 정성적 기업평가 기준(괄호 안은 Fisher의 15가지 질문 번호)

　Fisher는 1975년에 출간한 그의 두 번째 저서인 『보수적인 투자자는 마음이 편하다(Conservative Investors Sleep Well)』에서 위에 15가지 질문의 내용을 3개 범주로 재분류하였다. 그 세 가지는 '구조적 요소' '인적 요소', 그리고 '기업활동의 본질적인 요소(성격)이다. 첫째, 구조적인 요소란 기업의 핵심적인 기능들, 즉 마케팅, 생산, R&D, 그리고 재무 영역에서의 역량과 경쟁력을 의미한다. 이러한 개별적 기능에서 경쟁력이 없거나, 기능들 간 유기적인 협력이 이루어지지 않는 기업은 적절한 투자대상이 될 수 없다고 보았다. 둘째, 인적 요소란 경영자의 역량과 도덕성, 노사관계, 기업 문화 등을 의미한다. 이 요소에서는 경영자가 내외부 공중들과 진실되게 소통할 의지가 있고, 장기적 안

목으로 기업을 이끌고 있는가, 직원들이 보람을 느끼면서 일하고 있는가 등을 평가한다. 셋째, 기업활동의 본질적 요소란 기업이 경쟁자들보다 높은 영업이익률을 달성할 수 있게 해 주는 경쟁우위를 가지고 있는가를 의미한다.

Philip Fisher의 투자철학은 Warren Buffet이나 Charlie Munger를 비롯한 많은 이에게 영향을 주었는데, 특히 그의 아들 Ken Fisher는 아버지의 투자 철학을 계승하여 발전시켰다. Ken Fisher는 뛰어난 기업을 찾아내기 위해서는 다섯 가지 요소를 평가해야 한다고 주장하였는데, 그 다섯 가지는 성장지향성, 탁월한 마케팅, 일방적 경쟁우위, 창조적 인사관리, 그리고 완벽한 재무관리이다(Fisher, 1991). Philip Fisher와 Ken Fisher 모두 소비자의 욕구와 수요에 맞는 상품을 제공하고, 핵심 차별점을 효과적으로 커뮤니케이션 하는 능력에서 경쟁자보다 뛰어난 기업, 마케팅 역량이 탁월한 기업에 투자해야 함을 강조하였다(Fisher, 1991; Fisher, 2003). 이들 모두는 마케팅뿐 아니라 연구개발(R&D) 역시 기업의 성장에 있어서 중요함을 강조하였다. 생산이나 R&D의 방향성을 제시하는 것도 마케팅의 역할이라는 그들의 주장은 마케팅 개념이 담고 있는 의미와 일치한다(Kotler, 2002; McKitterick, 1957; Tellis & Golder, 2006).

다양한 투자 접근법을 요약한 〈표 6-3〉에서도 보이듯이 기본적 분석에 기초한 투자는 정량적인 접근과 정성적인 접근 모두를 포함할 수 있다. Philip Fisher와 Ken Fisher 모두 기업 분석에 있어서 정성적인 접근과 함께 몇몇 정량 지표도 중요하게 고려하였다. 정량적 분석의 관점에서 그들의 투자법이 타 투자자들과 차별화되는 부분은 매출성장률과 영업이익률을 강조했다는 점이다. 이러한 그들의 접근방식을 앞서 소개한 내재가치 분석방법과 연결하여 분석해 봄으로써 그들의 접근법이 이익 중심의 전통적 가치투자 접근과 어떻게 연결되는지를 알아볼 수 있을 것이다. 이를 위해서 이어지는 부분에서는 기대투자수익률 공식을 도출하고, 이에 기초하여 매출과 영업이익률이 기대투자수익률에 어떤 영향을 미치는가를 살펴보고자 한다.

2) 기대투자수익률과 기업의 매출

주식투자의 목표는 수익률 극대화이다. 주식투자의 수익률을 예측하기 위해서는 주식의 현재 가격(매수 가격)과 함께 미래 예상 가격(매도 가격)도 알아야 한다. 미래 가격은 정확하게 알 수 없기 때문에 불확실성을 내포한 확률변수로 개념화할 수 있다. 현재의 주가를 P_0, 미래 주가의 기댓값을 $E(P_1)$이라고 하자. 현재 매입한 주식투자의 수익률(Return)의 기댓값, 즉 기대투자수익률 (expected return on investment)을 $E(R)$이라고 하면, $E(R)$은 다음과 같이 계산된다.

$$E(R) = \frac{E(P_1) - P_0}{P_0} \qquad\qquad \textbf{(6-4)}$$

가격(P)이 내재가치(V)를 중심으로 등락을 반복한다고 가정하면, $E(P_1)$은 기업의 내재가치(V)와 같다고 할 수 있다. 기업의 내재가치는 시간이 흘러도 큰 변화 없이 유지된다고 가정한다. 내재가치에 비해 저평가된 주식을 매입했다면 미래에 어느 시점엔가는 주가가 V, 즉 $E(P_1)$와 같아지는 시점이 올 것이므로 그 시점에 매도하면 확실하게 기대수익률을 실현할 수 있을 것이다 (Graham, 2005). V와 $E(P_1)$이 동일하다고 가정하고, 내재가치 계산식인 식 (6-3)을 식 (6-4)에 대입해서 기대수익률을 구하면 다음과 같다.

$$E(R) = \frac{V - P_0}{P_0} = \frac{BPS + \dfrac{EPS}{(r-g)} - P_0}{P_0} \qquad\qquad \textbf{(6-5)}$$

$P_0 = PBR * BPS = PER * EPS$이므로, 이를 식 (6-5)에 대입하면 다음과 같이 기대수익률 공식이 도출된다.

$$E(R) = \frac{BPS - P_0 + \frac{EPS}{(r-g)} - P_0 + P_0}{P_0} \qquad (6\text{-}6)$$

$$= \frac{BPS - (PBR^* BPS)}{PBR^* BPS} + \frac{\frac{EPS}{(r-g)} - (PER^* EPS)}{PER^* EPS} + 1$$

$$= \frac{1}{PBR} + \frac{1}{PER(r-g)} - 1$$

기대투자수익률은 이론적으로 PER, PBR, r(할인율), 그리고 g(성장률), 이렇게 4개의 변수에 의해서 정해짐을 알 수 있다. PER과 PBR이 낮고, 이익성장률이 높은 기업에 투자할수록 기대수익률은 높아진다. 모든 상황에서 보편적으로 적용할 수 있는 할인율(r) 값은 없으며, 평가 시점에서의 국채금리 등 다양한 수치가 활용될 수 있다. 일반적으로 할인율은 기업 특성이 아닌, 기업 외적인, 거시 경제적인 변수로 보기 때문에 모든 기업에 동일한 값을 적용하는 것을 원칙으로 한다. 그러나 본 연구에서는 할인율은 미래에 발생할 현금흐름의 변동성을 반영하기 때문에 더 안정적인 현금흐름이 발생할 것으로 예상되는 기업에 대해서는 더 낮은 할인율을 적용하는 것이 적절하다고 보는데 이는 Srivastava 등(1998)의 관점과도 일치한다. 이러한 관점에서 보면 할인율은 앞서 논의한 '경제적 해자'의 개념과도 관련된다. 높은 브랜드 자산가치 등의 경제적 해자를 가진 기업은 그만큼 현금흐름이 안정적으로 발생할 것으로 예측할 수 있기에 낮은 할인율이 적용되어 기업가치는 높아질 것이다. OPM, ROE 등은 경제적 해자를 반영하는 지표로 볼 수 있기 때문에(Fisher, 2003; Hagstrom, 2013), 이들 지표값이 높을수록 기업은 수익성 자체뿐 아니라 수익의 안정성도 높다고 볼 수 있고, 다른 조건들이 동일하다면 더 높은 기업가치를 갖는 것으로 평가할 수 있다.

앞서 논의하였듯이 투자할 기업의 선정에 있어서 마케팅 역량을 중요하게 평가하는 접근방법은 성과지표 중 매출을 중시하는 접근법과 깊은 관련성이 있다. 일반적으로 매출성장은 이익의 성장에 선행하는 경우가 많기 때문에 아직 수익성은 그다지 좋지 않지만 매출이 빠르게 성장하고 있는 시점에 투자하여(PLC에서 도입기), 수익률이 증가하기 시작하는 시점(성장기)에 매도하여 높은 투자수익률을 달성할 수 있는 경우가 많다(Fisher, 1991). 이익이 가시화된 시점에는 이미 많은 투자자들의 관심이 집중되기 때문에 주가가 높게 형성될 가능성이 높다. 이러한 측면에서 매출과 이익은 서로 보완적으로 사용될 수 있는 성과지표이며, 특히 매출은 시장 수요의 변화를 볼 수 있는 좋은 지표이다.

기업의 매출성장이 어떻게 이윤의 성장과 관련되며, 또한 어떻게 기대투자수익률과 관련되는지 대해서 간단한 수식을 통해 분석해 보고자 한다. 기업의 매출 S(sales)는 판매량(Q)과 개당 가격(p)의 곱으로 계산된다.

$$S = p \cdot Q \tag{6-7}$$

앞에서 주식의 가격을 지칭하는데 대문자 P를 사용하였기에, 혼란을 피하기 위해서 제품의 개당 가격을 나타내는 데는 소문자 p를 사용한다. 순이익은 매출에서 총비용을 뺀 값이다. 총비용을 TC(total cost), 그리고 이윤을 π(profit)이라고 할 때, 이들은 아래와 같이 정의된다.

$$TC = FC + (VC \cdot Q) \tag{6-8}$$
$$\pi = S - TC \tag{6-9}$$
$$= S - (FC + VC \cdot Q)$$
$$= (p - VC)Q - FC$$

FC는 고정비용(fixed cost), 그리고 VC는 변동비용(variable cost)을 의미한다. 가격에서 변동비를 뺀 값($p - VC$)을 공헌이익이라고 한다. 손익계산서에 기록되는 수치 중 공헌이익과 관련성이 높은 것은 매출총이익(gross profit)이다. 매출총이익은 매출에서 매출원가를 뺀 수치인데, 매출원가에서 가장 큰 비중을 차지하는 것이 변동비인 원재료비이기 때문이다. 매출원가 전체를 변동비로 가정하여 단순화시키면 매출총이익(π_g)은 다음과 같이 나타낼 수 있다.

$$\pi_g = (p \cdot Q) - (VC \cdot Q) = (p - VC)Q \tag{6-10}$$

[그림 6-3]은 판매량(Q)이 증가함에 따라 매출, 매출총이익, 영업이익이 어떻게 변화되는지를 보여 준다.

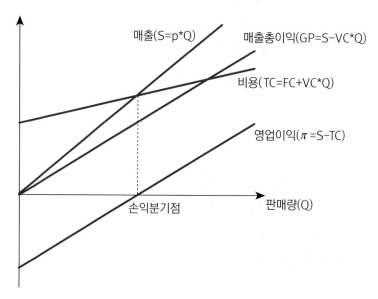

[그림 6-3] 매출(S), 비용(TC), 매출총이익(GP), 순이익(π)의 관계

매출총이익의 상대적 크기는 다음의 두 가지 방식으로 나타낼 수 있다. 한 가지는 기업의 총자산(asset)과 매출총이익의 비율을 나타내는 총자산매출총이익률(gross profit on asset, GP/A)이고, 또 다른 하나는 매출과 매출총이익의 비율을 계산한 매출총이익률(gross profit margin: GPM)이다. 후자를 활용하면 다음과 같이 매출총이익률(GPM)을 계산해 볼 수 있다.

$$
\begin{aligned}
GPM &= \frac{\pi_g}{S} \\
&= \frac{(p - VC)Q}{p \cdot Q} = \frac{p - VC}{p}
\end{aligned}
\tag{6-11}
$$

공헌이익이 매출총이익과 같다고 가정하면, 공헌이익률(공헌이익/가격)이 곧 매출총이익률(GPM)이 된다. 참고로, 공헌이익률은 경제학에서 러너 지수 (Lerner index)라고 불리는 개념과 동일하다. 총 자산이나 매출에서 매출총이익이 차지하는 비율이 높은 기업들이 높은 주가 상승률을 보이는 것으로 나타난다(Fisher, 1991; Mayer, 2015; Novy-Marx, 2013). 매출총이익률이 높은 기업일수록 판매량(Q)이 증가함에 따라 순이익(π)도 더 급격히 증가되는 특징을 갖는다. 이런 기업은 수익의 상당 부분을 성장을 위해 재투자할 수 있는 자금여력을 갖기 때문에 Philip Fisher(2003)는 높은 성장 가능성을 가진 기업을 찾고자 한다면 매출총이익률이나 영업이익률이 높은 기업을 찾아야 한다고 주장하였다.*

　매출총이익보다 더 널리 알려지고, 투자에도 많이 활용되는 성과지표는 영업이익(operating profit), 혹은 당기순이익(net profit)이다. 영업이익은 매출에서 총비용, 즉 고정비와 변동비 모두를 뺀 수치이다. 당기순이익은 영업이익에 추가적으로 영업외 비용과 수익, 특별이익과 특별손실, 법인세 등을 가감하여 계산된다. 이 연구에서는 분석의 단순함을 위해 기타 수익과 비용을 고려하지 않고, 영업이익과 순이익을 같다고 가정하고 이를 π로 지칭한다. 매출 중 영업이익의 비율이 영업이익률(OPM), 매출 중 순이익의 비율을 순이익률 (NPM)이라고 한다. 영업이익률 혹은 순이익률이 같다고 가정하면, 이는 다음과 같이 계산된다.

---

* 앞서 4장에서 가격탄력성을 낮추는 것이 마케팅 전략의 핵심이라고 논한 바 있다. 그러나 고객의 가격탄력성을 측정하고 그것에 기초하여 전략을 수립하는 것은 현실적으로 매우 어려운 일이다. 그러나 가격탄력성을 반영하는 매출총이익률(공헌이익률)은 상대적으로 쉽게 알 수 있는 수치이다. 기업이 최적의 가격결정을 했다고 가정했을 때 공헌이익률은 가격탄력성의 역수가 된다(식 (4-10) 참조). 이러한 관점에서 볼 때 매출총이익률(GP/A 혹은 GPM)과 주가 상승률의 높은 관련성을 밝혀낸 Novy-Marx(2013) 등의 연구는 중요한 시사점을 갖는다.

$$NPM = OPM = \frac{\pi}{S} \tag{6-12}$$

$$= \frac{(p \cdot Q) - FC - (VC \cdot Q)}{p \cdot Q}$$

$$= 1 - \frac{(VC \cdot Q) + FC}{p \cdot Q} = 1 - \frac{VC}{p} - \frac{FC}{p \cdot Q}$$

판매량(Q)은 가격(p)에 의해 결정된다고 기정하면, 영업이익률은 고정비(FC)와 가변비(VC), 그리고 가격(p)의 함수가 된다. 가격탄력성($\frac{p}{Q}\frac{\Delta Q}{\Delta p}$)을 ϵ라고 하면 판매량과 가격의 관계는 다음과 같이 나타낼 수 있다($k > 0$, $\epsilon < 0$).

$$Q = kp^\epsilon \tag{6-13}$$

이윤을 극대화하는 최적가격은 가격탄력성과 변동비에 의해서 정해지므로 ($p^* = \frac{\epsilon}{\epsilon+1}VC$, $\epsilon < -1$)(4장 참조), 영업이익률은 결국 가격탄력성, 고정비, 그리고 변동비에 의해서 결정된다.

$$NPM = 1 - \frac{VC}{p} - \frac{FC}{kp^{\epsilon+1}}$$

$$= \frac{-1}{\epsilon} - \frac{FC}{k(\frac{\epsilon}{\epsilon+1}VC)^{\epsilon+1}} \tag{6-14}$$

고정비나 변동비를 줄이면 영업이익률이 높아진다. 미분 계산을 통해 가격탄력성이 영업이익률에 미치는 영향을 살펴볼 수 있다.

$$\frac{\partial NPM}{\partial \epsilon} = \frac{FC\epsilon(\epsilon+1)\ln(\frac{\epsilon VC}{\epsilon+1}) + kVC(\frac{\epsilon VC}{\epsilon+1})^\epsilon + FC(\epsilon+1)}{kVC\epsilon^2(\frac{\epsilon VC}{\epsilon+1})^\epsilon} > 0 \tag{6-15}$$

가격탄력성이 낮아지면($|\epsilon|$가 작아지거나, ϵ가 커지면) 영업이익률은 높아짐을 알 수 있다. 이는 가격결정력을 가진 기업, 즉 수요의 감소 없이 가격을 인상할 수 있는 기업이 높은 영업이익률을 유지할 수 있다는 Philip Fisher의 주장과 일치한다. 낮은 가격탄력성은 높은 고객충성도와 관련성이 높기 때문에 많은 충성고객을 보유한 기업에 투자하는 것이 중요함을 알 수 있다. ϵ가 높을수록($|\epsilon|$가 낮을수록), 그리고 k가 높을수록 마케팅 역량이 뛰어난 것으로 해석할 수 있다. k값이 커질수록 영업이익률은 높아짐을 알 수 있다.

$$\frac{\partial NPM}{\partial k} = \frac{FC}{k^2 p^{\epsilon+1}} > 0 \qquad\qquad \textbf{(6-16)}$$

기대투자수익률이 매출이나 영업이익률 등과 어떤 관련성을 갖는지 살펴보기 위해서 기대수익률 공식(식 (6-6))을 다음과 같이 변형시킬 수 있다.

$$E(R) = \frac{1}{PBR} + \frac{NPM}{PSR(r-g)} - 1 \qquad\qquad \textbf{(6-17)}$$

이 공식에 따르면 주가매출비율(PSR)이 낮아지거나, 순이익률(영업이익률)(NPM)이 높아질수록 기대수익률은 높아진다. 매출과 영업이익률을 중시하는 Philip Fisher와 Ken Fisher의 투자법은 이익 중심의 접근과 본질적으로는 동일함을 알 수 있다. 편미분을 통해 도출할 수 있는 시사점은 (다른 조건이 동일하다면) 매출이 증가할수록, 그리고 영업이익률이 높아질수록 기대투자수익률은 증가된다는 것이다.

$$\frac{\partial E(R)}{\partial NPM} = \frac{1}{PSR(r-g)} > 0 \qquad\qquad \textbf{(6-18)}$$

$$\frac{\partial E(R)}{\partial S} = \frac{NPM}{P(r-g)} + \frac{FC + (VC \cdot Q)}{PSR(r-g)S^2} > 0 \qquad\qquad \textbf{(6-19)}$$

이번에는 가격탄력성이 기대투자 수익률에 미치는 영향력을 살펴보자. 최적 가격에서의 이윤을 반영하여 기대투자수익률 공식을 정리하면 다음과 같다(4장 참조).

$$E(R) = \frac{1}{PBR} + \frac{\pi}{P(r-g)} - 1$$

$$= \frac{1}{PBR} + (k\frac{|\epsilon|^{\epsilon} \cdot VC^{\epsilon+1}}{(|\epsilon|-1)^{\epsilon+1}} - FC)(\frac{1}{P(r-g)}) - 1 \qquad \textbf{(6-20)}$$

이를 가격탄력성에 대해서 미분하면 다음과 같다.

$$\frac{\partial E(R)}{\partial \epsilon} = -\frac{VC^{\epsilon+1}k(\ln(-\epsilon) - \ln(-\epsilon-1) + \ln(VC))(-\epsilon)^{\epsilon}}{P(r-g)(-\epsilon-1)^{\epsilon}(\epsilon+1)} > 0$$

$$\textbf{(6-21)}$$

가격탄력성이 낮아질수록 기대투자수익률은 높아짐을 알 수 있다. 마케팅 활동의 핵심 목표 중 하나가 자사 브랜드에 대한 가격탄력성을 낮추는 것임을 고려하면(4장 참조), 이상의 논의를 통해서 우리는 왜 마케팅을 잘하는 기업에 투자해야 하는지를 이해할 수 있다.

6   결론

1) 요약 및 주식투자 관련 시사점

 기업의 가치는 미래의 현금흐름에 의해 결정되는데 현금흐름의 원천은 고객이기 때문에, 투자에 있어서도 고객 지향적인 관점이 필요하다. 이 연구는 기업의 근본이 고객이라는 통찰을 투자에 적용하고자 했던 다양한 시도에 대한 분석이라고 볼 수 있다. 이 연구에서는 고객중심적 관점 그리고 마케팅적 관점에서 투자를 바라보고 관련 문헌들을 정리하였는데, 특히 이러한 관점을 최초로 제시한 저명한 투자자인 Philip Fisher의 주장을 중심으로 정리하였다. Fisher는 마케팅과 R&D 역량을 갖추어 기업시장 변화의 흐름을 파악하여, 이를 충족시킬 수 있는 제품이나 서비스를 지속적으로 출시할 수 있는 기업에 투자해야 한다고 주장하였다. Fisher는 특히 기업의 마케팅 역량을 강조하였는데, 1990년대 이후 많은 연구가 마케팅 활동이 기업가치를 높이는 데 기여한다는 결과를 발표하며 그의 주장을 뒷받침하고 있다. 이 연구에서는 Philip Fisher의 투자법을 최근 마케팅과 재무 분야에서 그동안 이루어진 연구 결과들과 관련지어 정리해 보았다. 특히 시장기반 자산 등의 개념을 활용하여 왜 많은 충성고객을 확보한 기업, 시장을 선점한 기업이 장기적으로 높은 수익성과 높은 기업가치를 가지게 되는지에 대해서 논의하였다. 또한 이 연구에서는 Fisher의 투자법에 대한 좀 더 체계적 분석을 위해 기대수익률 계산 공식을 도출하고, 이에 기초하여 매출 변화가 기대투자수익률에 미치는 영향을 분석해 보았다. 기업의 마케팅 역량을 평가하는 작업은 쉬운 작업이 아니다. Philip Fisher가 가장 중요하게 의존했던 방법은 소위 'Scuttlebutt(소문)'이라고 불리는 방법으로서, 그는 직접 기업을 방문해서 질문하거나 협력업체, 경쟁사, 유통업체를 방문해서 관련자들에게 직접 질문함으로써 관련된 유용한 정보를 얻었다. 그러나 그러한 정보수집 방법은 일반인들이 활용하기 어렵다. 이를 대체하여 개인 투자자들이 기업의 마케팅 역량 혹은 시장기반 자산을 평가하는 손쉬운 방법들을 정리해 보면 다음과 같다.

첫째, 여러 기관을 통해 주기적으로 발표되는 고객만족도 지수(CSI)나 브랜드 자산가치 등에 기초해서 간접적으로 기업의 마케팅 역량을 평가해 볼 수 있다. 고객만족도는 실제로 기업의 주가와 유의한 관련성을 갖는 것으로 나타났다(Fornell, 2006). 둘째, 주변에서 쉽게 관찰할 수 있는 소비자 구매행태의 변화를 통해 투자 기업을 선정하는 방법이 있다. 주변 사람들을 관찰하여 최근 구매가 급증한 브랜드, 혹은 사람들이 높은 만족도와 재구매율을 보이는 브랜드를 보유한 기업에 투자하는 것도 유용한 방법이다(Lynch, 1989). 셋째, 시장의 흐름에 맞춰 끊임없이 변화하는 기업, 지속적으로 신제품을 출시하는 기업에 투자하는 것이다. Philip Fisher는 향후 몇 년간 매출이 꾸준히 증가할 수 있는 제품/서비스를 보유하고 있는지, 그리고 지속적으로 신제품, 신기술을 개발할 의지를 가지고 있는지를 매우 중요하게 평가하였다. 제품 혁신과 신제품 출시에 앞서가는 기업은 높은 기업가치를 가지게 된다는 것은 검증되었다(Srinivasan et al., 2009). 지금 당장의 수익률을 희생시키더라도 미래에 성장할 분야에 과감하게 투자하여 시장을 선점하려고 하는 기업 역시 좋은 투자 대상이 될 것이다. 넷째, 어떤 산업 혹은 업종이건 그 안에서 시장 선도자 브랜드에 투자하는 것이다. 특정 제품 범주를 창조한 브랜드, 혹은 범주를 창조한 브랜드는 아니더라도 현재 점유율 1위 기업에 투자하는 방법이 있다. 예를 들면, 스마트폰 시장을 개척한 아이폰(iPhone)을 출시한 애플(Apple)사가 있다. 시장을 창조한 브랜드는 소비자의 마음속에서 범주와 동일시되는 경향이 있기 때문에 후발 진입자가 모방할 수 없는 우월한 경쟁적 입지를 차지하게 된다(Ries & Trout, 2001). 절대적인 시장규모가 크지 않은 시장에서라도 자신만의 확고한 차별성과 충성고객을 유지하며 틈새를 지켜 가고 있는 브랜드에 투자하는 방법 역시 범주 리더에 투자하는 방법이다. 경쟁 제품과는 다른 명확한 차별점, 독특함, 스토리를 가지고 있다는 것은 그 기업의 마케팅 역량을 드러내 주는 것이다.

　다섯째 방법은 기업의 마케팅 활동이 얼마나 효과적인가를 보여 주는 경험적인 단서들을 활용하는 것이다. 예를 들어, 제품과 관련된 불만이 아주 만족스럽게 해결되었다면, 그것은 그 기업의 고객지향성에 대해서 많은 것을 시사한다. 영업사원들의 태도를 통해서 영업조직이 얼마나 잘 운영되고 있는가를 볼 수 있을 것이다. 또한 최고경영자가 고객이나 투자자 등 기업 외부의 이해관계자들, 그리고 내부 고객들인 직원들과 얼마나 활발하게 소통하는가 역시 중요하게 고려될 수 있다. 이해관계자들과의 소통 능력을 갖춘 경영자는 폐쇄적인 스타일의 경영자보다 외부환경 변화에 민감하게 대응할 수 있기 때문에 기업의 생존능력을 더욱 높아진다(Anderson, 1982; Narver & Slater, 1990). 소비자의 마음을 움직이는 광고나 판촉 캠페인을 지속적으로 보여 주는 기업도 중요한 투자대상이 될 수 있다. 광고만 잘 만든다고 해서 훌륭한 기업이라고 할 수는 없다. 그러나 만약 어떤 기업의 광고캠페인이 진부하고 틀에 박힌 형식에서 벗어나지 못한다면, 그 기업은 기업 중심적인 시각에 갇혀 소비자와 공감하거나 시장 변화에 민감하게 반응하지 못하는 기업일 가능성이 높다.

　여섯째 방법으로는 쉽게 수집될 수 있는 온라인 데이터를 활용하여 기업과 브랜드에 대한 소비자 인식을 조사하는 방법이 있다. 구글 트렌드(Google trends)나 네이버 데이터랩(Naver datalab) 등 사이트를 통해 소비자들이 특정 제품 범주나 브랜드에 대해 얼마나 많이 검색하는가를 알 수 있다. 키워드 검색량은 소비자의 관심도를 직접적으로 보여 줄 뿐 아니라 실제 매출과도 높은 관련성이 있음이 증명되었다(Choi & Varian, 2012). 그 외에도 온라인 쇼핑몰에서 볼 수 있는 구매후기, 평가 등을 통해 소비자가 특정 브랜드에 대해서 얼마나 높은 지각된 가치를 가지는지, 그리고 얼마나 낮은 지각된 불확실성을 갖는지를 판단해 볼 수 있다. 이렇게 구매후기 등 소비자가 직접 만들어 낸 자료(consumer generated content)는 기업의 제품과 마케팅에 대해서 판단할 수 있는 매우 유용한 자료이다(Won, 2018). 이상의 방법에 추가적으로 최근 중요성이 커지고 있는 기업의 사회적 책임을 좀 더 중요하게 고려하는 방식으로 전통적인 Fisher의 접근법을 보완하여 적용한다면 투자에 있어 더 좋은 성과를 거둘 수 있을 것으로 예상된다.

2) 미래사회에 대한 시사점

저명한 경제학자 Thomas Piketty(2014)는 자본주의 경제체제에서는 경제성 장률보다 자본수익률이 더 높기 때문에 부의 양극화가 지속적으로 심화된다고 주장하였다. 인공지능과 로봇 등 기술 발전에 의한 생산성 향상과 이로 인한 일자리 감소는 이러한 추세를 가속화시킬 것으로 예상된다. 이러한 상황이 지속되는 것이 바람직한가의 문제는 차치하더라도 노동소득보다 자본소득이 더 빠르게 증가하는 상황에서 주식 등의 금융자산에 투자하지 않으면 소득을 증가시킬 수 있는 기회를 놓치게 될 가능성이 높다. 최근 몇 년간 국내에서도 주식투자에 대한 대중들의 관심이 크게 증가했다. 2020년 초 시작된 COVID-19 확산으로 인한 경기침체를 방어하는 과정에서 급격하게 증가된 유동성이 주식이나 부동산 등 자산 시장에 유입되면서, 이들 자산의 가격을 급등시켰다. 이러한 상황에서 소외되지 않기 위해서 더 많은 사람들이 주식이나 부동산 투자에 뛰어들게 된 것이다. 그러나 급등한 주가가 이후 다시 하락세로 접어들면서 뒤늦게 시장에 들어온 많은 개인 투자자가 많은 손실을 보게 되었다. 이렇듯 주식투자는 높은 위험을 내포하고 있기 때문에 충분한 경험과 지식이 없이 투자하는 것은 큰 손실로 이어질 가능성이 높다.

대다수의 개인 투자자들이 주식투자에서 손실을 보는 이유는 스스로 금융 지식을 학습하여 지식적으로 자립하지 못하고 기관이나 전문가를 무조건적으로 맹신하거나 혹은 단순히 주변 사람들의 투자 행태를 모방하기 때문이다. 투자와 관련된 많은 정보가 있지만 이들 정보의 대부분은 지나치게 이론적이거나, 혹은 단편적인 사례에 불과한 경우가 많아서 개인 투자자들이 독립적인 의사결정을 할 수 있는 능력을 갖추기가 점점 더 어려워지고 있다. 이러한 상황에서 개인 투자자들은 자신들의 상황에 맞는, 쉬우면서도 위험이 낮은 투자 방법을 찾아야 한다. 본 연구에서 정리한 '마케팅 역량 분석에 기초한 주식투자법'은 이러한 목적에 부합하는 방식이라고 볼 수 있다. 기업의 마케팅 역량을 평가하기 위해서 꼭 기업 내부를 들여다볼 필요는 없다. 고객지향적인 기업의 성과는 기업 외부에서, 시장에 남겨져서 쉽게 관찰될 수 있기 때문이다. 마케팅 역량이 뛰어난 기업을 찾아내는 것은 주변에서 일어나는 구매 행태의 변화나 고객의 마음을 얻은 브랜드의 등장 등을 감지하는 것만으로도 충분히 가능하다. 현대 사회를 살아가는 사람들 중 투자를 하지 않는 사람은 있지만 소비를 하지 않는 사람은 없다. 대부분의 사람들은 관심을 갖는 제품 범주나 기업이 있고, 주변 지인들의 취향 변화 등에 대해 감지하면서 살아간다. 그러한 이유에서 일반 투자자들은 이러한 지식을 활용해서 투자해야 한다.

실제 주식투자에 있어서는 기업의 마케팅 역량 분석에 기초한 투자법 이외에도 이 연구에서는 소개한 다양한 투자법을 결합하여 서로 보완적으로 활용된다면 어느 한 가지 방법에만 의존하는 것보다 높은 투자수익률과 낮은 손실 가능성을 달성할 수 있을 것이다. 예를 들어, 몇몇 정량 지표를 기준으로 투자 고려 대상 기업들을 추려내고, 이들에 대해서만 자세한 정성적 분석을 하여 최종 투자 종목을 선정하는 방법을 채택할 수 있다. 본 연구에서는 논의한 '마케팅 역량분석에 기초한 투자법'은 투자에 대한 고객지향적인 접근이며, 장기적 관점에서의 투자를 지향한다. 소비자의 마음을 얻은 브랜드, 소비자의 마음속에 깊이 뿌리내린 브랜드는 급격한 시장환경의 변화 속에서도 오랫동안 살아남을 가능성이 높다. 이러한 투자법은 시장변화에 대한 깊은 통찰을 가진 기업, 혹은 시장의 장기적인 변화 추세, 메가 트렌드를 미리 내다보고 이를 주도하는 기업에 투자해야 한다는 의미도 담고 있다. 이러한 기업 혹은 기업가를 알아보기 위해서는 투자자 스스로가 미래 사회에 대한 더 깊은 통찰력을 가질 수 있도록 노력해야 할 것이다. 시장환경이 급격히 변할수록 변하지 않는 것이 무엇인가에 대한 통찰, 다양한 변화를 일으키는 근본적인 동인은 무엇인가에 대한 통찰은 기업 경영자뿐 아니라 투자자에게도 더욱 중요해질 것이다.

부록

부록 1
Hauser & Shugan 모형

Hauser와 Shugan(1983)의 모형은 확률적 효용극대화(random utility maximization) 이론에 기초한 수학적인 소비자 선택모형이다. 여러 대안 중 가장 특정 대안이 가장 효용이 높을 확률이 바로 그 대안을 선택할 확률이라고 가정한다. 이 모형은 대표적인 확률적 효용모델인 다항로짓 모형(multinomial logit: MNL)과 비교해서 실제 구매데이터를 활용한 현실적인 적용은 거의 이루어지지 않는다. 그러나 이 모형은 소비자 취향의 다양성을 반영하는 모형이라는 점에서 다른 확률적 효용극대화 모형과 비교해서 마케팅 전략에 대한 더 깊이 있는 통찰을 제시한다. 모형을 소개하면 다음과 같다. 선택집합 A에서 대안 i를 선택할 확률 $P(i|A)$를 단순하게 P_i로 나타내자. 확률적 효용극대화 원칙에 따라 P_i는 다음과 같이 정의된다.

$$P_i = \Pr(U_i > U_j \ for\ all\ j \neq i, j \in A) \tag{A-1}$$

대안 i의 효용 U_i가 다속성 선호도 모형의 형태로 나타낼 수 있다. 본문 사례와 같이 2개의 속성만 고려하는 경우를 가정하면 효용은 다음과 같이 정의될 수 있다(본문에서의 정의와 동일).

$$U_i = w_1 x_{1i} + w_2 x_{2i} \tag{A-2}$$

식 (A-2)에서 w_1과 w_2는 소비자가 속성 1과 2에 각각 부여하는 중요도이며, x_{1i}와 x_{2i}는 i대안이 속성 1과 속성 2에 대해서 갖는 속성값, 속성만족도를 의미하기도 한다. 다속성 선호도 모형을 식 (A-2)에 대입하면 선택확률은 다음과 같이 정의될 수 있다.

$$P_i = \Pr[(w_1 x_{1i} + w_2 x_{2i}) > (w_1 x_{1j} + w_2 x_{2j}), \text{for } all \ j \neq i]$$
$$= \Pr[(x_{1i} - x_{1j}) > (w_2/w_1)(x_{2j} - x_{2i}), \text{for } all \ j \neq i] \qquad \text{(A-3)}$$

수식 내 부등식에서 우변의 $x_{2j} - x_{2i}$을 좌변으로 옮기면 비율인 $\dfrac{x_{1i} - x_{1j}}{x_{2j} - x_{2i}}$ 을 구할 수 있다. 이 비율은 두 개의 브랜드 i와 j를 2차원 그래프로 나타내었을 때, 두 점을 잇는 직선의 기울기의 의미를 갖는다(정확히는 기울기의 역수). $\dfrac{w_2}{w_1}$는 시장에서 소비자의 취향이 어떻게 분포되어 있는가를 보여 주는 확률변수로서 0에서 ∞까지의 값을 가진다. 참고로, 논문 본문에서는 $\dfrac{w_1}{w_2}$로 표현되었으나 어떤 식으로 표현하든지 상관은 없다. 확률적 효용이론에 근거한 선택모형이 표현하지 못하는 대표적인 현상이 지배효과이다. 지배된 대안은 선택될 수 없다는 점을 감안하여 선택모형을 수정해야 한다. 본문에서 설명된 바와 같이 경쟁 대안들에 의해서 지배된 대안들을 제외한 나머지 대안들만으로 선택확률을 계산해야 한다.

표현의 단순함을 위해서 식 (A-3)에서 $\dfrac{x_{1i} - x_{1j}}{x_{2j} - x_{2i}}$를 r_{ji}으로 나타내도록 하자.

$$r_{ji} = (x_{1i} - x_{1j})/(x_{2j} - x_{2i}) \qquad \text{(A-4)}$$

만약 어떤 소비자 혹은 소비자 집단의 $\dfrac{w_2}{w_1}$가 r_{ji}와 동일하다면, 이것은 이들에게 i와 j는 동일한 선호도를 가짐을 의미한다. 지배된 대안들을 모두 제거한 이후 특정한 대안 i를 선택할 확률은 다음과 같이 재정의될 수 있다.

$$P_i = \Pr[r_{ji} < (w_2/w_1) < r_{ki} \text{ for } k \in A' \text{ and } j \in A''] \qquad \text{(A-5)}$$

j와 k는 i와 인접한 두 개의 대안을 의미한다. 식 (A-5)에서 A', A''는 i와 비교되는 경쟁 대안 j와 k가 어디에 위치해 있는가를 의미하는데, 다음과 같이

정의할 수 있다.

$$A' = \{j|j \in A \text{ and } x_{2j} > x_{2i}\}$$
$$A'' = \{j|j \in A \text{ and } x_{2j} < x_{2i}\} \qquad \text{(A-6)}$$

A'는 초점 대안인 i보다 속성 2의 값(y축 값)이 더 큰 대안들이고(그래프에서 i보다 위에 있는 대안들), A''는 i보다 속성 2값(y축 값)이 작은 대안들이다(그래프에서 i보다 아래 있는 대안들). 즉, A'와 A''는 속성 2에 대한 값을 기준으로 대안들을 분류한 것이다. 속성 1에 의해서 정의해도 상관없다. 왜냐하면 속성 2가 i보다 뛰어난 대안은 속성 1에서는 반대로 i보다 열등한 것으로 가정하기 때문이다. 즉, 모든 속성에서 열등한 대안은 선택집합에서 일단 제외시키기 때문에 이러한 가정에 의하면 지배관계에 놓여 있는 대안들은 고려 대상에서 제외된다. [그림 A-1]에서 보면 k는 A'에 속하는 브랜드이고, j는 A''에 속하는 브랜드이다. 본래 Hasuer와 Shugan의 논문에서는 두 경쟁 브랜드를 잇는 직선과 수직이면서 원점을 지나는 직선을 그려 x축과의 각도를 통해 구매확률을 계산하였다. 이러한 방식은 필요 이상으로 복잡하고 직관적으로 이해하기 어렵기에 이 연구에서는 이러한 복잡성을 제거하고 단순화된 방식으로 그들의 모형을 정리하였다.

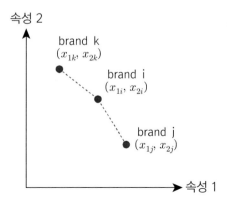

[그림 A-1] 대안 i, j 그리고 k 간의 경쟁관계

일반적으로 많이 쓰이는 확률분포(예: 정규분포)를 활용하기 위해서 $-\infty$ 에서 ∞ 까지의 값을 가지는 식 (A-7)과 같이 확률변수 θ 로 변환시킬 수 있다.

$$\theta = \ln\left(\frac{w_2}{w_1}\right) \tag{A-7}$$

이렇게 가성하면 인접한 두 경쟁 대안 간의 관계는 다음과 같이 재정의된다.

$$\theta_{ji} = \ln\left(\frac{x_{1i} - x_{1j}}{x_{2j} - x_{2i}}\right) = \ln r_{ji} \tag{A-8}$$

$$\theta_{ki} = \ln\left(\frac{x_{1i} - x_{1k}}{x_{2k} - x_{2i}}\right) = \ln r_{ki} \tag{A-9}$$

이렇게 정의하면 i를 선택할 확률은 아래와 같이 정의될 수 있는데, 이는 Hauser와 Shugan이 제시한 모형을 좀 더 단순화해 정리한 것이다.

$$P_i = \int_{\theta_{ik}}^{\theta_{ij}} f(\theta)d\theta \tag{A-10}$$

Hauser와 Shugan 모형은 실로 시장에서 어떤 제품들이 살아남고 어떤 제품들이 소멸되는지에 대한 통찰을 제시해 준다. 2차원 평면상에서 어떤 제품 대안들이 선택확률이 0 이상이 되는지를 살펴보자. 2차원 평면에 다양한 제품을 나타내는 많은 점이 넓게 분포되어 있다고 가정하고, 이들 중에서 생존하지 못하는 제품들을 다음과 같은 방법을 통하여 지워 나갈 수 있다. 평면상의 임의의 한 개의 점(i)을 선택한 뒤 그 점과 가장 가까운 거리에 놓여 있는(유클리디안 거리로 계산함) 경쟁 제품 j를 선택한다. 그다음 i와 그 경쟁 제품(j)과의 r_{ij}를 구하고, 그 값이 부등식 $0 < r_{ij} < \infty$ 를 충족시키지 못하면, 둘 중 하나를 지운다. 이 부등식을 충족시키지 못한다는 것은 둘 중 하나가 다른 하나를 지배하게 됨을 의미한다. 둘 중 지배된 브랜드를 찾아서 지우면 된다. 둘 중 생

존한 대안부터 시작해서 이 과정을 반복하다가 더 이상 지울 수 있는 대안이 없다면 이 과정을 멈춘다. 이렇게 1차 테스트를 통과하게 되면 그 이후에는 살아남은 대안들 중 자신이 가장 높은 선호도를 갖도록 만들어 주는 $\frac{w_2}{w_1}$값이 존재하지 않으면 그 대안 역시 지운다. 즉, 어떤 소비자에게게라도 최고의 대안으로 인식되지 않는 대안을 지워나가는 것이다. 이렇게 최종 테스트까지 살아남은 대안들은 [그림 A−2]와 같이 위로 볼록한 형태의 곡선상에 위치하게 되는데 Hauser와 Shugan은 이 곡선상에 위치한 브랜드를 '효율적 브랜드'(efficient brand)라고 하였다. 효율적 브랜드란 경쟁 대안에 의해서도 지배되지 않았음을 의미한다. 이것은 특정 속성에서 경쟁사보다 우위에 있음을 의미하진 않는다. 그러나 시장 내에 누군가는 자사 브랜드를 가장 선호하고 있음을 의미한다. 예를 들어, 가격과 품질로 이루어진 2차원 평면상의 효율적 브랜드들 중 가운데 위치한 브랜드의 경우, 가격과 품질 그 어떤 속성 측면에서도 최고는 아니지만 두 속성을 모두 중요하게 고려하는 소비자에게는 가장 어필할 수 있는 브랜드가 된다. 브랜드 i가 효율적 브랜드가 된다는 것은 θ가 정규분포나 로지스틱 분포를 따른다고 가정할 때 $P_i > 0$를 충족시켜야 한다. 비록 가장 단순화된 형태의 경쟁상황이 2가지 속성상황을 가정한 것이긴 하지만 이러한 분석에서 얻어진 통찰은 3차원 혹은 그 이상으로 확장되어 적용할 수 있다.

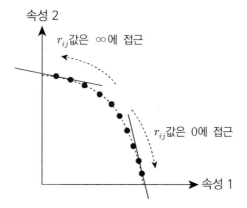

[그림 A-2] 효율적 브랜드의 예(− r_{ij}은 바로 옆 브랜드끼리 연결한 선의 기울기)

부록 2
다항로짓(MNL) 모형의 유도과정

IIA 원칙에 부합하는 선택모형으로는 Luce 모형 이외에도 McFadden(1973)
이 제시한 다항로짓(MNL) 모형이 있는데 이 모형은 확률적 효용극대화 이론
에서 유도된다. 확률적 효용극대화 이론에서 대안 i의 효용 U_i는 두 부분으로
나누어진다고 가정하는데, 하나는 확정적인(deterministic; systematic) 부분인
V_i, 그리고 다른 하나는 확률적인(random) 부분인 ϵ_i이다. V_i는 그 제품의 실
제 효용이고, ϵ_i는 소비자나 상황에 따라 다르게 인식되는 지각된 효용에 있어
서의 불확실성을 의미하기도 한다.

$$U_i = V_i + \epsilon_i \tag{A2-1}$$

확률적 효용극대화 이론에 따르면 두 개의 대안 i와 j 중에서 대안 i를 선택할
확률은 곧 i의 효용이 j의 효용보다 클 확률이다(Marschak, 1960).

$$P(i|\{i,j\}) = P_{i|\{i,j\}} = \Pr(U_i > U_j) \tag{A2-2}$$

선택집합 내에 다수의 경쟁 대안들(j)이 존재한다면 그 중 i를 선택할 확률은
다음의 식 (A2-3)과 같다. 표기의 단순함을 위해서 i의 선택확률을 선택집합
에 대한 명기없이 단순히 P_i로 표기하도록 한다.

$$\begin{aligned}
P_i &= \Pr(U_i > U_j \text{ for } all\, j \neq i) \\
&= P(V_j + \epsilon_j < V_i + \epsilon_i \text{ for } all\, j \neq i) \\
&= P(\epsilon_j < \epsilon_i + V_i - V_j \text{ for } all\, j \neq i)
\end{aligned} \tag{A2-3}$$

MNL 모형에서는 식 (A2-3)에서 확률적인 부분 ϵ_i가 서로 독립적이고, 동일한 분산을 가진 이중지수(double exponential: Gumbel) 분포를 따른다고 가정한다(McFadden, 1973). 이러한 가정에 기초하면 대안 i의 확률적 효용인 ϵ_i가 특정한 값 ϵ보다 작을 확률은 다음과 같다.

$$F(\epsilon) = P(\epsilon_i \leq \epsilon) = \exp(-\exp(-\epsilon)) \qquad \text{(A2-4)}$$

이때 ϵ_i의 평균은 0, 표준편차는 $\dfrac{\pi}{\sqrt{6}}$라고 가정한다. ϵ_i가 특정한 값 b를 가질 때 i가 선택될 확률을 $P_{i|\epsilon_i = b}$라고 표기하면, $P_{i|\epsilon_i = b}$는 다음의 식 (A2-5)와 같이 나타낼 수 있다.

$$P_{i|\epsilon_i = b} = P(\epsilon_j < b + V_i - V_j \text{ for all } j \neq i)$$

$$= \prod_{\substack{j=1 \\ j \neq i}}^{J} \exp(-\exp - [b + V_i - V_j]) \qquad \text{(A2-5)}$$

모든 가능한 b에 대해서 $P_{i|\epsilon_i = b}$를 구하고 그 값들을 모두 합하면 P_i를 구할 수 있다. 그러므로 P_i는 다음과 같다.

$$P_i = \int_{b=-\infty}^{b=\infty} P_{i|\epsilon_i = b} P(\epsilon_i = b) db \qquad \text{(A2-6)}$$

식(A2-6)에서 $P_{i|\epsilon_i = b} P(\epsilon_i = b)$를 펼쳐 보면 다음의 식 (A2-7)과 같다.

$$P_{i|\epsilon_i = b} P(\epsilon_i = b) = \exp(-b)\exp(-\exp(-b)) \prod_{\substack{j=1 \\ j \neq i}}^{J} \exp(-\exp - [b + V_i - V_j])$$

$$= \exp(-b)\exp\left[-\sum_{\substack{j=1 \\ (i \text{포함})}}^{J} \exp - (b + V_i - V_j)\right] \qquad \text{(A2-7)}$$

식 (A2-7)을 다시 식 (A2-6)에 대입하여 P_i를 계산하면 다음과 같다.

$$P_i = \int_{b=-\infty}^{b=\infty} \exp(-b)\exp[-\sum_{\substack{j=1 \\ (i\text{포함})}}^{J} \exp-(b+V_i-V_j)]db$$

$$= \int_{b=-\infty}^{b=\infty} \exp(-b)\exp(-\exp(-b)[\sum_{\substack{j=1 \\ (i\text{포함})}}^{J} \exp(V_j-V_i)])db$$

(A2-8)

식(A2-8)에서 계산의 편의를 위해서 $\exp(-b)$를 z로 대체하면, 적분해야 할 부분은 $z \cdot \exp(-za)$가 된다. 여기서 $a = \sum_{\substack{j=1 \\ (i\text{포함})}}^{J} \exp(V_j-V_i)$이고 $b = -\ln(z)$, $db = -(\frac{1}{z})dz$이다. 그러므로 다음과 같이 P_i가 유도된다.

$$P_i = \int_{\infty}^{0} z \cdot \exp(-za)(-\frac{1}{z})dz = \int_{0}^{\infty} \exp(-za)dz$$

$$= -\exp(-za)/a|_{0}^{\infty} = -[\frac{1}{a}(0-1)] = \frac{1}{a}$$

$$= \frac{1}{\sum_{j=1}^{J} \exp(V_j-V_i)}$$

$$= \frac{1}{\dfrac{\exp V_1}{\exp V_i} + \dfrac{\exp V_2}{\exp V_i} + \dfrac{\exp V_3}{\exp V_i} + \cdots}$$

$$= \frac{\exp V_i}{\sum_{j=1}^{J} \exp V_j} \quad (\text{MNL 모형})$$

(A2-9)

MNL모형은 Luce의 모형과 매우 유사한 형태를 가지나 Luce 모형과 달리 대안들의 효용값에 지수를 취해서 사용한다는 점에서 차이가 난다. MNL 모형에 따르면 모든 대안의 효용이 같은 양만큼 증가되어도 점유율에는 변화가 없다. MNL 모형은 Luce의 모형과 마찬가지로 항상 IIA 원칙을 만족하게 된다.

$$\frac{P_i}{P_j} = \frac{\exp(V_i)}{\exp(V_j)} \quad \text{혹은} \quad \ln\left(\frac{P_i}{P_j}\right) = V_i - V_j \tag{A2-10}$$

효용 V_i가 증가함에 따라서 선택확률 P_i가 어떻게 변화되는가를 보기 위해 P_i를 V_i에 대해서 미분하면 식 (A2-11)과 같다. $\dfrac{dP_i}{dV_i}$ 는 P_i가 0.5일 때 최댓값을 가짐을 알 수 있다. 이를 해석하면 소비자가 제품 선택에 가장 어려움을 겪는 상황에서 제품 효용의 증가가 선택확률에 가장 크게 영향력을 발휘함을 의미한다.

$$\frac{dP_i}{dV_i} = \frac{\exp V_i[(\sum_{j=1}^{J} \exp V_j) - \exp V_i]}{(\sum_{j=1}^{J} \exp V_j)^2} = P_i(1 - P_i) \tag{A2-11}$$

MNL에서 가정하고 있는 이중지수분포는 정규분포와 같이 평균을 중심으로 좌우가 대칭인 형태가 아니기 때문에 왜 이러한 분포를 가정하는가에 대한 행태적인 기반이 빈약하다고 판단될 수도 있다. 그러나 두 개의 이중지수 분포의 차이($\epsilon_i - \epsilon_j$)는 로지스틱 분포를 따르게 되기 때문에, 두 개의 제품의 효용의 차이가 로지스틱 분포를 따른다고 가정한다고 보는 것이 더 바람직하다. 제품 i와 제품 j 둘 중 i를 선택할 확률은 식 (A2-12)와 같다. 이는 식 (A2-3)을 다른 형태로 나타낸 것이다.

$$P_{i|\{i,j\}} = \Pr(\epsilon_i - \epsilon_j > V_j - V_i) \tag{A2-12}$$

$\epsilon_i - \epsilon_j$를 단순하게 ϵ_{ij}라고 표기하자. ϵ_{ij}이 평균이 0이고, 표준편차가 σ_{ij}인 로지스틱 분포를 따르고, 확률밀도함수 $f(\epsilon_{ij})$를 따른다고 가정할 때 다음이

성립한다. $P_{i|\{i,j\}}$를 간단히 P_i로 나타낸다.

$$P_i = \int_{V_j - V_i}^{\infty} f(\epsilon_{ij}) d\epsilon_{ij} = 1 - F(V_j - V_i) = F(V_i - V_j) \qquad \text{(A2-13)}$$

$$P_i = \frac{1}{1 + \exp[-(V_i - V_j)\pi/\sqrt{3}\,\sigma_{ij}]} \qquad \text{(A2-14)}$$

$\sigma_{ij} = \dfrac{\sqrt{3}}{\pi}$ 이라고 가정하면 $P_i = \dfrac{1}{1 + \exp[-(V_i - V_j)]}$ 이며, 두 대안의 점유율 비율은 역시 $\ln\left(\dfrac{P_i}{P_j}\right) = V_i - V_j$ 을 충족시킨다. i가 j와 비교한 상대적인 효용이 높아짐에 따라 i대안의 점유율은 S자 곡선의 형태로 증가하게 된다.

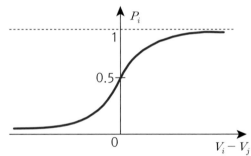

[그림 A2-1] 두 대안들(i, j) 간 선택에서의 선택확률

$\dfrac{\pi}{\sqrt{3}\,\sigma_{ij}}$ 를 단순하게 줄여서 $\dfrac{1}{\lambda}$ 라고 표기하기도 하고, 여기서 λ는 척도 모수(scale parameter)라고도 부르는데 표준편차의 개념이다. MNL 모형에서 효용항에 어떤 변수를 추가하느냐에 따라 선택확률에 대한 설명력이 달라진다.

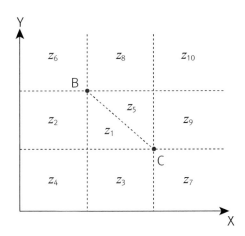

[그림 A3-1] 영역구분과 지배 및 공동지배 관계

대안 A는 위 그림에서 나타나는 10개의 영역 중 하나에 위치하게 된다. 이
것은 다음과 같이 표기하자.

$$P(B \gg A \text{ 혹은 } C \gg A) = \Pr(A \in z_2 \text{ 혹은 } z_3 \text{ 혹은 } z_4) \quad \textbf{(A3-1)}$$

$$P(B \gg A) = \Pr(A \in z_2 \text{ 혹은 } z_4) \quad \textbf{(A3-2)}$$

$$P(C \gg A) = \Pr(A \in z_3 \text{ 혹은 } z_4) \quad \textbf{(A3-3)}$$

선택집합 V에서 A가 지배될 확률은 A가 z_1, z_2, z_3 혹은 z_4 넷 중 하나의 영
역에 위치할 확률이다.

$$P_V(A_{Dd}) = \Pr(A \in z_1 \text{ 혹은 } z_2 \text{ 혹은 } z_3 \text{ 혹은 } z_4) \quad \textbf{(A3-4)}$$
$$= P(B \gg A \text{ 혹은 } C \gg A) + P_V(BC \gg A)$$

대안 A가 B와 C에 의해서 공동지배될 확률인 $P_V(BC \gg A)$은 A가 z_1에 위치할 확률이다.

$$P_V(BC \gg A) = \Pr(A \in z_1) \tag{A3-5}$$

확률계산을 위해서 다음의 확률을 계산해 보자.

$$\Pr(x_B > x_A)\Pr(y_C > y_A) + \Pr(x_C > x_A)\Pr(y_B > y_A) \tag{A3-6}$$
$$= \Pr(A \in z_1 \text{ 혹은 } z_2 \text{ 혹은 } z_3 \text{ 혹은 } z_4 \text{ 혹은 } z_5)$$
$$= \Pr(x_B > x_A)\Pr(y_C > y_A) + \Pr(x_C > x_A)\Pr(y_B > y_A)$$

$$\Pr(A \in z_1) = \Pr(A \in z_5) \tag{A3-7}$$

$$P_V(BC \gg A) = \frac{1}{2}\Pr(A \in z_1, z_5) \tag{A3-8}$$

$$P_V(BC \gg A) = \frac{1}{2}\Pr(x_B > x_A)\Pr(y_C > y_A) \tag{A3-9}$$
$$+ \Pr(x_C > x_A)\Pr(y_B > y_A) - P(B \gg A \text{ 혹은 } C \gg A)$$
$$= \frac{1}{2}[(\frac{1}{2} \cdot \frac{1}{2}) + (\frac{1}{2} \cdot \frac{1}{2}) - \frac{7}{16}] = \frac{1}{32}$$

선택집합에 4개의 경쟁 대안이 존재하는 상황을 가정해 보자. V={A, B, C, D}

$$P(B \gg A \text{ 혹은 } C \gg A \text{ 혹은 } D \gg A) \tag{A3-10}$$
$$= (3 \cdot \frac{1}{4} - 3 \cdot \frac{1}{16} + \frac{1}{64}) = \frac{37}{64}$$

그리고

$$P(BC \gg A \text{ 혹은 } BD \gg A \text{ 혹은 } CD \gg A) \qquad \text{(A3-11)}$$
$$= P(BC \gg A) + P(BD \gg A) + P(CD \gg A)$$

$$- P(BC \gg A \text{ 혹은 } BD \gg A)$$
$$- P(BC \gg A \text{ 혹은 } CD \gg A)$$
$$- P(CD \gg A \text{ 혹은 } BD \gg A)$$

$$+ P(BC \gg A \text{ 그리고 } BD \gg A \text{ 그리고 } CD \gg A)$$

$$= \frac{3}{32} - \frac{3}{32^2} + \frac{3}{32^3} = \frac{3072 - 96 + 1}{32768} = \frac{2977}{32768}$$

$$P_V(A_{Dd}) = P(B \gg A \text{ 혹은 } C \gg A \text{ 혹은 } D \gg A) \qquad \text{(A3-12)}$$
$$+ P(BC \gg A \text{ 혹은 } BD \gg A \text{ 혹은 } CD \gg A)$$

$$= \frac{37}{64} + \frac{2977}{32768} = \frac{21921}{32768} = 0.67$$

그러므로, $P_V(A_S) = \frac{10847}{32768} = 0.33$. 그러므로 이 세분시장에서 생존할 확률은 0.33이고, 생존했을 때 차지하게 되는 점유율은 경쟁이 없는 가장 작은 세분시장과 비교해서 약 3($= \frac{32768}{10847}$)배이다. 만약 대안들이 3차원 속성 공간에서 평가된다면, 대안이 두 개의 경쟁 대안들이 아닌 세 개의 경쟁 대안들에 의해서 공동지배를 받게 될 것이다.

 참고문헌

본문 출처

1장: 원지성(2014). 행동경제학에 기초한 포지셔닝 개념의 분석. 상품학연구, 32(5), pp. 157-177.

2장: 원지성(2013). 프로스펙트 이론과 속성별 제거모형을 중심으로 한 행동경제학에 대한 비판적 고찰. 유통과학연구, 11(5), pp. 63-76.

3장: 김상용, 송재도, 양재호, 원지성, 윤호정, 송태호, 김태완, 김지윤, 송시연, 김모란 (2022). 마케팅원론 ABC 중 2장과 6장(원지성 저) 내용 중 일부를 수정 및 재정리.

4장: 원지성(2013). 가격탄력성과 생산비용에 기초한 대량마케팅과 표적시장 마케팅의 비교 분석. 유통과학연구, 11(4), pp. 61-72.

5장: 원지성(2011). 지배확률과 생존확률이 브랜드의 시장점유율에 미치는 영향에 대한 이론적 연구. 상품학연구, 29(4), pp. 19-32.

6장: 원지성(2023). 기업의 마케팅 역량 분석에 기초한 주식투자법에 대한 고찰. 산업연구, 47(1), pp. 1-46.

참고문헌

[1장]

곽준식(2012). 브랜드, 행동경제학을 만나다. 갈매나무.

석관호(2008). 속성 유사성이 제품 선택에 미치는 영향에 관한 연구. 마케팅연구, 23(3), 57-73

안서원(2006). 사이먼&카너먼-노벨경제학상을 수상한 심리학자들. 김영사.

원지성(2013). 프로스펙트 이론과 속성별 제거모형을 중심으로 한 행동경제학에 대한 비판적 고찰. 유통과학연구, 11(5), 63-76.

이진용(1994). 행동론적 의사결정 이론과 그 응용가능성에 대한 고찰. 소비자학연구, 5(1), 25-56.

하영원(2000). 소비자 의사결정-정보처리적 접근을 중심으로. 소비자학연구, 11(2), 1-38.

Aaker, D. A., & Shansby, G. (1982). Positioning Your Product. *Business Horizon, May-June*, 56-62.

Allais, M. (1953). Le Comportement de l'Homme Rationnel devant le Risque, Critique des Postulats et Axiomes de l'Ecole Americaine. *Econometrica, 21*, 503-546.

Ariely, D. (2008). *Predictability Irrational*. New York: Harper-Collins Publishers.

Arrow, K. J. (1951). *Social Choice and Individual Values*. Yale University Press.

Arrow, K. J. (1982). Risk Perception in Psychology and Economics. *Economic Inquiry, 20*, 1-9.

Barsalou, L. W. (1985). Ideals, Central Tendency, and Frequency of Instantiation as Determinants of Graded Structure. *Journal of Experimental Psychology: Learning, Memory, and Cognition, 11*(October), 629-654.

Batley, R., & Daly, A. (2006). On the Equivalence between Elimination-by-Aspects and Generalized Extreme Value Models of Choice Behavior. *Journal of Mathematical Psychology, 50*, 456-467.

Becker, G. M., Degroot, M. H., & Marschak, J. (1963). Probabilities of Choices Among Very Similar Objects: An Experiment to Decide Between Two Models. *Behavioral Science, 8*(4), 306-311.

Bell, D. E., Keeney, R. L., & Little, J. D. C. (1975). A Market Share Theorem. *Journal of Marketing Research, 12*(May), 136-141.

Bernoulli, D. (1954). Exposition of a New Theory on the Measurement of Risk. *Econometrica, 22*, 23-36.

Bettman, J. R., Luce, M. F., & Payne, J. W. (1998). Constructive Consumer Choice Processes. *Journal of Consumer Research, 25*(3), 187-217.

Brenner, L., Rottenstreich, Y., & Sood, S. (1999). 'Comparison, Grouping, and Preference'. *Psychological Science, 10*(May), 225-229.

Busemeyer, J. R., Barken, R., Mehta, S., & Chaturvedi, A. (2007). Context Effects and Models of Preferetial Choice: Implications for Consumer Behavior. *Marketing Theory, 7*(1), 39-58.

Camerer, C. F. (2000). Prospect Theory in the Wild: Evidence from the Field. In D. Kahneman & A. Tversky (Eds.), *Choice, Values and Frames*. New York: Russel Sage Foundation.

Carpenter, G. S., & Nakamoto, K. (1989). Consumer Preference Formation and Pioneering Advantage. *Journal of Marketing Research, 26*(August), 285–298.

Carpenter, G. S., & Nakamoto, K. (1990). Competitive Strategies for Late Entry into a Market with a Dominant Brand. *Management Science, 36*(10), 1268–1278.

Chernev, A. (1997). The Effect of Common Features on Brand Choice: Moderating Role of Attribute Importance. *Journal of Consumer Research, 23*(4), 304–311.

Corbin, R., & Marley, A. (1974). Random Utility Models with Equality: An Apparent but not Actual Generalization of Random Utility Models. *Journal of Mathematical Psychology, 11*(August), 274–397.

Day, G. S., Shocker, A. D., & Srivastava, R. K. (1979). Customer-Oriented Approaches to Identifying Product-Markets. *Journal of Marketing, 43*(Fall), 8–19.

Debreu, G. (1960). Review of R. D. Luce, Individual Choice Behavior: A Theoretical Analysis. *American Economic Review, 50*, 186–188.

Dickson, P. R., & Ginter, J. L. (1987). Market Segmentation, Product Differentiation, and Marketing Strategy. *Journal of Marketing, 51*(April), 1–10.

Einhorn, H. J., & Hogarth, R. M. (1981). Behavioral Decision Theory: Processes of Judgement and Choice. *Annual Review of Psychology, 32*, 53–88.

Fishbein, M., & Ajzen, I. (1975). *Beliefs, Attitudes, Intentions, and Behavior: An Introduction to Theory and Research*. Reading, Mass.: Addison Wesley.

Friedman, M., & Savage, L. J. (1948). The Utility Analysis of Choices Involving Risks. *Journal of Political Economy, 56*, 279–304.

Hahn, M., Won, E., Kang, H., & Hyun, Y. J. (2006). Context Effect and Context Maps for Positioning. *International Journal of Market Research, 48*(2), 155–177.

Hardie, B. G., Johnson, E. J., & Fader, P. S. (1993). Modeling Loss Aversion and Preference Dependence Effects on Brand Choice. *Marketing Science, 12*(4), 378–394.

Hauser, J. R. (1988). Competitive Price and Positioning Strategies. *Marketing Science, 7*(1), 76–91.

Hauser, J. R., & Shugan, S. M. (1983). Defensive Marketing Strategies. *Marketing Science, 2*(4), 319–360.

Hoch, S. J., & Deighton, J. (1986). Managing What Consumers Learn from Experience. *Journal of Marketing, 53*(April), 1–20.

Hoopes, D. G., Madsen, T. L., & Walker, G. (2003). Why is There a Resource-Based View? Toward a Theory of Competitive Heterogeneity. *Strategic Management Journal, 24*, 889–902.

Hsee, C., & Leclerc, F. (1998). Will Product Look More Attractive When Presented Separately or Together. *Journal of Consumer Research, 25*(September), 175–186.

Hsee, C., & Rottenstreich, Y. (2004). Music, Pandas, and Muggers: On the Affective Psychology of Value. *Journal of Experimental Psychology: General, 133*, 23.

Huber, J., Payne, J. W., & Puto, C. (1982). Adding Asymmetrically Dominated Alternatives: Violations of Regularity and Similarity Hypothesis. *Journal of Consumer Research, 9*(June), 90–98.

Huber, J., & Puto, C. (1983). Market Boundaries and Product Choice: Illustrating Attraction and Substitution Effects. *Journal of Consumer Research, 10*(June), 31–44.

Kahn, B., Moore, W. L., & Glazer, R. (1987). Experiments in Constrained Choice. *Journal of Consumer Research, 14*(June), 96–114.

Kahneman, D. (2011). *Think Fast and Slow.* New York: Farrar, Straus and Giroux.

Kahneman, D., & Miller, D. T. (1986). Norm Theory: Comparing Reality to Its Alternatives. *Psychological Review, 93*(2), 136–153.

Kahneman, D., & Tversky, A. (1979). Prospect Theory: An Analysis of Decision Under Risk. *Econometrika, 47*(2), 263–291.

Kahneman, D., Knetch, J. L., & Thaler, R. H. (1991). Anomalies: The Endowment Effect, Loss Aversion, and Status Quo Bias. *The Journal of Economic Perspectives, 5*(1), 193–206

Keller, K. L. (1998). *Strategic Brand Management.* Englewood Cliffs, New Jersey:

Prentice-Hall.

Kotler, P. (1972). A Generic Concept of Marketing. *Journal of Marketing, 36*(April), 46-54.

Kotler, P., & Keller, K. L. (2011). *Marketing Management.* MA.: Prentice Hall.

Kotler, P., & Levy, S. J. (1969). Broadening the Concept of Marketing. *Journal of Marketing, 33*(Jan.), 10-15.

Krantz, D. H. (1967). Rational distance Functions for Multidimensional Scaling. *Journal of Mathematical Psychology, 4*, 226-245.

Krugman, P. (1979). Increasing Returns, Monopolistic Competition, and International Trade. *Journal of International Economics, 9*, 469-479.

Lancaster, K. (1966). A New Approach to Consumer Theory. *Journal of Political Economy, 74*(2), 132-157.

Lavidge, R. J., & Steiner, G. A. (1961). A Model for Predictive Measurement of Advertising Effectiveness. *Journal of Marketing, 25*(6), 59-62.

Lane, W. J. (1980). Product Differentiation in a Market with Endogenous Sequential Entry. *Bell Journal of Economics, 11*(1), 237-259.

Lancaster, K. (1966). A New Approach to Consumer Theory. *Journal of Political Economy, 74*(2), 132-157.

Luce, R. D. (1959). *Individual Choice Behavior: A Theoretical Analysis.* New York: John Wiley & Sons.

Luce, R. D. (1977). The Choice Axiom after Twenty Years. *Journal of Mathematical Psychology, 15*, 215-233.

Luce, M. F. (1998). Choosing to Avoid: Coping with Negatively Emotion-Laden Consumer Decisions. *Journal of Consumer Research, 24*(March), 409-433.

Markowitz, H. (1952). The Utility of Wealth. *Journal of Political Economy, 60*, 151-158.

Marschak, J. (1960). Binary Choice Constraints on Random Utiltiy Indicators. In K. Arrow (Ed.), *Stanford Symposium on Mathematical Methods in the Social Sciences.* Stanford: Stanford Univ. Press.

McFadden, D. (1978). *Modeling the Choice of Residential Location in Spatial Interaction Theory and Residential Location.* In A. Karlgvist et al. (Eds.), North Holland, Amsterdam, 75-96.

McAlister, L., & Pessemier, E. (1982). Variety Seeking Behavior: An Interdesciplinary Review. *Journal of Consumer Research, 9*(Dec), 311–322.

Mogilner, C., Rudnick, T., & Iyengar, S. S. (2008). The Mere Categorization Effect: How the Presence of Categories Increases Choosers' Perceptions of Assortment Variety and Outcome Satisfaction. *Journal of Consumer Research, 35*(4), 202–215.

Montgomery, H. (1989). From Cognition to Action: The Search for Dominance in Decision Making. In H. Montgomery & O. Svenson (Eds.), *Process and Structure in Human Decision Making.* New York: Wiley.

Nedungadi, P. (1990). Recall and Consumer Consideration Sets: Influencing Choice without Altering Brand Evaluations. *Journal of Consumer Research, 17*(December), 263–276.

Novick, L. R. (1988). Analogical Transfer, Problem Similarity, and Expertise. *Journal of Experimental Psychology: Learning, Memory, and Cognition, 14*(3), 510–520.

Nowlis, S. M., & Simonson, I. (1997). Attribute-Task Compatibility as a Determinant of Consumer Preference Reversals. *Journal of Marketing Research, 34*(May), 205–218.

Orhun, A. Y. (2009). Optimal Product Line Design When Consumers Exhibit Choice-Set Dependent Preference. *Marketing Science, 28*(5), 868–886.

Osherson, D. N., Smith, E. E., Wilkie, O., Lopez, A., & Shafir, E. (1990). Category-based Induction. *Psychological Review, 97*, 185–200.

Payne, J. W. (1982). Contingent Decision Behavior. *Psychological Bulletin, 92*(2), 382–402.

Porter, M. l. E. (1980). *Competitive Strategy.* New York: The Free Press.

Reeves, R. (1960). *Reality in Advertising.* New York: Alfred Knof.

Restle, R. (1961). *Psychology of Judgment and Choice.* New York: Wiley.

Ries, A., & Trout, J. (2006). *Marketing Warfare* (20th Anniversary Edition). New York: McGraw-Hill Companies, Inc.

Ries, A., & Trout, J. (1982). *Positioning: The Battle for Yout Mind.* New York: Warner Books.

Rieskamp, J., Busemeyer, J. R., & Mellers, B. A. (2006). Extending the Bounds of

Rationality: Evidence and Theories of Preferential Choice. *Journal of Economic Literature, 44*(September), 631−661.

Rooderkerk, P. R., Van Heerde, H. J., & Bijolt, T. H. A. (2011). Incorporating Context Effects into a Choice Model. *Journal of Marketing Research, 48*(August), 767−780.

Rosch, E., & Mervis, C. B. (1975). Family Resemblances: Studies in the Internal Structure of Categories. *Cognitive Psychology, 7*, 573−603.

Rumelhart, D. L., & Greeno, J. G. (1971). Similarity between Stimuli: an Experimental Test of the Luce and Restle Choice Models. *Journal of Mathematical Psychology, 8*, 370−381.

Samuelson, P. A. (1976). *Economics.* New York: McGraw-Hill Book Company.

Samuelson, W., & Zeckhauser, R. (1988). Status Quo Bias in Decision Making. *Journal of Risk and Uncertainty, 1*, 7−59.

Sen, S. (1998). Knowledge, Information Mode, and the Attraction Effect. *Journal of Consumer Research, 25*(June), 64−77.

Shafir, E. B., Simonson, I., & Tversky, A. (1993). Reason-Based Choice. *Cognition, 49*(October), 11−36.

Simonson, I. (1989). 'Choice Based on Reasons: The Case of Attraction and Compromise Effects'. *Journal of Consumer Research, 16*(December), 158−174.

Simonson, I., & Tversky, A. (1992). Choice in Context: Tradeoff Contrast and Extreme Aversion. *Journal of Marketing Research, 29*(August), 281−295.

Slovic, P. (1975). Choice between Equally Valued Alternatives. *Journal of Experimental Psychology: Human Perception and Performance, 1*, 280−287.

Slovic, P. (1995). The Construction of Preference. *American Psychologist, 50*(May), 364−371.

Sujan, M., & Bettman, J. R. (1989). The Effect of Brand Positioning Strategies on Consumers' Brand and Category Perceptions: Some Insights From Schema Research. *Journal of Marketing Research, 26*(November), 454−467.

Smith, W. (1956). Product Differentiation and Market Segmentation as Alternative Marketing Strategies. *Journal of Marketing, 21*(July), 3−8.

Tellis, J. J., & Golder, P. N. (2001). *Will and Vision.* New York: McGraw-Hill.

Thaler, R. H. (1985). Mental Accounting and Consumer Choice. *Marketing Science, 4*, 199-214.

Thaler, R. H. (1999). Mental Accounting Matters. *Journal of Behavioral Decision Making, 12*(3), 183-206.

Thaler, R. H. (2008). *Nudge: Improving Decision About Health, Wealth, and Happiness.* New York: Penguin Books.

Trout, J. (1969). Positioning Is a Game People Play in Today's Me-Too Market Place. *Industrial Marketing, 54*(6), 51-55.

Trout, J., & Ries A. (1972). Positioning Cuts through Chaos in Marketplace. *Advertising Age, 1*(May), 51-53.

Tversky, A. (1969). Intransitivity of Preferences. *Psychological Review, 76*(1), 31-48.

Tversky, A. (1972). Elimination by Aspects: A Theory of Choice. *Psychological Review, 79*(4), 281-299.

Tversky, A. (1977). Features of Similarity. *Psychological Review, 84, 4*(July), 327-352.

Tversky, A., & Kahneman, D. (1974). Judgment under Uncertainty: Heuristics and Biases. *Science, 185*, 1124-1131.

Tversky, A., & Sattath, S. (1979). Preference Trees. *Psychological Review, 86*(6), 542-573.

Tversky, A., & Shafir, B. E. (1992). Choice under Conflict: The Dynamics of Deferred Decision. *Psychological Science, 6*(November), 358-361.

Tversky, A., & Simonson, I. (1993). Context-dependent Preferences. *Management Science, 39*(10), 1179-1189.

Tversky, A., & Hutchinson, J. W. (1986). Nearest Neighbor Analysis of Psychological Spaces. *Psychological Review, 93*, 3-22.

Tversky, A., & Kahneman, D. (1986). Rational Choice and the Framing of Decisions. *Journal of Business, 59*(4), 5251-5278.

Tversky, A., & Kahneman, D. (1991). Loss Aversion in Riskless Choice: A Reference Dependence Model. *Quarterly Journal of Economics, 106*(4), 1039-1061.

Tversky, A., Sattath, S., & Slovic, P. (1988). Contingent Weighting in Judgment and Choice. *Psychological Review, 95*(3), 371−84.

von Neumann, J., & Morgenstern, O. (1947). Theory of Games and Economic Behavior(2nd ed.). New Jersey: Princeton University Press.

Won, E. J. S. (2007). A Theoretical Investigation of the Effects of Similarity on Brand Choice Using the Elimination-by-Tree Model. *Marketing Science 26*(6), 868−875.

Won, E. J. S. (2012). A Theoretical Investigation on the Attraction Effect Using the Elimination-by-Aspects Model Incorporating Higher Preference for Shared Features. *Journal of Mathematical Psychology, 56*, 386−391.

Won, E. J. S. (2013). A Critical Review on Behavioral Economics with a Focus on Prospect Theory and EBA Model. *Journal of Distribution Science, 11*(5), 63−76

Zajonc, R. B. (1968). Attitudinal Effects of Mere Exposure. *Journal of Personality and Social Psychology, Monograph Supplement, 9*, 1−27.

[2장]

Allais, M. (1953). Le Comportement de l'Homme Rationnel devant le Risque, Critique des Postulats et Axiomes de l'Ecole Americaine. *Econometrica, 21*, 503−546.

Anderson, C. J. (2003). The Psychology of Doing Nothing: Forms of Decision Avoidance Result From Reason and Emotion. *Psychological Bulletin, 129*, 139−167.

Arrow, K. J. (1951). Alternative Approaches to the Theory of Choice in Risk-Taking Situations. *Econometrika, 19*(4), 404−437.

Barsalou, L. W. (1985). Ideals, Central Tendency, and Frequency of Instantiation as Determinants of Graded Structure. *Journal of Experimental Psychology: Learning, Memory, and Cognition, 11*(Oct.), 629−654.

Batsell, R., & Polking, J. C. (1985). A New Class of Market Share Models. *Marketing Science, 4*, 177−185.

Bernoulli, D. (1954). Exposition of a New Theory on the Measurement of Risk. *Econometrica, 22*(1), 23−36.

Bernstein, P. L. (2008). *Against the God: The Remarkable Story of Risk.* New

York: John Wiley & Sons, Inc.

Bettman, J. R., Luce, M. F., & Payne, J. W. (1998). Constructive Consumer Choice Processes. *Journal of Consumer Research, 25*(3), 187–217.

Brenner, L., Rottenstreich, Y., & Sood, S. (1999). Comparison, Grouping, and Preference. *Psychological Science, 10*(May), 225–229.

Buchholz, T. G. (1989). *New Ideas from Dead Economists.* New York: Penguin Books.

Busemeyer, J. R., Barken, R., Mehta, S. & Chaturvedi, A. (2007). Context Effects and Models of Preferetial Choice: Implications for Consumer Behavior. *Marketing Theory, 7*(1), 39–58.

Carpenter, G. S., & Nakamoto, K. (1989). Consumer Preference Formation and Pioneering Advantage. *Journal of Marketing Research, 26*(Aug.), 285–298.

Cascetta, E., & Papola, A. (2009). Dominance among Alternatives in Random Utility Models. *Transportation Research Part A, 43*, 170–179.

Chernev, A. (1997). The Effect of Common Features on Brand Choice: Moderating Role of Attribute Importance. *Journal of Consumer Research, 23*(4), 304–311.

Cramer, H. (1930). *Under Mathematical Theory of Risk.* Forsakringsaktiebolaget Skandias Festskrift, Stockholm: Centraltryckeriet, 7–84.

Dhar, R. (1997). Consumer Preference for No Choice Option. *Journal of Consumer Research, 24*(Sep.), 215–231.

Dhar, R., & Simonson, I. (2003). The Effect of Forced Choice on Choice. *Journal of Marketing Research, 40*(May), 146–160.

Debreu, G. (1960). Review of R. D. Luce, Individual Choice Behavior: A Theoretical Analysis. *American Economic Review, 50*, 186–188.

Friedman, M., & Savage, L. J. (1948). The Utility Analysis of Choices Involving Risks. *Journal of Political Economy, 56*, 279–304.

Guadagni, P. M., & John D. C. Little (1983). A Logit Model of Brand Choice Calibrated on Scanner Data. *Marketing Science, 2*(Summer), 203–238.

Hahn, M., Won, E., Kang, H., & Hyun, Y. J. (2006). Context Effect and Context Maps for Positioning. *International Journal of Market Research, 48*(2), 155–177.

Hardie, B. G., Eric J. J., & Peter S. F. (1993). Modeling Loss Aversion and

Preference Dependence Effects on Brand Choice. *Marketing Science, 12*(4), 378−394.

Hayek, F. A. (1945). The Use of Knowledge in Society. *The Americal Economic Review, 35*(Sep.), 519−530.

Helson, H. (1964). *Adaptation-Level Theory.* New York: Harper.

Hogarth, R. M. (1987). *Judgement and Choice* (2nd ed.), Chichester: Wiley.

Hsee, C., & Leclerc, F. (1998). Will Product Look More Attractive When Presented Separately or Together. *Journal of Consumer Research, 25*(Sep.), 175−186.

Huber, J., Payne, J. W., & Puto, C. (1982). *Adding Asymmetrically Dominated Alternatives: Violations of Regularity and Similarity Hypothesis. Journal of Consumer Research, 9*(June), 90−98.

Huber, J. & Puto, C. (1983). Market Boundaries and Product Choice: Illustrating Attraction and Substitution Effects. *Journal of Consumer Research, 10*(June), 31−44.

Kahneman, D., & Miller, D. T. (1986). Norm Theory: Comparing Reality to Its Alternatives. *Psychological Review, 93*(2), 136−153.

Daniel, K., & Tversky, A. (1979). Prospect Theory: An Analysis of Decision Under Risk. *Econometrika, 47*(2), 263−291.

Sarah, L., & Paul, S. (1971). Reversal of Preference Between Bids and Choices in Gambling Decisions. *Journal of Experimental Psychology, 89*, 46−55.

Luce, R. D. (1959). *Individual Choice Behavior: A Theoretical Analysis.* New York: John Wiley & Sons.

Luce, R. D. (1977). The Choice Axiom after Twenty Years. *Journal of Mathematical Psychology, 15*, 215−233.

Luce, R. D., & Raiffa, H. (1975). *Games and Decisions.* New York: Wiley.

Luce, M. F. (1998). Choosing to Avoid: Coping with Negatively Emotion-Laden Consumer Decisions. *Journal of Consumer Research, 24*(March), 409−433.

Markowitz, H. (1952). The Utility of Wealth. *Journal of Political Economy, 60*, 151−158.

Marschak, J. (1960). Binary Choice Constraints on Random Utility Indicators. In K. J. Arrow, S. Karlin, & P. Suppes (Eds.), *Mathematical Methods in the Social Sciences, 1959.* Stanford: Stanford University Press, 312−329.

McFadden, D. (1973). Conditional Logit Analysis of Qualitative Choice Behavior. In P. Zarembka, Frontiers in Econometrics Applications, Cambridge, Mass.: MIT Press.

Marshall, A. (1920). *Principles of Economics* (8th ed.). London: MacMillan.

Menger, K. (1934). Das Unsicherheitsmoment in der Wertlehre. *Weitschrift fur Nationalokonomie, 4*(4), 459–485.

Mill, J. S. (1848). *Principles of Political Economy with Some of their Applications to Social Philosophy* (1st ed.). London: John W. Parker.

Miller, G. A. (1956). The Magical Number Seven, Plus or Minus Two: Some Limits on our Capacity for Processing Information. *Psychological Review, 63*, 81–97.

Miller, R. L. (1962). Dr. Weber and the Consumer. *Journal of Marketing, 26*, 57–61.

Montgomery, H. (1989). From Cognition to Action: The Search for Dominance in Decision Making. In H. Montgomery & O. Svenson (Eds.), *Process and Structure in Human Decision Making*. New York: Wiley.

Nedungadi, P. (1990). Recall and Consumer Consideration Sets: Influencing Choice Without Altering Brand Evaluations. *Journal of Consumer Research, 17*(Dec.), 263–276.

Ramsey, F. P. (1931). *The Foundations of Mathematics*. New York: Hartcourt, Brace, 156–198.

Restle, R. (1961). *Psychology of Judgment and Choice*. New York: Wiley.

Rieskamp, J., Busemeyer, J. R., & Mellers, B. A. (2006). Extending the Bounds of Rationality: Evidence and Theories of Preferential Choice. *Journal of Economic Literature, 44*, 631–661.

Roe, R. M., Busemeyer, J. R., & Townsend, J. T. (2001). Multialternative Decision Field Theory: A Dynamic Connectionist Model of Decision Making. *Psychological Review, 108*, 370–392.

Rooderkerk, R. O., Van Heerde, H. J., & Bijmolt, T. H. A. (2011). Incorporating Context Effects into a Choice Model. *Journal of Marketing Research, 48*, 767–780.

Rosch, E., & Mervis, C. B. (1975). Family Resemblances: Studies in the Internal

Structure of Categories. *Cognitive Psychology, 7*, 573−603.

Shafir, E. B., Simonson, I., & Tversky, A. (1993). Reason-Based Choice. *Cognition, 49*(Oct.), 11−36.

Simon, H. (1955). A Behavioral Model of Rational Choice. *Quarterly Journal of Economics, 69*(1), 99−118.

Simonson, I. (1989). Choice Based on Reasons: The Case of Attraction and Compromise Effects. *Journal of Consumer Research, 16*(Dec.), 158−174.

Simonson, I. & Tversky, A. (1992). Choice in Context: Tradeoff Contrast and Extreme Aversion. *Journal of Marketing Research, 29*(Aug.), 281−295.

Thaler, R. H. (1980). Toward a Positive Theory of Consumer Choice. *Journal of Economic Behavior and Organization, 1*, 39−60.

Thaler, R. H. (1985). Mental Accounting and Consumer Choice. *Marketing Science, 4*, 199−214.

Thaler, R. H. (1999). Mental Accounting Matters. *Journal of Behavioral Decision Making, 12*(3), 183−206.

Thurstone, L. L. (1927). A Law of Comparative Judgment. *Psychological Review, 34*, 273−286.

Tversky, A., & Russo, J. (1969). Substitutability and Similarity in Binary Choice. *Journal of Mathematical Psychology, 6*, 1−12.

Tversky, A. (1972). Elimination by Aspects: A Theory of Choice. *Psychological Review, 79*(4), 281−299.

Tversky, A. (1977). Features of Similarity. *Psychological Review, 84*(4), 327−352.

Tversky, A., & Kahneman, D. (1974). Judgment under Uncertainty: Heuristics and Biases. *Science, 185*, 1124−1131.

Tversky, A., & Sattath, S. (1979). Preference Trees. *Psychological Review, 86*(6), 542−573.

Tversky, A., & Shafir, E. (1992). Choice under Conflict: The Dynamics of Deferred Decision. *Psychological Science, 6*(Nov.), 358−361.

Tversky, A., & Simonson, I. (1993). Context-dependent Preferences. *Management Science, 39*(10), 1179−1189.

Tversky, A., & Kahneman, D. (1986). Rational Choice and the Framing of Decisions. *Journal of Business, 59*(4), 5251−5278.

Tversky, A., & Kahneman, D. (1991). Loss Aversion in Riskless Choice: A Reference Dependence Model'. *Quarterly Journal of Economics, 106*(4), 1039–1061.

von Neumann, J., & Morgenstern, O. (1944). *Theory of Games and Economic Behavior* (2nd ed.). Princeton, New Jersey: Princeton University Press.

Usher, M., & McClelland, J. L. (2004). Loss Aversion and Inhibition in Dynamical Models of Multialternative Choice. *Psychological Review, 111*, 757–769.

Wedell, D. H., & Pettibone, J. C. (1999). Preference and Contextual Basis of Ideals in Judgment and Choice. *Journal of Experimental Psychology, 128*, 346–361.

Won, Eugene J. S. (2007). A Theoretical Investigation of the Effects of Similarity on Brand Choice Using the Elimination-by-Tree Model. *Marketing Science, 26*(6), 868–875.

Won, Eugene J. S. (2012). A Theoretical Investigation on the Attraction Effect Using the Elimination-by-Aspects Model Incorporating Higher Preference for Shared Features. *Journal of Mathematical Psychology, 56*, 386–391.

Zajonc, R. B. (1968). Attitudinal Effects of Mere Exposure. *Journal of Personality and Social Psychology, Monograph Supplement, 9*, 1–27.

[3장]

김상용, 송재도, 양재호, 원지성, 윤호정, 송태호, 김태완, 김지윤, 송시연, 김모란 (2022). 마케팅원론 ABC. 학지사.

원지성(2011). 지배확률과 생존확률이 브랜드의 시장점유율에 미치는 영향에 대한 이론적 연구. 상품학연구, 29(4), 19–32.

원지성(2014). 행동경제학에 기초한 포지셔닝 개념의 분석. 상품학연구, 32(5), 157–177.

원지성(2016). 마케팅 모형의 포지셔닝 관련 시사점에 대한 고찰: Hauser and Shugan 모형을 중심으로. 유통과학연구, 14(11). 61–73.

Aaker, D. A., & Shansby, G. (1982). Positioning Your Product. *Business Horizon, 25*(3), 56–62.

Bell, D. E., Keeney, R. L., & Little, J. D. C. (1975). A Market Share Theorem.

Journal of Marketing Research, 12(2), 136–141.

Carpenter, G. S., & Nakamoto, K. (1989). Consumer Preference Formation and Pioneering Advantage. *Journal of Marketing Research, 26*(3), 285–298.

Christensen, C. M. (2000). *The Innovator's Dilemma: When New Technologies Cause Great Firms to Fail.* Boston. Massachusetts: Harvard Business Review Press.

Fishbein, M., & Ajzen, I. (1975). *Belief, Attitude, Intention, and Behavior: An Introduction to Theory and Research.* Reading, MA: Addison-Wesley.

Golder, P. N., & Tellis, G. J. (1993). Pioneering Advantage: Marketing Logic or Marketing Legend? *Journal of Marketing Research, 30*(2), 158–170.

Haley, R. I. (1968). Benefit Segmentation: A Decision-oriented Research Tool, *Journal of Marketing, 32*(3), 30–35.

Hauser, J. R., & Shugan, S. M. (1983). Defensive Marketing Strategies. *Marketing Science, 2*(4), 319–60.

Hsee, C. K. (1996). The Evaluability Hypothesis: An Explanation for Preference Reversals between Joint and Separate Evaluations of Alternatives. *Organizational Behavior and Human Decision Processes, 67*(3), 247–257.

Hogarth, R. (1991). *Judgement and Choice* (2nd ed.). New York: Wiley.

Kotler, P. (1972). A Generic Concept of Marketing. *Journal of Marketing, 36*(2), 46–54.

Kotler, P., & Keller, K. L. (2011). *Marketing Management.* MA: Prentice Hall.

Luce, R. D. (1959). *Individual Choice Behavior: A Theoretical Analysis.* New York: John Wiley & Sons.

Montgomery, H. (1989). From Cognition to Action: The Search for Dominance in decision Making. In H. Montgomery & O. Svenson (Eds.), *Process and Structure in Human Decision Making* (pp. 23–49). New York: John Wiley & Sons.

Narver, J. C., & Slater, S. F. (1990). The Effect of a Market Orientation on Business Profitability. *Journal of Marketing, 54*(October), 20–35.

Perreault, W. D., & McCarthy, E. J. (2005). *Basic Marketing: A Global-Managerial Approach* (15th ed.). New York: McGraw-Hill/Irwin.

Ries, A., & Trout, J. (2006). *Marketing Warfare* (20th Anniversary Edition). New

York: McGraw-Hill Companies, Inc.

Ries, A., & Trout, J. (2001). *Positioning: The Battle for Your Mind* (20th Anniversary Edition). McGraw-Hill.

Tellis, G. J., & Golder, Peter N. (2001). *Will and Vision*. New York: McGraw-Hill.

Trout, J., & Ries, A. (1972). Positioning Cuts through Chaos in Marketplace. *Advertising Age, 1*(May), 51−53.

Tversky, A. (1972). Elimination by Aspects: A Theory of Choice. *Psychological Review, 79*(4), 281−299.

Tversky, A. (1977). Features of Similarity. *Psychological Review, 84*(4), 327−352.

Wind, Y. (1978). Issues and Advances in Segmentation Research. *Journal of Marketing. 15*(3), 317−337.

Won, E. J. S. (2007). A Theoretical Investigation of the Effects of Similarity on Brand Choice Using the Elimination-by-Tree Model. *Marketing Science, 26*(6), 868−875.

Won, E. J. S., Oh, Y. K., & Choeh, J. Y. (2018). Perceptual Mapping Based on Web Search Queries and Consumer Forum Comments. *International Journal of Market Research, 60*(4), 394−407.

[4장]

Chris, A. (2006). *The Long Tail: Why the Future of Business is Selling Less of More*. New York: Hyperion.

Bordley, R. (2003). Determining the Appropriate Depth and Breadth of a Firm's Product Portfolio. *Journal of Marketing Research, 40*(Feb.), 39−53.

Chamberlain, E. H. (1965). *The Theory of Monopolistic Competition*. Cambridge, MA: Harvard University Press.

Dean, J. (1951). *Managerial Economics*. Englewood Cliffs, N. J.: Prentice-Hall Inc.

Dickson, P. R., & Ginter, J. L. (1987). Market Segmentation, Product Differentiation, and Marketing Strategy. *Journal of Marketing, 51*(April), 1−10.

Drucker, P. F. (1999). *Management Challenges for the 21st Century*. New York: Harper Collins Publishers Inc.

Dutta, Y. (1996). Market Segmentation: an Integrated Framework. *Long Range*

Planning, Vol.29, No.6, pp. 797-811.

Fishbein, M., & Icek, A. (1975). *Beliefs, Attitudes, Intentions, and Behaviors: An Introduction to Theory and Research*. Mass.: Addison Wesley.

Galbraith, J. K. (1967). *The New Industrial State*. Boston: Houghton-Mifflin Company.

Haley, R. I. (1968). Benefit Segmentation: A Decision-oriented Research Tool. *Journal of Marketing, 32*(July), 30-35.

Hauser, J. R., & Shugan, S. M. (1983). Defensive Marketing Strategies. *Marketing Science, 2*(Fall), 319-360.

Hauser, J. R., & Simmie, P. (1981). Profit Maximizing Perceptual Positions: An Integrated for the Selection of Product Features and Price. *Management Science, 27*(Jan), 33-56.

Keith, R. J. (1960). The Marketing Revolution. *Journal of Marketing, 24*(1), 35-38.

Kotler, P. (2002). *Marketing Management* (11th ed.). Englewood Cliffs, NJ: Prentice-Hall, Inc.

Krugman, P. (1979). Increasing Returns, Monopolistic Competition, and International Trade. *Journal of International Economics, 9*, 69-479.

Lancaster, K. (1966). A New Approach to Consumer Theory. *Journal of Political Economy, 74*(2), 132-157.

Lancaster, K. (1975). Socially Optimal Product Differentiation. *American Economic Review, 65*(4), 567-585.

Lancaster, K. (1980). Competition and Product Variety. *Journal of Business, 53*(3), pp. S79-S103.

Lancaster, K. (1979). *Variety, Equity, and Efficiency*. New York: Columbia University Press.

Levitt, T. (1960). Marketing Myopia. *Harvard Business Review, 38*(July-August), pp. 24-47.

Levitt, T. (1972). Production-Line Approach to Service. *Harvard Business Review, 50*(September-October), 1-10.

Lilien, G. L., & Rangaswamy, A. (2003). *Marketing Engineering: Computer-Assisted Marketing Analysis and Planning*. Upper Saddle River, New Jersey: Prentice Hall.

Mariotti, J. L. (2008). *The Complexity Crisis: Why Too Many Products, Markets, and Customers Are Crippling Your Business and What to Do About It.* Avon, Miami: Adams Media Corporation.

Marshall, A. (1920). *Principles of Economics* (8th ed.). London: Macmillan.

McKenna, R. (1991). *Relationship Marketing.* Reading MA: Addison-Wesley.

Mitra, A., & Lynch, J. G. Jr. (1995). Toward a Reconciliation of Market Power and Information Theorics of Advertising Effects on Price Elasticity. *Journal of Consumer Research, Vol. 21*(March), pp. 644–659.

Peppers, D., & Rogers, M. (1993). *The One to One Future: Building Relationships One Customer at a Time.* New York: Currency Doubleday.

Perreault, W. D., & Jerome McCarthy, E. (2005). *Basic Marketing: A Global-Managerial Approach* (15th ed.). New York: McGraw-Hill/Irwin.

Peters, T., & Waterman, R. (1982). *In Search of Excellence.* HarperCollins

Porter, M. E. (1976). *Interbrand Choice, Strategy, and Bilateral Market Power.* Cambridge, MA: Harvard University Press.

Porter, M. E. (1980). *Competitive Strategy.* New York: The Free Press.

Porter, M. E. (1985). *Competitive Advantage.* New York: Collier Macmillan.

Rosen, S. (1974). Hedonic Prices and Implicit Markets: Product Differentiation in Pure Competition. *Journal of Political Economy, 82*(Jan./Feb.), 34–55.

Samuelson, P. A. (1976). *Economics.* New York: McGraw-Hill Book Company.

Schultz, H., & Joanne, G. (2011). *Onward: How Starbucks Fought for Its Life without Losing Its Soul.* Rodale Books.

Shaw, A. W. (1912). Some Problems in Market Distribution. *Quarterly Journal of Economics*, (August), 703–765.

Smith, A. (1776). *The Wealth of Nations (reprinted in 2003).* New York; Bantam Books.

Smith, W. (1956). Product Differentiation and Market Segmentation as Alternative Marketing Strategies. *Journal of Marketing, 21*(July), 3–8.

Tellis, J. J., & Peter, N. G. (2002). *Will and Vision.* McGraw-Hill.

Tversky, A. (1972). Elimination by Aspects: A Theory of Choice. *Psychological Review, 79*(4), 281–299.

[5장]

Nielsen, A. C. (1999). New Product Introduction-Successful Innovation/Failure: Fragile Boundary. AC Nielsen BASES and Ernst & Young Global Client Consulting, June 24.

Anerson, C. (2006). *The Long Tail: Why the Future of Business is Selling Less of More.* New York: Hyperion.

Bell, D. E., Keeney, R. L., & John D. C. Little (1975). A Market Share Theorem. *Journal of Marketing Research, 12*(May), 136–141.

Caepenter, G. S. (1989). Perceptual Position and Competitive Brand Strategy in a Two-Dimensional Two-Brand Market. *Management Science, 35*(9), 1029–1043.

Carpenter, G. S., & Nakamoto, K. (1989). Consumer Preference Formation and Pioneering Advantage. *Journal of Marketing Research, 26*(August), 285–298.

Cascetta, E., & Andrea, P. (2009). Dominance among Alternatives in Random Utility Models. *Transportation Research Part A, 43*, 170–179.

Fishbein, M., & Ajzen, I. (1975). *Beliefs, Attitudes, Intentions, and Behavior: An Introduction to Theory and Research.* Mass.:Addison Wesley.

Hamel, G., & Prahalad, C. K. (1989). Competing for the Future. *Harvard Business Review, 67*(3), 63–76.

Hauser, J. R., & Shnsan, S. M. (1983). Defensive Marketing Strategies. *Marketing Science, 2*(4, Fall), 319–360.

Hauser, J. R., & Patricia, S. (1981). Profit Maximizing Perceptual Positions: An Integrated Theory for the Selection of Product Features and Price. *Management Science, 27*(1), 33–56.

Hsee, C., & France, L. (1998). Will Product Look More Attractive When Presented Separately or Together. *Journal of Consumer Research, 25*(September), 175–186.

Huber, J., Payne, J. W., & Puto, C. (1982). Adding Asymmetrically Dominated Alternatives: Violations of Regularity and Similarity Hypothesis. *Journal of Consumer Research, 9*(June), 90–98.

Huber, J., & Sewall, M. A. (1978). Covariance Bias of Thurstone Case V Scaling as Applied to Consumer Preferences and Purchase Intentions. *Advances in Consumer*

Research, 6, Chicago: Association for Consumer Research, 578—581.

Lancaster, K. (1966). A New Approach to Consumer Theory. *Journal of Political Economy, 74*(2), 132—157.

Lorange, P. (1975). Divisional Planning: Setting Effective Direction. *Sloan Management Review, 17*(Fall), 77—91.

Luce, R. D. (1959). *Individual Choice Behavior: A Theoretical Analysis.* New York: John Wiley & Sons.

Marschak, J. (1960). *Binary Choice Constraints on Random Utility Indicators.* K. Arrow (Ed.), STANFORD SYMPOSIUM ON MATHEMATICAL METHODS IN THE SOCIAL SCIENCES, Standford Univ. Press: Stanford.

McFadden, D. (1973). *Conditional Logit Analysis of Qualitative Choice Behavior.* In P. Zarembka (Ed.), Frontiers in Econometrics Applications, Cambridge, Mss.: MIT Press.

Montgomery, H. (1989). From Cognition to Action: The Search for Dominance in Decision Making. In H. Montogomery & O. Svenson (Eds.), *Process and Structure in Human Decision Making.* New York: Wiley.

Moore, G. A. (1991). *Crossing the Chasm.* Harper Business.

Robinson, L. O., & Hurley, Amy E. (1999). Organizational Decision Making with Similar Alternatives. *Journal of Psychology, 133*(1), 73—84.

Simonson, I. (1989). Choice Based on Reasons: The Case of Attraction and Compromise Effects. *Journal of Consumer Research, 16*(December), 158—174.

Tellis G., & Golder, P. (2002). *Will and Vision.* McGraw-Hill.

Thurstone, L. L. (1927). A Law of Comparative Judgment. *Psychological Review, 34*, 273—286.

Tversky, A. (1972). Elimination by Aspects: A Theory of Choice. *Psychological Review, 79*(4), 281—299.

Tversky, A., & Kahneman, D. (1986). Rational Choice and the Framing of Decisions. *Journal of Business, 59*(4), 5251—5278.

Tversky, A. (1969). Intransitivity of Preferences. *Psychological Review, 76*(1), 31—48.

Tversky, A., & Simonson, I. (1993). Context-dependent Preferences. *Management Science, 39*(10), 1179—1189.

[6장]

Aaker, D. A. (1992). The Value of Brand Equity. *Journal of Business Strategy, 13*(4), 27–32.

Anderson, E. W., Fornell, C., & Mazvancheryl, S. K. (2004). Customer Satisfaction and Shareholder Value. *Journal of Marketing, 68*(4), 172–185.

Anderson, P. F. (1982). Marketing Strategic Planning and the Theory of the Firm. *Journal of Marketing, 46*(2), 15–26.

Anderson, C. R., & Zeithaml, C. P. (1984). Stages of Product Life Cycle, Business Strategy, and Business Performance. *Academy of Management Journal, 27*, 5–24.

Antonacci, G. (2015). *Dual Momentum Investing: An Innovative Strategy for Higher Returns with Lower Risk.* New York: McGraw-Hill.

Ariely, D. (2009). *Predictably Irrational.* New York: HarperCollins Publishers.

Arnott, R. D., & Asness, C. S. (2003). Surprise! Higher Dividends = Higher Earnings Growth. *Financial Analysts Journal, 59*(1), 70–87.

Bachelier, L. (2006). *Louis Bachelier's Theory of Speculation: The Origin of Modern Finance.* Princeton, NJ: Princeton University Press.

Barney, J. (1986). Strategic Factor Market: Expectations, Luck, and Business Strategy'. *Management Science, 32*(10), 1231–1241.

Barney, J. (1991). Firm Resources and Sustained Competitive Advantage. *Journal of Management, 17*(1), 99–120.

Berger, P. D., & Nasr, N. I. (1998). Customer Lifetime Value: Marketing Models and Applications. *Journal of Interactive Marketing, 12*(Winter), 17–30.

Bernartzi, S., & Thaler, R. H. (1995). Myopic Loss–Aversion and the Equity Premium Puzzle. *Quarterly Journal of Economics, 110*(1), 73–92.

Brinson, G. P., Hood, L. R., & Beebower, G. L. (1986). Determinants of Portfolio Performance. *Financial Analysts Journal, 42*(4), 39–44.

Carpenter, G. S., & Nakamoto, K. (1989). Consumer Preference Formation and Pioneering Advantage. *Journal of Marketing Research, 26*(3), 285–299.

Chan, L. K. C., & Lakonishok, J. (2004). Value and Growth Investing: Review and Update. *Financial Analysts Journal, 60*(1), 27–36.

Choi, H., & Varian, H. (2012). Predicting the Present with Google Trends.

Economic Record, 88, 2-9.

Collins, J. (2001) *Good to Great: Why Some Companies Make the Leap and Others Don't.* New York: Harper-Collins.

Copeland, T. E., & Weston, J. F. (1979). *Financial Theory and Corporate Policy.* Reading, MA: Addison-Wesley Publishing Company.

Darvas, N. (2011). *How I Made $2,000,000 in the Stock Market.* Marino Publishing.

Day, G. (1994). The Capabilities of Market-Driven Organization. *Journal of Marketing, 58*(4), 37-52.

DeLong, B. J., Shleifer, A., Summers, L. H., & Waldmann, R, J. (1990). Positive Feedback Investment Strategies and Destabilizing Rational Speculation. *Journal of Finance, 45*(2), 375-395.

Dierickx, I., & Cool, K. (1989). Asset Stock Accumulation and Sustainability of Competitive Advantage. *Management Science, 35*(12), 1504-1511.

Dorsey, P. (2004). *The Five Rules for Successful Stock Investing: Morningstar's Guide to Building Wealth and Winning in the Market.* New Jersey: John Wiley & Sons Inc. Hoboken,

Dreman, D. (1998). *Contrarian Investing Strategies: The Next Generation.* New York: Simon and Schuster.

Drucker, P. F. (1954). *The Practice of Management.* New York. Harper and Row.

Dwyer, F. R., Schurr, P. H., & Oh, S. (1987). Developing Buyer-Seller Relationships. *Journal of Marketing, 51*(April), 11-27.

Fama, E., & Miller, M. H. (1972). *The Theory of Finance.* Hinsdale, IL: Dryden.

Fama, E. (1976). *Foundations of Finance.* New York: Basic Book, Inc.

Fama, E., & French, K. (1992). The Cross-Section of Expected Stock Returns. *Journal of Finance, 47*(2), 427-465.

Fama, E., & French, K. (2008). Dissecting Anomalies. *Journal of Finance, 63*(4), 1653-1678.

Fama, E., & French, K. (2015). A Five-Factor Asset Pricing Model. *Journal of Financial Economics, 116*(1), 1-22.

Fatemi, A., Glaum, M., & Kaiser, S. (2018). ESG Performance and Firm Value: The Moderating Role of Disclosure. *Global Finance Journal, 38*(November), 45-64.

Fisher, P. (2003). *Common Stocks and Uncommon Profits (and other writings by Philip Fisher)*. New Jersey: John Wiley & Sons, Inc.

Fisher, K. (1991). *Superstocks*. Business Classics.

Fornell, C. (1992). A National Customer Satisfaction Barometer: The Swedish Experience. *Journal of Marketing, 56*(January), 6−21.

Fornell, C., Mithas, S., Morgan III, F. V., & Krishnan, M. S. (2006). Customer Satisfaction and Stock Prices: High Returns, Low Risk. *Journal of Marketing, 70*(1), 3−14.

Greenblatt, J. (2010). *The Little Book That Still Beats the Market*. John Wiley & Sons, Hoboken, New Jersey.

Graham, B. (2008). *Security Analysis* (6th ed.). New York: McGraw-Hill,

Graham, B. (2005). *The Intelligent Investor* (3rd ed.). New York: Harper Business,

Hagstrom, R. (2013). *The Warrent Buffet Way* (3rd ed.). New York: Wiley.

Israel, R., & Morkowitz (2013). The Role of Shorting, Firm Size, and Time on Market Anomalies. *Journal of Financial Economics, 108*(2), 275−301.

Jegadeesh, N., & Titman, S. (1993). Returns to Buying Winners and Selling Losers: Implications for Stock Market Efficiency. *Journal of Finance, 48*(1), 65-91.

Jegadeesh, N., & Titman, S. (2001). Profitability of Momentum Strategies: An Evolution of Alternative Explanations. *Journal of Finance, 56*(2), 699−720.

Kahneman, D., & Tversky, A. (1979). Prospect Theory: An Analysis of Decision Under Risk. *Econometrika, 47*(2), 263−291.

Keller, K. L. (1993). Conceptualizing, Measuring, and Managing Customer-Based Brand Equity. *Journal of Marketing, 57*(January), 1−22.

Kerin, R. A., Varadarajan, P. R., & Peterson, R. A. (1992). First Mover Advantage: A Synthesis, Conceptual Framework, and Research Propositions. *Journal of Marketing, 56*(October), 33−52.

Kothari, S. P., Shanken, J., & Sloan, R. G. (1995). Another Look at the Cross-Section of Expected Returns. *Journal of Finance, 50*(1), 185−224.

Kotler, P. (2002). *Marketing Management* (11th ed.). Englewood Cliffs, NJ: Prentice-Hall, Inc.

Lakonishok, J., Shleifer, A., & Wishny, R. W. (1994). Contrarian Investment, Extrapolation and Risk. *Journal of Finance, 49*(5), 1541−1578.

Lefevre, E. (2010). *Reminiscences of a Stock Operator: With New Commentary and Insights on the Life and Times of Jesse Livermore*. Hoboken, NJ: John Wiley & Sons, Inc.

Livermore, J. L. (2017). *How to Trade in Stocks: The Livermore Formula for Combining Time Element and Price*. Naples, Italy: Albatross Publishers.

Lieberman, M. B., & Montgomery, D. B. (1988). First-Mover Advantages. *Strategic Management Journal, Summer Special Issue 9*, 41-58.

Lynch, P. (1989). *One up on Wall Street*. New York: Penguin Books.

Lo, A. W., Mamaysky, H., & Wang, J. (2000). Foundations of Technical Analysis: Computational Algorithms, Statistical Inference, and Empirical Implication. *Journal of Finance, 55*(4), 1705-1779.

Loeb, G. (1996). *The Battle for Investment Survival*. New York: John Wiley and Sons.

Malkiel, B. G. (2019). *A Random Walk Down Wall Street* (12th ed.). W. W. Norton & Company, Inc.

Malkiel, B. G. (2003). Passive Investment Strategies and Efficient Markets. *European Financial Management, 9*(1), 1-10.

Markowitz, H. (1952). Portfolio Selection. *Journal of Finance, 7*(1), pp. 77-91.

Mayer, C. (2015). *100 Baggers: Stocks That Return 100-to-1 and How To Find Them*. Laissez Faire Books.

McKitterick, J. B. (1957). "What is the Marketing Management Concept?" In M. Fromk & In F. M. Bass (Ed.), *The Frontiers of Marketing Thought and Science*. (pp. 77-92). Chicago American Marketing Association.

Mises, L. V. (1966). *Human Action: A Treatise on Economics* (3rd ed.). Chicago: Henry Regnery.

Morgan, R. M., & Hunt, S. D. (1994). The Commitment-Trust Theory of Relationship Marketing. *Journal of Marketing, 58*(3), 20-38.

Narver, J. C., & Slater, S. F. (1990). The Effect of a Market Orientation on Business Profitability. *Journal of Marketing, 54*(October), 20-35.

Nison, S. (1994), *Beyond Candlesticks: New Japanese Charting Techniques Revealed*. New York: John Wiley & Sons.

Novy-Marx, R. (2013). The Other Side of Value: The Gross Profitatiliby Premium.

Journal of Financial Economic, 108(1), 1-28.

O'Neil, W. J. (2009). *How to Make Money in Stocks*. (4th ed.). New York, McGraw-Hill, Inc.

Park, C. W., Jaworski, B. J., & MacInnis, D. J. (1986). Strategic Brand Concept-Image Management. *Journal of Marketing, 50*(October), 621-635.

Park, C. H., & Irwin, S. H. (2007). What Do We Know about the Profitability of Technical Analysis? *Journal of Economic Surveys, 21*(4), 786-826.

Peters, T. J., & Waterman, R. H. (1982). *In Search of Excellence*. Cambridge, MA: Harper and Row Publishers Inc.

Piketty, T. (2014). *Capital in the Twenty-first Century*. MA: Harvard University Press.

Porter, M. E. (1985). *Competitive Advantage*. New York: Collier Macmillan.

Prahalad, C. K., & Hamel, G. (1990). The Core Competition of the Corporation. *Harvard Business Review*, May-June, 79-91.

Rafiq, M., & Ahmed, P. K. (2000). Advances in the internal marketing concept: definition, synthesis and extension. *Journal of Services Marketing, 14*(6), 449-462.

Rappaport, A. (1986). *Creating Shareholder Value: the New Standard for Business Performance*. Free Press.

Ries, A., & Trout, J. (2001). *Positioning: The Battle for Your Mind*. NY: The McGraw-Hill Companies.

Rust, R. T., Ambler, T., Carpenter, G. S., Kumar, V., & Srivastava, R. K. (2004). Measuring Marketing Productivity: Current Knowledge and Future Directions. *Journal of Marketing, 68*(October), 76-89.

Rust, R. T., Lemon, K. N., & Zeithaml, V. A. (2004). Return on Marketing: Using Customer Equity to Focus Marketing Strategy. *Journal of Marketing, 68*(Januarty), 109-127.

Samuelson, P. A. (1974). Challenge to Judgement. *Journal of Portfolio Management, 1*(1), 17-19.

Schwert, G. W. (2003). Anomalies and Market Efficiency. In G. M. Constantinides, M. Harrisand, & R. M. Stulz (Eds.), *Handbook of the Economics of Finance, Vol. 1B: Financial Markets and Asset Pricing*(pp. 937-972). Amsterdam: Elsevier Science.

Shiller, R. J. (2006a). From Efficient Markets Theory to Behavioral Finance.

Journal of Economic Perspective, 17(1), 83–100.

Shiller, R. J. (2006b). *Inrrational Exuberance* (2nd ed.), New York: Crown Books.

Siegel, J. (2014). *Stocks for the Long Run: The Definite Guide to Financial Market Returns and Long-Term Investment Strategies.* New York: McGraw-Hill

Simonson, I. (1989). Choice Based on Reasons: the Case of Attraction and Compromise Effects. *Journal of Consumer Research, 16*(2), 158–174.

Smith, W. (1956). Product Differentiation and Market Segmentation as Alternative Marketing Strategies. *Journal of Marketing, 21*(July), 3–8.

Srinivasan, S., Pauwels, K., Silva-Risso, J., & Hanssens, D. M. (2009). Product Innovations, Advertising and Stock Returns. *Journal of Marketing, 73*(1), 24–43.

Srivastava, R. K., Shervani, T. A., & Fahey, L. (1998). Market-based Assets and Shareholder Value: a Framework for Analysis. *Journal of Marketing, 62*(1), 2–18.

Stalk, G., Evans, P., & Shulman, L. E. (1992). Competing on Capabilities: The New Rules of Corporate Strategy. *Harvard Business Review, 70*(2), 57–69.

Talukdar, D., Sudhir, K., & Ainslie, A. (2002). Investigating New Product Diffusion across Products and Countries. *Marketing Science, 21*(1), 97–114.

Tellis, G., & Golder, P. N. (2006). *Will and Vision: How Latecomers Grow to Dominate Markets.* Figureora Press.

Weinstein, S. (1988). *Secrets in Profiting in Bull and Bear Markets.* Burr Ridge, IL: Irwin.

Wernerfelt, B. A. (1984). Resource-Based View of the Firm. *Strategic Management Journal, 5*(2), 171–180.

Williams, J. B. (1956). *The Theory of Investment Value. Amsterdam: North-Holland.* (reprint of 1938 edition)

Won, E. J. S., Oh, Y. K., & Choeh, J. Y. (2018). Perceptual Mapping Based on Web Search Queries and Consumer Forum Comments. *International Journal of Market Research, 60*(4), 394–407.

Won, E. J. S. (2016). Modeling the Relationship between Expected Gain and Expected Value. *Asia Marketing Journal, 18*(3), 47–63

Won, E. J. S. (2011). The Effect of Consumer's Loss Aversion on Pioneering Advantage. *International Journal of Management Science, 17*(1), 1–18.

저자 소개

원지성(Euqene J. S. Won)

KAIST 산업경영학과 학사, 동 대학원에서 경영공학 석사 및 박사학위(마케팅 전공)를 받았다. 현재 동덕여자대학교 경영학과에서 교수로 재직 중이다. 관심 연구 분야는 소비자 의사결정, 마케팅 전략, 마케팅 데이터 분석 등이며, 특히 행동경제학과 수학적 모델링의 결합에 대해 관심을 가지고 연구해 왔다. 『Marketing Science』『Journal of Mathematical Psychology』『International Journal of Market Research』등 국내외 유명 학술지에 다수의 논문을 게재하였고, 'Marquis Who's Who' 등 세계인명사전에 등재되었다. 저서로는 『마케팅원론 ABC』(공저, 학지사, 2022), 번역서로는 『마케팅 최고의 명문, 켈로그 경영대학원의 마케팅 바이블』(세종연구원, 2002)이 있다. 한국마케팅학회, 경영학회 이사를 역임했으며 동덕여자대학교에서 경영학과, 패션마케팅 연계전공, 소셜빅데이터 연계전공 주임, 국제협력 및 홍보실장, 전략평가실장, 산업연구소장 등을 역임하였다.

e-mail: eugene1@dongduk.ac.kr

마케팅 전략의 원리
Principles of Marketing Strategy

2024년 2월 15일 1판 1쇄 인쇄
2024년 2월 20일 1판 1쇄 발행

지은이 • 원지성
펴낸이 • 김진환
펴낸곳 • **학지사비즈**

　　　　04031 서울특별시 마포구 양화로 15길 20 마인드월드빌딩 4층
대 표 전 화 • 02)330-5114　　　　팩스 • 02)324-2345
등 록 번 호 • 제313-2006-000265호

홈 페 이 지 • http://www.hakjisa.co.kr
인스타그램 • https://www.instagram.com/hakjisabook

ISBN 979-11-93667-03-3　93320

정가 19,000원

출판미디어기업 학지사

간호보건의학출판 **학지사메디컬** www.hakjisamd.co.kr
심리검사연구소 **인싸이트** www.inpsyt.co.kr
학술논문서비스 **뉴논문** www.newnonmun.com
교육연수원 **카운피아** www.counpia.com
대학교재전자책플랫폼 **캠퍼스북** www.campusbook.co.kr